BAEDEKER

W0340911

K

KROATISCHE ADRIA

Dalmatien

»

Wenn Du den Himmel auf Erden sehen willst, dann besuche Dubrovnik.

«

George Bernard Shaw

baedeker.com

DAS IST KROATIEN

TOUREN

LEGENDE

Baedeker Wissen
● Textspecial, Infografik & 3D

Baedeker-Sterne
★★ Top-Reiseziele
★ Herausragende Reiseziele

ZIELE

HINTERGRUND

ERLEBEN UND GENIESSEN

PRAKTISCHE INFORMATIONEN

ANHANG

PREISKATEGORIEN

Restaurants
Preiskategorien
für ein Hauptgericht

€€€€	über 20 €
€€€	15–20 €
€€	10–15 €
€	bis 10 €

Hotels
Preiskategorien
für ein Doppelzimmer

€€€€	über 200 €
€€€	120–200 €
€€	80–120 €
€	bis 80 €

MAGISCHE MOMENTE

ÜBERRASCHENDES

Karg und doch faszinierend: Die 150 Inselchen der Kornaten ziehen besonders Segler und Robinson-Urlauber an.

D
DAS IST...

Die kroatische Adria

Die großen Themen
rund um die östliche Adriaküste.
Lassen Sie sich inspirieren!

DIE PÄSSE BITTE!

Die blaue Adria stets im Blick, das Sehnsuchtsziel rückt immer näher: Noch eine gute Stunde bis Dubrovnik im Süden. Doch zuerst kommt das Küstenstädtchen Neum und dann – damit hat man nicht gerechnet – ein Grenzposten, Uniformen, aufmerksame Blicke. Hier zerschneidet ein Stück Bosnien und Herzegowina das kroatische Territorium. Eine ungewöhnliche Situation.

CROSSMATCH

AUF EINE KAVA

Die meisten Autos rauschen durch Neum einfach hindurch. Machen Sie es anders: Nehmen Sie sich bewusst Zeit für Neum. Halten Sie inne und trinken Sie Ihre Kava wie die Einheimischen: Nur nicht hastig! Nippen Sie gefühlt endlos daran (eine Kunst!) und lassen Sie einfach die Umgebung ein wenig auf sich wirken: Das EU-Land Kroatien ist hier zerteilt von einer Enklave, die den Alltag auf beiden Seiten der Grenze prägt. (▶ **S. 129**)

WILLKOMMEN in Neum: Die kroatische Flagge mit der Šahovnica, dem Schachbrett-Wappen, begrüßt die Reisenden auf dem Landweg nach Dubrovnik. Sie flattert vor einem Restaurant, vor dem große Reisebusse parken. Drinnen jonglieren Kellner Ćevapčići-Grillteller durch den Speisesaal. Kaum jemand scheint zu stören, dass die Bedienung mit einer fast verwirrenden Selbstverständlichkeit kroatische Kuna entgegennimmt. War da nicht gerade ein Grenzbeamter? Ein aufmerksames Blättern im Reisepass?

Beliebte Enklave

Fast wähnt sich der Gast in Kroatien. Ist er aber nicht, sondern in Neum, dem **einzigen Küstenort des Nachbarlandes Bosnien und Herzegowina**. Der Platz ist entsprechend knapp, die Ferienhäuser also dichter gedrängt als anderswo, die Flächen für das Badetuch am Meer ohnehin. »In der Saison ist es wie ein Lotteriegewinn, einen Platz am Strand zu finden«, sagt die Verkäuferin im »Supermarket« an der Adria-Magistrale. Hier kaufen die Kroaten gerne ein, da die Preise niedriger sind als bei Ihnen zu Hause. Vor allem Fleisch sei billig, die Einfuhr ins Nachbarland allerdings limitiert, sagt die Verkäuferin. Das wird wenige Kilometer später klar, als die Magistrale wieder kroatisches Staatsgebiet und damit die Europäische Union erreicht: »Fleisch? Wurst?«, will der Grenzbeamte wissen. Nein. Dann rollt die Autokolonne weiter.

Blick in die Vergangenheit

Halt, nicht so schnell! In Neum ist es Zeit für eine Kava, die, als kräftiger Espresso, ohnehin zum Lebensgefühl in der Region gehört. So viel Zeit muss sein – um den Blick über das Meer schweifen zu lassen und um Antworten zu finden. Die liefert ein Blick in die Vergangenheit: Im Vielvölkerstaat Jugoslawien teilten sich alle Volksgruppen die Adria – zumindest offiziell. Das änderte sich, als der Staat blutig zerbrochen war. Die jungen Staaten Kroatien und Bosnien-Herzegowina verhandelten: Seither ragt Neum wie ein Keil in kroatisches Küstengebiet hinein. Und sichert dem Nachbarland einen knapp 24 km langen, teils nur 5 km breiten **Meereskorridor**, wie schon zu osmanischen Zeiten. Damals überließ die Stadtrepublik Ragusa, das heutige Dubrovnik, den Korridor bereitwillig den Türken – als Pufferzone zu den Venezianern.

Doppelte Staatsbürgerschaft

Neum ist über eine marode, schmale Serpentinenstraße an das Hinterland, angebunden. Von Sarajevo aus wird es regiert, als Teil der Herzegowina gehört es geografisch zu Dalmatien. Mit dem Herzen fühlen sich die meisten der rund 5000 Einwohner allerdings Kroatien näher: 95 Prozent besitzen auch den kroatischen Pass und dürfen in beiden Ländern wählen.

Und die Zukunft?

Dem offiziellen Zagreb ist der Korridor ein Dorn im Auge, ist doch die Urlaubsperle Dubrovnik nur über das Ausland zu erreichen. Ideen, diesen Zustand zu beenden, gab es schon viele: Eine 2,4 km lange Brücke über die kroatische Halbinsel Pelješac entpuppte sich als Millionengrab und liegt seit Jahren auf Eis. EU-Gelder könnten es richten, so die neue Hoffnung. Doch auch von einem möglichen Tunnel oder einer Transit-Autobahn um ihr Städtchen herum sind die Einwohner von Neum verständlicherweise alles andere als begeistert: Viele leben vom Tourismus – allein 10 000 private Betten gibt es! – und nicht zuletzt von der kräftigen Kava!

Politisch Bosnien-Herzegowina, geografisch Dalmatien, gefühlt Kroatien: Neum hat viele Identitäten.

AVE MARIA IM FRISÖRSALON

Im Frisörsalon spielt schon mal ein katholischer Radiosender Marienlieder. Und vor Feiertagen wie Allerheiligen kommt es vor größeren Friedhöfen regelmäßig zu Staus. Die katholische Kirche ist überall im Land präsent – und ziemlich mächtig.

IRDISCHER GENUSS, HIMMLISCHES FEST

Mit gegrilltem Lamm und Spanferkeln feiern die Kroaten gerne, dazu singen Klapa-Männerchöre oder auch mal berühmte Popstars. So genussvoll und weltlich wird Mariä Himmelfahrt alljährlich am 15. August gefeiert. Touristen – freilich nicht in Badeshorts – sind ebenso willkommen. Vor allem in den großen Wallfahrtsorten Sinj oder im herzegowinischen Medjugorje geht es dann sehr lebhaft zu! (▶ **S. 132, 195**)

LINKS: Auf Hvar starten am Gründonnerstag gleich sechs Prozessionen. ZUVOR u. UNTEN: In Dubrovnik lässt der Bischof am Tag des hl. Blasius eine Taube fliegen. Gläubige berühren bei der Prozession die Reliquie.

DIE katholische Kirche zeigte sich wenig begeistert über den geplanten Bußgang von Königin Cersei Lannister: Die Figur der US-Fantasy-Serie **»Game of Thrones«** sollte beim Dreh in Dubrovnik an der Kirche des Hl. Nikolaus vorbeikommen – allerdings splitternackt. Die Kirchenväter äußerten ihren Unmut und prompt verwehrte die nationale Filmkommission die Genehmigung für den hüllenlosen Dreh. Später lenkte die Kommission zwar ein, nicht jedoch die Kirche: Das Gotteshaus musste nachgebaut werden.

Sünder willkommen

Dabei bewiesen die Kirchenväter von Dubrovnik in der Vergangenheit durchaus Toleranz – zumindest um den 3. Februar herum. Denn an diesem Tag wird seit 972 der Schutzpatron der Stadt, der **heilige Blasius (Sveti Vlaho)**, mit einer prunkvollen Prozession gefeiert, und damit auch wirklich alle teilnehmen konnten, war es einst auch Gefangenen, Sündern und Ausgestoßenen erlaubt, dann in die Stadt zu kommen. Dem Staatsfernsehen ist der von der UNESCO als immaterielles Welterbe geadelte Zug durch die Altstadtgassen heute eine Live-Übertragung wert. Doch nicht nur Dubrovnik hat seinen Schutzpatron. So ziemlich jedes Städtchen feiert seinen himmlischen Fürsprecher mit einem bunten und fröhlichen Volksfest.

Einmischen? Gerne!

Gelebter Glaube gehört in Kroatien zum Alltag. Fast neun von zehn Einwohnern bekennen sich offiziell zum Katholizismus. Papst Johannes Paul II. schaffte es 1994 bei seinem Besuch, rund eine Million Gläubige um sich zu versammeln – immerhin ein Viertel der Gesamtbevölkerung!
Die Kirche weiß diese Popularität sehr wohl zu nutzen: So kann es schon mal vorkommen, dass **vor Wahlen klare »Empfehlungen«** von der Kanzel gegeben werden. Oder dass man sich in andere Dinge einmischt: Vor der Einführung von Sexualkundeunterricht an kroatischen Schulen ließen sich die Kirchenväter zu einer Flugblattaktion in einer Supermarktkette hinreißen – deren Eigentümer selbstverständlich der Kirche nahesteht.

Heimlich wallfahren

So einflussreich war die Kirche jedoch nicht immer: Wer **im sozialistischen Jugoslawien** ein öffentliches Amt bekleidete, musste mit Nachteilen rechnen, wenn er seinen Glauben allzu offen praktizierte. Allerdings ist der Katholizismus tief verwurzelt: So kam es, dass viele Staatsdiener ihre Kinder heimlich taufen ließen. Niemand sollte etwas davon mitbekommen. Daher pilgerten auch viele Gläubige, die fernab von zu Hause und unbeobachtet von Nachbarn an der Adria Urlaub machten, **nach Veprić**, oberhalb von Makarska.
Der andächtig-stille Wallfahrtsort wird heutzutage aber längst nicht mehr heimlich aufgesucht. Im Gegenteil: Viele Kroaten verbinden die Zugehörigkeit zur katholischen Kirche mit einem offenen **Bekenntnis zur Nation** – denn Kroatien kannte seit dem Mittelalter kein eigenes Staatswesen. Dass Sprache und Kultur, trotz vieler fremder Herrscher, bis heute lebendig geblieben sind, wird dshalb vielfach der Kirche zugeschrieben.

16

EIN SELTSAMER GESELLE

Der Weg ans Meer führt durch das Velebit-Gebirge. Eine wildromantische Karstlandschaft: Schroffe Felsen, tiefe Schluchten und faszinierende Tropfsteingebilde unter der Erde, wo sich zuweilen auch skurrile Höhlenbewohner wie der Grottenolm verstecken – eine geheimnisvolle Welt, die es zu entdecken gilt.

OBEN: Eine Schönhheit ist der Grottenolm nicht. Er braucht über viele Jahre weder Licht noch Nahrung. UNTEN: Gut ausgerüstet wird die Erkundung einer Karsthöhle zum unvergesslichen Erlebnis. Marijan Buzov sorgt dafür.

BAEDEKER DAS IST...

MIT MARIJAN IN DIE UNTERWELT

Tauchen Sie in die wundersame Unterwelt der Karsthöhlen ein. Ideal dafür: die (noch) wenig frequentierte Höhle von Modrič. Touren organisiert Marijan Buzovs Touristikagentur Zara Adventure Agency aus Zadar, Tel. mobil 091 563 15 07, www.zara-adventure.hr

KEINE Touristenbahn, auch keine bequeme Treppe führen in die Unterwelt. Ein schmaler, natürlicher Zugang im Felsmassiv empfängt die Besucher in der **Modrič-Höhle (Špilja Modrič)** in Rovanjska. Höhlenforscher und Bergführer Marijan Buzov verteilt blau-gelbe Overalls und Helme mit Karbidlampe für ein stimmungsvolles Licht. Noch einige Tipps auf Deutsch, dann schlüpft die Gruppe hinein. Drinnen beginnt das Staunen: Bis zu 15 m hoch öffnen sich die unberührten Räume, mit mächtigen Stalaktiten, Stalagmiten und Säulen in phantasievollen Formen.

Ein Tropfsteingebilde, das aussieht wie ein Altar, war tatsächlich mal einer: Hier hat Marijan Buzov geheiratet – seine Braut trug Wanderschuhe, die 50 Gäste Schutzoveralls. Allzu kommerziell ist die 1985 entdeckte Höhle dennoch nicht. Buzov achtet darauf: »Höchstens 15 Besucher gleichzeitig, denn die Natur hat Vorrang«, sagt er. Auch er selbst betritt einige Abschnitte der 829 m langen Höhle nicht.

Eine Tour mit Marijan Buzov führt in die geheimnisvolle Welt der **Karsthöhlen Kroatiens**. Sie entstehen durch eindringendes Regenwasser, das das Kalkgestein ausspült. An der Oberfläche bilden sich typische Furchen, die sog. Karren. Stürzen die unterirdischen Hohlräume ein, kommt es zu den trichterförmigen Dolinen (dt. Täler): Zu den beeindruckendsten gehören der Rote See (Crveno jezero) und der Blaue See (Plavo jezero) bei Imotski. Sind die eingestürzten Hohlräume größer, spricht man von einem Polje (dt. Feld). Die gesamte Lika, nördlich des Velebit-Gebirges, ist solch ein Karstphänomen – und gilt mit über 700 km² wohl als das größte Polje weltweit.

In den Karsthöhlen bilden sich die typischen **Tropfsteine**: Stalaktiten entstehen, wenn Kalklösungen an der Höhlendecke austreten und wegen des Temperaturanstiegs Kalk ausgefällt wird. Dabei fällt ein Wassertropfen zu Boden, wieder löst sich Kalk aus – und ein Stalagmit wächst nach oben. Das unterirdische Tempo ist gemächlich: Tropfsteine wachsen nur einen Zentimeter pro Jahrhundert!

Anspruchslose Höhlentiere

Bislang sind nur wenige Höhlen im Velebit-Gebirge – etwa 30 Höhlensysteme sind hier länger als 250 m! – erforscht und für Besucher zugänglich. Das kann einem scheuen Wesen, das nur im Dinarischen Gebirgsmassiv zu Hause ist, nur recht sein: Dem **Grottenolm**, den kaum jemand zu Gesicht bekommt. Schön ist das Höhlentier nicht gerade – ein pigmentloser, käseweißer Schwanzlurch –, dafür umso faszinierender: Er benötigt kein Licht, ist deshalb blind und kommt jahrzehntelang (!) ohne Nahrung aus. Sein bescheidener Lebenswandel lässt ihn 100 Jahre alt werden.

DER WIND MACHT DEN SCHINKEN

Mächtig hängt er von der Decke, bis sein großer Augenblick kommt: Hauchdünn aufgeschnitten, darf der luftgetrocknete dalmatinische Rohschinken bei keiner Feier und auf keinem typischen Vorspeisenteller fehlen. Zu den besten gehört der schinken aus Drniš – den auch berühmte Nichtkroaten schätzen.

WER den luftgetrockneten Schinken aus Drniš (Drniški pršut) einmal gekostet hat, lässt sich zu vielem hinreißen – selbst zu einem Dankschreiben an den Bürgermeister des Städtchens. Das wird zumindest **Queen Elizabeth II** nachgesagt, die die Delikatesse bereits bei ihrer Krönung 1952 und zum Thronjubiläum ein halbes Jahrhundert später abermals servieren ließ. Auch der ehemalige US-Präsident George W. Bush goss seine Begeisterung für die zarten Schinkenkeulen in Papierform und schickte 2008 Post ins Rathaus von Drniš. So viel Lob, nur wegen einer schnöden Schinkenkeule?

HIMMEL VOLLER SCHINKEN

Lust auf Drniški pršut? Joško Lokas serviert in seinem kleinen Schinkenmuseum nicht nur die Geschichte des luftgetrockneten Rohschinkens, sondern natürlich auch die hausgemachte Spezialität. In traditioneller Tracht führen er und seine Frau Ana durch die Ausstellung. Dann wird der köstliche Schinken mit dem Messer hauchdünn aufgeschnitten – niemals mit der Schneidemaschine! (▶ **S. 116**)

Ohne Bora geht nichts

Mitnichten. Der geografisch geschützte Pršut aus Drnis hütet nämlich **ein besonderes Geheimnis**: Sein Geschmack lebt vom böigen Fallwind Bora, der über das dalmatinische Hinterland fegt und das Fleisch traditionell und auf natürliche Art trocknet. Früher hingen die Keulen am Baum, heute in Speichern mit speziellen Lüftungsfenstern. »Ohne Bora kein guter Pršut«, heißt es in Dalmatien. Zuvor jedoch wird das Schweinefleisch – unbedingt Hinterkeule und mindestens elf Kilogramm schwer – erst abgehangen, gesalzen, abgewaschen, gepresst und geräuchert. Das weiß man auch in Drniš, wo die Tradition des luftgetrockneten Schinkens seit Jahrhunderten bewahrt wird, neuerdings auch mit einem mehrtägigen Festival.

Im Schinkenmuseum

»Früher hat man den Schinken über der offenen Feuerstelle im Haus aufgehängt«, weiß **Joško Lokas**. Der Deutschkroate kennt sich bestens aus, denn er betreibt den Themenpark Etnoland Dalmati mit einem kleinen Schinkenmuseum. Dort baumeln mächtige Pršut-Keulen von der Decke. Ein kurzer Film erklärt auf Deutsch, wie die Spezialität erzeugt wird – überwiegend im Winter, wenn ohnehin keine Besucher kommen.

Lokas ging es zunächst um Traditionen, die er wiederaufleben lassen wollte - mit dalmatinischen Natursteinhäusern, in denen über der Feuerstelle gekocht wurde, während der Pršut auf dem Speicher trocknete. Mit einem Esel, einem Schmied und einem Steinmetz in alter Tracht. Also gründete er das **Etnoland Dalmati**, einen Themenpark, der den Besucher in das vorige Jahrhundert versetzt. Irgendwann kam das kleine Schinkenmuseum dazu. Der Probierteller Pršut wurde längst durch ein opulentes Menü nach Peka-Art erweitert, dazu wird getanzt und musiziert (unbedingt reservieren!).

OBEN: Nur hauchdünn aufgeschnitten zergeht der Pršut auf der Zunge. Im Schinkenmuseum im Etnoland Dalmati beherrscht man diese Kunst.

UNTEN: Ohne ordentliches Salzen der Hinterkeulen gibt es keinen guten Schinken. Den Rest erledigt die Bora.

HOTEL

LAND DER TAUSEND INSELN

Mal Azur, mal Türkis – je nach Sonneneinstrahlung. strahlt das Lichtspiel in der Blauen Grotte von Biševo, einer winzigen Insel südöstlich von Vis, in einer anderen Farbe. Sie ist sicher eine größten Attraktionen der kroatischen Inselwelt. Aber es gibt noch 999 andere: Gerne wirbt Kroatien damit, das »Land der tausend Inseln« zu sein. Das stimmt. Es sind sogar mehr.

DAS Meer, die Sonne und ein Felsloch, durch das Licht unter Wasser einfällt: wunderbare Farbspiele, die der **Blauen Grotte** (Modra špilja) auf der Insel Biševo ihren Namen gaben. Bei ruhigem Meer kann man mit dem Boot hineinfahren. Dann glitzert das Wasser – je nach Sonneneinstrahlung – mal azurblau, mal türkisfarben und taucht die Höhle in ein fast unwirkliches Licht.
Im Hochsommer ist allerdings Geduld angesagt, dann ist der Andrang so groß, dass die offiziellen Ausflugsboote vor der Höhle ausharren müssen, bis sie einfahren können. Das Warten lohnt sich aber – wenn nur die Zeit nicht auf ein Minimum beschränkt wäre! Muss sie aber, denn das Farbspiel schimmert nur am Vormittag – und dann wollen alle hin. Dabei gäbe es in Dalmatien noch viele andere Inseln – etwa 500 kleinere und 79 größere – zu entdecken!

Wieviele sind es denn nun?

Das ist jedoch gerade einmal die Hälfte dessen, was Kroatien zu bieten hat, denn hier rühmt man sich gerne damit, das »Land der tausend Inseln« zu sein. Streng genommen sind es sogar noch ein paar mehr. Jahrzehntelang wähnte sich Kroatien in dem Glauben, 1185 Inseln zu besitzen. Dann wurde noch einmal nachgezählt und – wundersame Vermehrung – es waren plötzlich 1246. Kurzfristig tauchte auch die Zahl 1244 in den Werbebroschüren der Tourismuszentrale auf. Was war passiert? Für das Zahlenwirrwarr ist das Hydrographische Institut des Landes verantwortlich, das neue Kriterien festgelegt hatte. Seit einigen Jahren gilt nun: Ein Stück Land im Meer, das als Insel gelten soll, muss **mindestens 100 m² Fläche** haben. Alles andere sind Eilande und Riffe.

BAEDEKER DAS IST ...

INSELHOPPING

Die Blaue Grotte auf Biševo ist einfach eine Naturschönheit. Aber nur zur richtigen Tageszeit! Am besten ist der Vormittag, zwischen elf und zwölf Uhr, wenn der Meeresboden das Sonnenlicht reflektiert. Am Nachmittag ist der Zauber längst schon verblasst! Doch dann trinken Sie ohnehin schon einen Espresso auf der beschaulichen Nachbarinsel Vis oder baden in der Grünen Grotte auf Ravnik – zum smaragdgrünen Farbspiel. Ein Cocktail an der mondänen Jachtpromenade von Hvar-Stadt rundet denTag ab. Mehr Inselgefühl an einem Tag geht kaum! Anbieter ab Split: Reisebüro Portal, Tel. 021 36 00 61, www.split-excursions.com

Wer auch immer die Kornaten »gemacht« hat: Göttlich sind sie allemal.

Keine Insel wie die andere

Doch egal, wie groß, jede Insel in Dalmatien hat ihren Reiz: **Pag** fasziniert mit grünen, knorrigen Olivenhainen, **Hvar** gilt als mondäne Dame, die mit dem Jet-Set und dessen Luxusjachten flirtet. Und **Lastovo**, ganz weit draußen in der Adria, besticht durch terrassenförmig gebaute Häuser, da sich alle Bewohner Sonne und gute Aussicht gleichsam teilen wollen.

Besonders faszinierend ist jedoch die Welt der **Kornaten**, ein (fast) unbewohnter Archipel mit 140 eingesprenkelten Inseln, Eilanden und Riffen, weit draußen im Meer. Davon stehen 89 unter besonderem Schutz. Viele sind schroffe Kalksteinklippen, nur spärlich bewachsen – und wie aus einer anderen Zeit. Der Legende nach schuf Gott die Kornaten. Als er mit der Schöpfung fertig war, hat er die übrig gebliebenen Steine einfach über seine Schulter geworfen. Die Felsstücke blieben verstreut im Meer liegen – als Inselarchipel Kornaten, das heute so gerne von Seglern umrundet wird.

Wo kommen sie her?

Ganz so einfach war es nicht, sagt hingegen die Wissenschaft. Und liefert auch gleich die Erklärung für die Entstehung der kroatischen Inselwelten: Als der Meeresspiegel um 13 000 v. Chr. stark anstieg, blieben gerade mal gut tausend Bergkuppen übrig – die bis heute als Inseln aus der Adria herausragen und ihren Besuchern allesamt ein Seufzen entlocken.

T
TOUREN

Durchdacht, inspirierend, entspannt

Mit unseren Tourenvorschlägen lernen Sie Kroatiens und Dalmatiens beste Seiten kennen.

UNTERWEGS AN DER KROATISCHEN ADRIA

Urlaubsmix

Den Duft von Lavendel, Rosmarin und salziger Seeluft einatmen, durch ein Meer von Inseln schippern, kleine Strände und Buchten an der Küste genießen, das gebirgige Hinterland entdecken oder die Zeugnisse einer dreitausend Jahre alten Vergangenheit erleben: Dalmatien trumpft mit einer Vielzahl von Urlaubserlebnissen auf. Und wer schwärmt nicht gern von frischem Fisch und Meeresfrüchten, zartem Insellamm und sonnenverwöhntem Wein? Auf einer Tour kommen die vielfältigen Reize Dalmatiens besonders gut zur Geltung, die nicht allzu großen Entfernungen erleichtern die Planung.

Am besten lässt sich die kroatische Adriaküste vom Wasser aus entdecken: Versteckte Badebuchten erreicht man zu Fuß manchmal gar nicht; und die Zentren vieler Küstenstädte liegen traditionell am Meer, meistens direkt am Hafen. Oft bietet der Blick vom Wasser auf die Stadt ohnehin die schönste Aussicht. Für das Hinterland benötigt man allerdings einen fahrbaren Untersatz. Wer kein Auto dabei hat oder mieten möchte, ist auf Busse angewiesen, die relativ regelmäßig zwischen den Zentren verkehren. Eine der besten Varianten in Sachen Fortbewegung in Dalmatien ist die Anreise mit dem eigenen Auto, samt Boot auf dem Anhänger. Zum Glück kann man auch welche mieten, mit oder ohne Skipper, der sicherlich so manche verträumte Insel oder Bucht kennt.

Welches Verkehrsmittel?

AUF WINNETOUS SPUREN

Start und Ziel: Zadar | **Länge:** ca. 300 km | **Dauer:** 2 – 3 Tage

Karge Berge, wildromantische Schluchten und blaue Fjorde dienten als Drehorte der bis heute lebendigen Winnetou-Verfilmungen. Nirgendwo präsentiert sich das Hinterland Dalmatiens aufregender als hier.

Tour 1

Verlassen Sie ❶ ★★**Zadar** in nördliche Richtung, führt Sie eine Landstraße durch die flache Landschaft Bokanjačko blato nach ❷ **Nin,** im frühen Mittelalter zeitweilig Residenz der kroatischen Herrscher. Die vorromanische Heilig-Kreuz-Kirche (Sveti Križ), die »kleinste Kathedrale der Welt«, belegt, dass Nin im Frühmittelalter Bischofssitz war.

Ausflug ins Mittelalter

Die Straße von Nin gen Osten verläuft in Richtung Ražanac und biegt kurz vor dem Ort links auf die B 106 Richtung Pag ab. Wo die Insel mit dem Festland durch eine Brücke verbunden ist, genießen Sie einen geradezu atemberaubenden Ausblick auf die hellgraue Mondlandschaft von Pag – ein unglaublicher Kontrast zum Tintenblau der Meeresbucht. Entlang alter Salzgärten und Schilfwälder geht es weiter bis nach ❸ ★★**Pag,** dem Hauptort der Insel mit Salzmagazin und Spitzenmuseum. Auf der Weiterfahrt an das nördliche Ende der Insel passieren Sie mit Trockenmauern eingezäunte, karge Felder. Der Duft nach Kräutern, von denen sich die Schafe der Insel ernähren, liegt in der Luft. Dies verleiht dem berühmten Pager Käse die typische salzig-würzige Note.

Farbenspiel und Kräuterduft

Felslandschaften

Die Fähre Žigljen – Prizna bringt Sie wieder auf das Festland. Auf der Magistrale zu Füßen des Velebit-Gebirges beginnt eine herrliche Fahrt entlang der Adria Richtung Südosten. In Starigrad-Paklenica bietet sich ein Besuch im Winnetou-Museum als Auftakt an, ehe Sie sich zu Fuß zu einigen Drehorten der legendären Karl-May-Verfilmungen aufmachen, z.B. zu den Schluchten des ❹ ★★**Paklenica-Nationalparks** mit bis zu 400 m hoch aufragenden Felswänden und Hinweistafeln zu den Drehorten (mindestens zwei Stunden). Für eine Tour bis hinauf zum Vaganski vrh, dem mit 1757 m höchsten Gipfel des Velebit-Gebirges, sollten Sie einen Tag veranschlagen. Unterhalb des markanten Bergriesen Mali Alan führt die B 54 nach Obrovac. Über der kleinen Stadt thront eine alte Türkenfestung mit einer herrlichen Aussicht auf den ❺ ★**Zrmanja-Canyon**, der den filmischen Cowboys und Indianern als »Rio Pecos« diente.

Fjordblick

Auf dem Rückweg nach Zadar können Sie einen Abstecher entlang des **Karin-Sees** (Karinsko more) nach ❻ **Novigrad** machen. Der Ort liegt in einem verschlungenen Fjord, hübsche Gassen führen hinauf zur mittelalterlichen Festung. Von hier oben genießen Sie einen herrlichen Ausblick auf den blauen Fjord. An der schönen Küste des Novigrader Meeres entlang geht es weiter nach Posedarje, wo eine Inselkapelle auf dem stillen Wasser »schwimmt«, und dann zurück nach Zadar.

IN MITTELDALMATIEN

Start und Ziel: Zadar – Knin | **Länge:** ca. 200 km | **Dauer:** 2 – 3 Tage

Tour 2

Von Mensch und Natur geschaffene Höhepunkte machen diese Tour so abwechslungsreich: Der Ausgangspunkt Zadar präsentiert sich mit alten Kirchen, Šibenik mit erhabenen Festungen und einer einzigartigen Kathedrale, während der Krka-Nationalpark mit imposanten Wasserfällen bezaubert. Und dazwischen bleibt noch reichlich Zeit zum Durchatmen – etwa auf den bis heute recht ursprünglichen Inseln Ugljan und Pašman oder am Vransko jezero, einem stillen, schilfumwachsenen Vogelparadies.

Inseln, wohin man schaut

Vom neuen Hafen Gaženica, auf dem Festland bei 1 ★★**Zadar** gelegen, setzt die Autofähre mehrmals täglich nach Preko auf der Insel 2 **Ugljan** über. Die Fahrt dauert nur eine knappe Stunde. Die engen Natursteingassen Prekos enden in einer weitläufigen Villen- und Gartenlandschaft. Boote pendeln zwischen Preko und dem Klosterinselchen Galovac, das wie ein Garten Eden in der Hafenbucht liegt. Eine schmale Straße windet sich von Preko zur Festungsruine Sveti Mihovil (St. Michael) im waldreichen Hinterland. Von hier liegen Ihnen Dugi Otok und andere Inseln und Inselchen malerisch zu Füßen.

Wenig besiedelt

Vorbei an dem netten Fischerdorf Kali gelangt man nach Kukljica und über eine Brücke zur Insel 3 **Pašman.** Von der Brücke sieht man auf der linken Seite am Ende der Bucht die Kirche Gospa od Snijega (Hl. Maria Schnee). Auf der schwach besiedelten Insel gibt es gleichwohl viele Privatunterkünfte, Apartments und Campingmöglichkeiten. Die romanischen Gemäuer des Benediktinerklosters Sveti Kuzma i Damjan auf dem Berggipfel Čokovac bei Tkon gleichen einer Festung. Von diesem zauberhaften Ort hat man einen herrlichen Blick auf den Hafen von Tkon bis nach Biograd auf dem Festland. Wer sich mit der Geschichte und Kultur der Gegend befassen will: Die kleine gotische Kirche des Klosters birgt mehrere glagolitische Inschriften und andere Schätze.

Gesunkener Schatz

Von Tkon verkehrt regelmäßig eine Autofähre nach 4 **Biograd na moru.** An der palmengesäumten Riva der Stadt sollten Sie sich den Besuch des Stadtmuseums nicht entgehen lassen. Dort sind einmalige Exponate aus einem gesunkenen venezianischen Schiff zu sehen.

Natur pur

Die E 65 führt in südöstlicher Richtung am 5 ★**Vransko jezero (Vrana-See)** nach Pakoštane. Der 10 km lange und bis zu 4 km breite See ist durch einen schmalen Landstrich vom Meer getrennt. Am

Beginn der Landenge liegt der kleine Ort Pakoštane. Von dort führen drei Fahrradtouren in den Naturpark Vransko jezero. Der größte natürliche See Kroatiens ist ein einzigartiges Biotop. Sein Reichtum an Aalen, Karpfen, Welsen und Hechten lockt Angler aus ganz Europa an. Das Sumpfgebiet an seinem Nordufer ist ein ornithologisches Reservat. Hier brütet die einzige Purpurreiherkolonie in Kroatien. Wer möchte, kann bis zum Dorf Vrana mit einer alten osmanischen Karawanserei fahren. Das Dorf wurde allerdings im letzten Krieg stark in Mitleidenschaft gezogen. Davon unberührt ist der herrliche Blick auf den von einem breiten Schilfgürtel umwachsenen, türkisgrünen See.

Malerisches Eiland

Von der Adriamagistrale bei **Pakoštane** eröffnet sich ein wunderbares Panorama auf die Inselwelt der Adria bis hin nach Pirovac. Dort können Sie einen Abstecher auf die malerische **Insel Murter** mit ihren vielen Buchten unternehmen. In Tisno ist die Insel durch eine Zugbrücke mit dem Festland verbunden. Besonders schön ist der kleine Sandstrand in der **Slanica-Bucht** bei der Ortschaft Murter. Auch in der Bucht von Jezera finden Sie herrliche Badeplätze. Wer hungrig ist, sollte noch ein paar Kilometer weiter nach ❻ **Vodice** fahren: Das exotische Restaurant Santa Maria hier ist stadtbekannt.

»Stadt unter den Wasserfällen«

Von Vodice ist es nur ein Katzensprung bis nach ❼ ★★**Šibenik.** Die »Stadt unter den Wasserfällen« liegt an der Mündung der Krka in die Adria, wo sich der Fluss zunächst zu himmelblauen Seen erweitert und sich schließlich ins Meer ergießt. Mit seinen zahlreichen Palästen und Kirchen schmiegt sich Šibenik an die Hänge unterhalb gleich

dreier trutziger Festungen, von denen Sv. Mihovil die älteste der Stadt ist und in ihrem heutigen Erscheinungsbild auf die Venezianer zurückgeht. Enge Gassen führen zum Hauptplatz und zum stattlichen Bau der Kathedrale Sveti Jakov. Zeit für einen Kaffee, mit Blick auf dieses prächtige Baudenkmal!

Tagesausflug

Für den Ausflug zum 8 ★★**Krka-Nationalpark** sollten Sie einen ganzen Tag einplanen. Bis zum Skradinski buk, dem wasserreichsten Katarakt der Krka, oder bis in den Ort Skradin sind es zwar nur wenige Kilometer, im Nationalpark kann man aber viel Zeit verbringen. Über Drniš gelangen Sie auf der E 33 nach 9 **Knin.** Dort thront die Festung oberhalb der Stadt mit einem schönen Ausblick. Auch die Fahrt zur **Krka-Quelle** hinter Knin lohnt sich. Von Drniš empfiehlt sich ein Abstecher zum Wasserfall Roški slap. Von dort führt eine schmale Straße nach Kistanje auf die B 509 und zu den Ruinen des römischen Militärlagers Burnum sowie zum Brljan-Wasserfall, der am mächtigsten zischt, wenn die Krka einen hohen Wasserstand führt.

GRANDIOSE BAUTEN UND WASSERSPASS

Start und Ziel: Šibenik – Brač | **Länge:** ca. 350 km | **Dauer:** 1 Woche

Tour 3

Schon bald nachdem Sie die Kulturhighlights Šibenik, Trogir und Split hinter sich gelassen haben, erliegen Sie dem Charme der berühmtesten Strände Kroatiens: dem Goldenen Horn auf Brač, den stillen Buchten der winzigen Pakleni otoci vor Hvar oder der schattigen Küste der Makarska Riviera.

Zwischen Geschichte und Strand

Ausgangspunkt dieser Route ist die an der Krka-Mündung gelegene Stadt 1 ★★**Šibenik.** Auf der Strecke nach Süden ragt die Altstadt von 2 **Primošten** auf einer Insel ins Meer hinein, auf die eine Brücke führt. In der näheren Umgebung des malerischen Inselstädtchens locken viele Bademöglichkeiten. 3 ★★**Trogir,** die nächste bedeutende Station an der Küstenmagistrale, gehört unbestritten zu den Höhepunkten in Dalmatien – ein bestens erhaltenes Museumsstädtchen mit herrlichen Kunstschätzen und viel Charme.

Lebendige Antike

Keine 20 km entfernt liegt 4 ★★**Split,** in vielerlei Hinsicht die Metropole Dalmatiens – mit dem Profil einer modernen Großstadt, aber

auch mit bedeutenden Museen und historischen Bauwerken, darunter dem größten erhaltenen Baudenkmal der Antike in Kroatien, dem ehemaligen Palast von Kaiser Diokletian.

Naturparadies

Von Split erreichen Sie mit der Autofähre 5 ★★**Hvar.** Die von der Sonne verwöhnte Insel ist ein Naturparadies und duftet im Frühsommer herrlich nach Lavendel, sie wird allerdings im Sommer viel besucht. Der Tourismus konzentriert sich auf Stari Grad, dem Fährhafen, und vor allem auf das Städtchen Hvar. Ruhiger ist die Osthälfte der schmalen, langen Insel. Eine Fahrt zum östlichen Fährhafen **Sućuraj** ist vor allem landschaftlich außerordentlich reizvoll. Bei Drvenik betreten Sie wieder den Festlandboden.

Urlaubsmeile

Der Küstenabschnitt der 6 ★**Makarska-Riviera** ist ein sehr beliebtes Ferienrevier, ein Streifen üppigen Grüns vor dem Hintergrund mächtiger Gebirgszüge. Das touristische Zentrum zwischen Brela im Norden und Gradac im Süden ist 7 ★**Makarska.**

Berühmter Strand

Auf dem Rückweg nach Split bietet sich ein weiterer Inselabstecher an: Von Makarska setzt eine Autofähre an die Ostküste der Insel 8 ★★**Brač** (Sumartin) über. Bekannt ist Brač vor allem wegen des Goldenen Horns, des landesweit berühmtesten Strandes, der wie eine Sichel ins Meer ragt. Von Supetar an der Nordküste der Insel geht es zurück nach Split.

FESTUNGEN UND ROTWEIN

Start und Ziel: Dubrovnik–Neum | **Länge:** ca. 300 km | **Dauer:** 4–5 Tage

Tour 4

Eine Tour der Superlative: Dubrovnik, die schönste aller dalmatinischen Städte, trägt nicht umsonst den Titel »Perle der Adria«, auf der Halbinsel Pelješac wird der beste Rotwein des Landes angebaut, in Ston gibt es die besten Austern und Muscheln und die Insel Korčula wartet mit der malerischsten Inselhauptstadt auf – und mit einer bezaubernden kleinen Konditorei mit inseltypischem Gebäck.

Starke Konstraste

Von ❶ ★★**Dubrovnik,** der »Perle der Adria«, erreichen Sie über die Küstenstraße die rund 65 km nordwestlich gelegene Halbinsel **Pelješac.** Der erste Ort auf der Halbinsel ist ❷ ★**Ston,** dessen Befestigungssystem – eine 5,5 km lange Wehrmauer – heute noch fasziniert. Kulinarisches Highlight von Mali Ston sind die Austern- und Muschelgärten direkt vor den Restaurants im Meer. Zu den bekanntesten Restaurants gehören traditionell das Kapetanova kuća und die Vila Koruna. Eine Fahrt nach Orebić am Fuß des Sveti Illija vermittelt einen Eindruck der großen Kontraste von Pelješac: hohe, karge Berghänge, fruchtbare, liebliche Täler, steile Küsten an der Meerseite und flache, stille Ufer an der dem Festland zugewandten Seite. Die Strecke lässt sich gut mit der Weinstraße kombinieren, die an mehr als

INSELHÜPFEN MIT DEM FAHRRAD

Das Festland bleibt zurück, der hölzerne Zweimast-Motorsegler sticht in See, die weißen Segel flattern im Fahrtwind und die südliche Sonne wärmt angenehm. Mit an Bord: eine bunte Schar von Urlaubern mit Mountainbikes und Fahrradhelmen. Vor ihnen liegt eine Woche Inselhüpfen – eine ideale Kombination aus Müßiggang an Bord und zuweilen recht herausfordernden Fahrrad-Erlebnistouren an Land.

Die Gruppe an Bord ist bunt gemixt: Genussradler, die Land und Leute kennenlernen möchten, aber auch sportliche Mountainbiker, die die Herausforderung suchen. Auf den ersten Blick verbindet beide Gruppen nur eines: Der Wunsch, einen möglichst erlebnisreichen Urlaub an der Küste Dalmatiens zu verbringen. Dass das mit Faulenzen recht wenig zu tun hat, wird beim Blick ins Programm sofort klar: Mal sind 20 oder gar 30 km zu bewältigen – pro Tagesetappe und mit dem Fahrrad, wohlgemerkt! Die Trasse führt über anspruchsvolle Erhebungen und Aussichtspunkte, die den oft schweißtreibenden Aufwand mit grandiosen Ausblicken entschädigen – allerdings auch manch einen Ungeübten schnell aus der Puste bringen können. Der Lohn wartet spätestens in der nächsten abgeschiedenen Badebucht, die man mit dem Auto nicht erreichen kann. Das stimmt versöhnlich und lässt so manchen Schweißtropfen schnell vergessen. Spätestens in der Nacht, wenn der Motorsegler mit der Fahrradtruppe an Bord ruhig in einem Hafen schaukelt, kehrt Ruhe ein. Zeit, um die eigenen Batterien für den nächsten Tag aufzuladen.

Immer etwas Neues!

Zadar winkt den Radfahrern zum Abschied zu und entlässt sie auf ihre einwöchige Reise, die hier beginnt. Die Stimmung ist ausgelassen und die Sandstrände um Nin herum so einladend, dass man am liebsten kräftig in die Bremse treten und sich einfach den restlichen Tag in der Sonne aalen möchte. Doch bis zum ersten Etappenziel vor der **Insel Vir** sind es noch einige Kilometer. 30 km Wegstrecke am ersten Tag sind eine gute Einstimmung. Am nächsten Morgen heißt es: Leinen los! Das holzgetäfelte Schiff segelt majestätisch zur Insel Molat hinüber, die entlang von Fischerdörfern erkundet wird. Mit **knapp 20 km Tagesleistung** geht es entspannt zu, und die Nachmittagshitze lässt sich in einer Badebucht sehr gut ertragen. Der dritte Tag führt über die lang gezogene Insel **Dugi otok**. Beim Bau ihres berühmten Leuchtturms, den man nun aus der Nähe beäugen kann, sollen Eidotter im Mörtel verwendet worden sein. Dort gilt es, den bekannten Saharun-Badestrand zu entdecken. Gut 30 km zeigt der Kilometerzähler heute an.
Der vierte Tag gehört dem Südteil von Dugi Otok. Von dort geht es zunächst übers Land an Badebuchten vorbei, ehe die Riffe und Eilande des Kornati-Nationalparks am Motorsegler vorbeiziehen und der Hafen von Šibenik angesteuert wird. Die Tagesetappe

Einst Sommerfrische für herrschaftliche Gäste, heute Ziel für Radfahrer und Naturbegeisterte: die Elafitischen Inseln

beläuft sich auf 30 km, genauso wie an den nächsten beiden Tagen.
Der Krka-Nationalpark bietet mit seinen tosenden Wasserfällen und der Klosterinsel Visovac das wohl schönste Panorama für eine Rad- und Wandertour. Einen Tag später ziehen die vorgelagerten Inselchen von Šibenik alle Blicke auf sich, ehe die Radlergruppe an Vodice vorbei auf **Murter** eintrifft. Bevor die Tour zu Ende geht, wird am letzten Tag noch einmal Gas gegeben: Mehr als 30 km Radstrecke über die gesamten **Inseln Pašman und Ugljan** stehen auf dem Programm. Abends schippert das hölzerne Schiff dann in den Hafen von Zadar zurück, mit vielen Erinnerungen und sicherlich manch einem Muskelkater.
Abfahrt ist in der Regel samstags. Vor- und Nachsaison sind ideal für die Radwander-Kreuzfahrten. Geschlafen wird an Bord dieser schwimmenden kleinen Pensionen, die auch Verpflegung bieten. Trekkingrad und E-Bike, je nach Anbieter, sowie Helm werden für die Dauer der Kreuzfahrt verliehen. Trotz Radfahr-Programm bleibt noch genügend Zeit zum Baden, da die Motorsegler täglich mehrere Stunden ankern – oftmals in schönen kleinen Buchten.

»BIKE & SCHIFF«-REISEN

I. D. RIVA TOURS
München
Tel. 089-2 31 10 00
www.kroatien-idriva.de

MISIR SONNENLANDREISEN
Essen
Tel. 0201-43 93 70
www.kroatien-misir.de.

GULLIVER
Dubrovnik
Tel. 00385 20 41 08 88
www.croatia-cruises.hr

OBEN: Die Silhouette von Korčula hält was sie verspricht: Die mittelalterliche Stadt ist bezaubernd und die Zuckerbäckerei Cukarin umwerfend.

UNTEN: Mal Felsküste, mal kleine Buchten: An der Riviera von Dubrovnik wird es nicht lang-weilig.

100 Weingütern vorbeiführt, die unter anderem den berühmten Plavac mali keltern. ❸ **Orebić** mit seinen alten Kapitänsvillen und einem schönen Sandstrand ist der Fährhafen zur Insel Korčula.

Geschichte versüßt

Wenn Sie auf ❹ ★★**Korčula** nur das entzückende Inselhauptstädtchen – angeblich der Geburtsort von Marco Polo, was Historiker aber für unwahrscheinlich halten – entdecken wollen, können Sie mit der Personenfähre übersetzen. Mitten in der Altstadt lockt unter anderem die winzige Zuckerbäckerei Cukarin (Ulica Hrvatske bratske zajednice bb, www.cukarin.hr) zu einem Besuch. Wenn Sie die ausgedehnten Sandstrände bei ❺ **Lumbarda** genießen möchten, sollten Sie mit dem Auto nach Korčula übersetzen.

Beim Baden relaxen

Für den Rückweg zum Festland gibt es zur Route Orebić – Ston eine Alternative: Setzen Sie bei Trpanj mit der Fähre nach ❻ **Ploče** über, wo das landschaftlich schöne Neretva-Delta beginnt, ein ehemaliges Sumpfgebiet. Spätestens bei ❼ **Neum** am schmalen Küstenstreifen von Bosnien und Herzegowina wird der Blick aufs Meer durch eine schmale Landzunge und die Halbinsel Pelješac verwehrt. Links und rechts ragen hohe Bergketten auf, dazwischen erstreckt sich der für die Muschelzucht genutzte Malostonski-Kanal, der sich immer mehr verjüngt. Von der Abzweigung der Straße nach Ston zurück nach Dubrovnik sind es noch rund 60 km. Etliche kleine Ferienorte laden an dieser Strecke zum Baden ein.

Z
ZIELE

Magisch, aufregend, einfach schön

Alle Reiseziele sind alphabetisch geordnet. Sie haben die Freiheit der Reiseplanung.

★★ BRAČ

Höhe: 0–778 m ü. d. M. | **Einwohnerzahl:** 14 000

Kaum zu glauben: Eine schmale Landzunge aus feinem Kies, die sichelförmig in die Adria ragt, ändert ihre Ausrichtung. Tatsächlich neigt sich die Spitze von Zlatni rat, dem Goldenen Horn auf der Insel Brač, je nach Meeresströmung mal mehr nach Westen, mal mehr nach Osten. Und eine weitere Besonderheit der Insel: Der Bračer Marmor, ein weißer Kalkstein, war und ist ein begehrtes Baumaterial, Bildhauer und Steinmetze zaubern daraus herrliche Skulpturen.

Wasserarm, trotzdem grün

Als »Insel ohne Brot, ohne Wasser, ohne Wege, ohne Rebe und Ölbaum« bezeichnete der kroatische Dichter Vladimir Nazor (1876 bis 1949, ►S. 266) Brač. Tatsächlich ist die Insel ausgesprochen wasserarm, sie besitzt keine oberirdischen Wasserläufe und nur einige Süßwasserquellen in der Umgebung von Bol. Ganz so herb, wie das Urteil von Nazor es vermuten ließe, ist Brač aber nicht (mehr): Ein Viertel der hügeligen Inselfläche ist mit ausgedehnten Pinien-, Eichen- und Föhrenwäldern bedeckt. Vielerorts wächst Maccia; während in den fruchtbaren Tälern Weintrauben, Feigen, Kiwis, Maraska-Kirschen und Oliven angebaut werden. Überhaupt ist Brač für sein ausgezeichnetes Olivenöl berühmt!

Das gibt es nur am Goldenen Horn auf Brač: einen Strand, der sich vergrößert und dessen Spitze sich nach der Strömung ausrichtet.

Den marmorähnlichen Kalkstein nutzten die Römer schon vor 1700 Jahren für den Bau des Diokletianpalastes in Split. Der gute Ruf der mächtigen Steinquader zog sich durch die Jahrhunderte: Die Kathedralen von Trogir und Šibenik, aber auch der Berliner Reichstag und das Weiße Haus in Washington verbauten zum Teil die hellen Steinblöcke. Heute gibt es über 20 größere und kleinere Steinbrüche auf der Insel, von denen der »Bračer Marmor« zu Kunden nach Russland, China und anderswohin verschifft wird.

Famliengerecht

Strände ★★ Goldenes Horn

Mutter Erde schenkte der Insel den mit Pinien bewaldeten Postkartenstrand Zlatni rat, das Goldene Horn, im Süden. Die 600 m lange Halbinsel mit ihrem feinen Kieselstrand ragt westlich der Hotelanlagen bei Bol ins Meer, ein guter Platz für Familien mit Kindern, FKK-Anhänger, Wind- und Kitesurfer und Wassersportler. An der West- und Nordküste laden in der Umgebung von Milna und rund um den Hauptort und Fährhafen Supetar schöne Strände zum Baden ein: Der Strand Tri Mosta hat betonierte Liegeflächen und flach abfallende Kiesabschnitte. Den flachen Strand Banj direkt nebenan mit Aquapark schätzen vor allem Familien. Brač bietet vielerorts auch abgelegene Badebuchten mit schönen Sand- und Kiesstränden.

Wohin auf Brač?

Traumstrand

Bol

Bol, die einzige größere Siedlung im Süden von Brač, schmiegt sich an das schmale Ufer, hinter dem sich der Höhenzug mit dem Berg Vidova gora (778 m) erhebt. Wer hierher kommt, hat eine Vorliebe für Bade- und Aktivurlaub und steuert oftmals gleich das Goldene Horn an, Wahrzeichen und Hauptattraktion von Bol. In der Nähe, bei den Hotelanlagen, befindet sich ein Tennismekka, mit Stadion und 26 Sandplätzen. Bevor es an den Strand geht, lohnt ein Bummel durch den beschaulichen Ort, in dem die Personenfähre (Katamaran) aus Split stoppt. In Ufernähe gruppieren sich einige schöne Palazzi. In einem zeigt eine kleine **Kunstgalerie** Gemälde und Skulpturen kroatischer Künstler des 20. Jh.s, unter anderem von ihrem Namensgeber Branislav Dešković (1883–1939), der aus dem Inselort Puščica stammt und für seine modernistischen Tierskulpturen bekannt ist.

Am östlichen Dorfrand thront das **Dominikanerkloster** malerisch auf einer Landzunge, mit blühendem Klostergarten: Es hütet ein Bildnis der »Madonna mit Heiligen« (16. Jh.), einige Amphoren, Münzen und eine schöne Kassettendecke. Vor der Kirche wurden spätantike Mauerreste freigelegt. Die Kirche ist z. Zt. leider nicht zugänglich.

Galerija Branka Deškovića: 15. Juni–15. Sept. Di.–So. 9–12, 18–23, übrige Zeit Di.–Sa. 9–14 Uhr | Eintritt: 15 Kuna

Der Berg ruft!

★ Vidova goram

Von Bol aus steigt man in etwa 2,5 Stunden auf die höchste Erhebung aller adriatischen Inseln, die Vidova gora (778 m). Vom Gipfel bietet sich an schönen Tagen ein fantastischer Blick auf das Goldene Horn und die Insel Hvar. In der Konoba Vladimir Nazor können sich müde Wanderer während der Hochsaison mit Pršut und Käse aus der Region stärken (Tel. 021 54 90 61). Mit dem Auto ist der Aussichtsberg von Norden zu erreichen: Ab Nerežišća im Inselinneren geht es Richtung Pražnice, bis nach ca. 3 km rechts eine Straße abzweigt. Bei einer Gabelung hält man sich links Richtung Vidova gora.

Zu den Eremiten

★ Kloster Blaca

Nach rechts geht es zum Eremitenkloster Blaca, die Schotterpiste wird ab hier immer unwegsamer und ist ab der Ortschaft Dragovoda unbefahrbar. Unter schattigen Kiefernhainen und Weinreben führt ein Weg 2,5 km durch die Schlucht bis zu einer steilen Felswand, unter die sich das Kloster schmiegt – ein herrlicher Anblick! Der abgeschiedene Ort – ohne Strom, Wasser und Autozufahrt – diente den Glagolitern als Zufluchtsort. Die altslawisch predigenden Priester waren vor den Türken aus der halbautonomen Republik Poljica (▶Omiš) geflohen; 1963 verstarb hier der letzte Mönch. Dieser hinterließ dem kleinen Museum mit wertvollen glagolitischen Schriften seine astronomische Sammlung. Bei dessen Transport – zu Fuß (!) – sollen 12 Männer von der Insel 56 Liter Wein getrunken haben, heißt es. Im Sommer verkehrt das Ausflugsboot Frane ab Bol, von der Bucht sind es noch gut 2 km Aufstieg (Halbtagesausflüge mit Badestopp; Infos im Sommer jeden Abend im Hafen von Bol oder Tel. _ mobil: 098 27 44 12, Preis: ca. 120 Kuna).

Di. – So. 9 – 16 Uhr | Eintritt: 40 Kuna (Führung auch auf Deutsch)

Drachen, Löwen, Menschen

Drachenhöhle

Von Murvica an der Südküste führt ein Wanderweg (ca. eine Stunde) zur Drachenhöhle (Zmajeva pećina). Die kunstvollen Reliefs am Eingang und im Inneren – Drachen, Löwen, Menschendarstellungen – stammen von den Glagoliter-Mönchen, die zunächst hierher geflüchtet waren, ehe sie das Kloster Blaca gründeten. Nur mit Führung.

Führungen auf Deutsch: Zoran Kojdić, Tel. mobil: 091 5 14 97 87
Eintritt: 50 Kuna

Sicherer Hafen

Milna

Milna, im äußersten Südwesten von Brač, wartet mit dem einzigen Jachthafen der Insel in einer geschützen Bucht auf, mit einer mächtigen Barockkirche mit venezianischen Gemälden sowie einer palmenumrankten Uferpromenade. Vor Milna fand 1806 ein Scharmützel zwischen französischen Schiffen und einem russischen Aufklärungsboot statt: Die siegreiche zaristische Marine machte den Ort für kur-

Auch Mönche schätzen hinreißende Ausblicke: Dominikanerkloster bei Bol.

ze Zeit zum Flottenstützpunkt. Heute sichern der Tourismus und die örtliche Sardinenfabrik den Bewohnern ihr Auskommen.

Ideale Ferienorte

Sutivan und Supetar

Sutivan, knapp 10 km nördlich von Milna, schmiegt sich mit typisch dalmatinischen Natursteinhäusern und Palmen ans Meer. Die lebhafte Promenade säumen schöne, flach abfallende Kieselstrände. Schon von weitem sieht man den roten Zwiebelturm der Pfarrkirche Sveti Ivan (Hl. Johannes, 17. Jh.), die in ihrem Inneren Schiffsmodelle hütet. Erholung spendet der kleine Park um die Barockvilla, in der einst der kroatische Dichter **Jerolim Kavanjin** (1641–1714) lebte und das umfassendste Epos der älteren kroatischen Literatur mit 32 724 (!) Versen verfasste (»Reichtum und Armut«).
Die meisten Besucher betreten Bračer Boden im Hafen von **Supetar**. Das im Nordwesten der Insel gelegene Städtchen (2500 Einw.), 8 km östlich von Sutivan, ist mit seinen Sandstränden und Föhrenwäldern neben Bol das wichtigste Tourismuszentrum auf Brač. Seine autofreie Innenstadt wird von Natursteinhäusern geprägt. Sehenswert ist die barocke Pfarrkirche Sveti Petar (St. Peter) mit pastellfarbener Stuckdecke, Sonnenuhr, Sarkophag und Mosaikresten einer frühchristlichen Basilika. Am Ende des langen Badestrands von Supetar liegt der Friedhof des Orts mit dem außergewöhnlichen **Petrinović-**

Mausoleum. Der Bildhauer Toma Rosandić (1878 – 1958) entwarf die im orientalisch-byzantinischen Stil erbaute Grabstätte 1914 für die Reederfamilie Petrinović, die nach Chile ausgewandert war und wohlhabend nach Supetar zurückkehrte.

Steinmetzkunst

Donij Humac

An der Straße nach Donij Humac, 8 km südlich von Supetar, liegt die vorromanische Lukaskirche (10. oder 11. Jh.). Aus dieser Zeit stammt die Wandzeichnung eines Segelschiffs, vermutlich die älteste Darstellung dieses Sujets an der kroatischen Adriaküste. Donji Humac ist ein Zentrum der Steinmetz-Tradition auf Brač: Die Steinskulpturen neben der Kirche der hll. Fabian und Sebastian (Sveti Fabijan i Sebastijan) sind bei internationalen Bildhauer-Symposien entstanden.

Wein und Öl

Nerežišća

Im Dorf Nerežišća, 10 km südlich von Supetar, sind die gotische Kirche Sveti Petar (Hl. Peter) aus dem 14. Jh., die große barocke Pfarrkirche Sveta Marija und das fürstliche **Renaissancepalais Harašić,** vor dem eine mit dem venezianischen Löwen verzierte Fahnensäule steht, sehenswert. In einem schönen Anwesen werden Wein und Olivenöl verkostet (www.winetastingbrac.com):

Ort mit langer Geschichte

Škrip

Škrip, 4 km südlich von Splitska im Inselinneren, ist ein malerisches Dörfchen mit grauen Natursteinhäusern und die älteste Siedlung auf Brač. In einem alten Wehrturmkomplex (Kula Radojković) ist das Museum der Insel Brač (Muzej otoka Brača) mit archäologischen und ethnografischen Ausstellungsstücken untergebracht. Gleich daneben sind Reste einer illyrischen Mauer erhalten. Aus römischer Zeit stammen mehrere Gräber, Sarkophage und das Mausoleum eines hohen Würdenträgers. Die Burg über dem Ort wurde Anfang des 17. Jh.s von der Familie Cerineo-Cerinić erbaut. Das kleine, private **Olivenölmuseum** (Muzej uja) zeigt die alte Tradition der Ölgewinnung der Familie Krstulović, die in Škrip seit mehr als 150 Jahren Oliven verarbeitet. Der Hausherr begrüßt Besucher mit Kirschlikör und Olivenöl, das im Museumsladen verkauft wird.

Museum der Insel Brač: Di. – So. 9 – 17 Uhr | Eintritt: 10 Kuna
Olivenölmuseum: April–Mitte Okt . tägl. 9 – 20 Uhr, außerhalb der Saison nach Anmeldung | Tel. 095 81 14 643 | www.muzejuja.com

Felsenhäuser

Dol

Das Dörfchen Dol ist interessant wegen der kleinen, altkroatischen Kirchen rundherum sowie wegen der eingeschossigen, auf Felsen erbauten Häuser, die besonders anschauliche Beispiele für die volkstümliche Architektur auf Brač darstellen.

Zentrum der Steinmetzkunst

Pučišća

Der drittgrößte Ort der Insel, Pučišća (1600 Einw.), liegt ca. 26 km östlich von Supetar an einer tief eingeschnittenen Bucht. Das ruhige und beschauliche Städtchen ist als Zentrum der Steinmetzkunst bekannt. An die Blütezeit von Pučišća erinnern mehrere Kastelle, sogar die Straßenlaternen wurden mit dem weißen Kalkstein verschönert. Die Steinmetzschule bildet seit über 100 Jahren Künstler aus. Im Pfarramt wird die berühmte Besitzurkunde Povaljska listina aufbewahrt. Die 1250 in kyrillischer Schrift, der so genannten Bosančica, verfasste Besitzurkunde gilt als eines der ältesten Dokumente dieser Schriftart.

Herr Genscher und Herr Mock

Selca

Über Gornij Humac erreicht man die Ortschaft Selca, die sich hübsch den Hang hinaufzieht. Die etwas oberhalb gelegene Nikolauskirche (Sveti Nikola) aus dem 11./12. Jh. gehört zu den bedeutendsten mittelalterlichen Baudenkmälern auf der Insel, die Christkönig-Kirche weist schöne Säulenkapitelle auf. Kaum vermuten würde man hier Denkmäler für den deutschen Ex-Außenminister Hans Dietrich Genscher sowie dessen damaligen österreichischen Amtskollegen Alois Mock, die sich 1991 für die rasche Anerkennung des unabhängigen Kroatien stark machten.

In der Steinmetzschule von Pučišća werden die Künstler von morgen ausgebildet.

BRAČ ERLEBEN

TOURISTINFORMATION BOL
Porat bolskih pomoraca bb,
21420 Bol
Tel. 021 63 56 38
www.bol.hr

TOURISTINFORMATION SUPETAR
Porat 1, 21400 Supetar
Tel. 021 63 05 51
www.supetar.hr

ANREISE MIT DEM BOOT
Autofähre zwischen Split und Supetar (50 Min.), Schnellboote bis Bol 55 Min. Wer in Makarska an Bord geht, kann sein Fahrzeug bis Sumartin mitnehmen (60 Min.).

ANREISE MIT DEM FLUGZEUG
Brač wird nur im Sommer von ausländischen Charterfliegern und von Croatia Airlines ab Zagreb angeflogen.
www.airport-brac.hr

5. August: Gospa Od Signa (Hl. Maria Schnee), mit großem Volksfest.
Juli–August: Internationale Sommermusikschule Pučišća
www.music-school-pusisca.com
September: Sommerkarneval, Supetar

PALAČA DESKOVIĆ €€€
Die liebenswürdige Gräfin Ružica Desković ist Kunstdozentin und bietet ihren Gästen auch Malkurse an. Sie hat das Haus ihrer Vorfahren aufwändig restauriert: Das schmucke Patrizierpalais im Stil der Spätrenaissance (1497) liegt direkt am beschaulichen Hafen von Pušćica. Die 14 Zimmer wurden mit historischen Möbeln bestückt, ein Salon mit Bibliothek und ein romantischer Garten schaffen eine behagliche Atmosphäre.
21412 Pučišća
Tel. 021 77 82 20
www.palaca-deskovic.com

VILLA GIARDINO €€
Die familiäre Villa auf einer kleinen Anhöhe über dem Hafen von Bol ist eine Oase der Ruhe: Schon beim Frühstück im üppig blühenden Garten beginnt der Tag wundervoll. Gemälde und Skulpturen verleihen dem Haus (10 Zi.) einen individuellen Charme.
Novi Put 2, 21420 Bol
Tel. 021 63 59 00
www.dalmacija.net/bol/villagiardino

KONOBA BELVEDERE ŽIŽA €€€
Dieses Traditionsrestaurant garantiert einen herrlichen Meerblick. Auf der Speisekarte stehen reichlich Fischgerichte. Lamm und Zicklein nach Peka-Art muss als Spezialität vorbestellt werden.
Stjepana Radića 16
(Aussichtspunkt Humčanski brizi)
Supetar
Tel. mobil 091 517 12 88
www.restaurant-ziza.com

KONOBA MENDULA €€€
Ein kurzer Spaziergang führt vom Hafen auf die Anhöhe, auf der die familiengeführte Konoba liegt. Die Fischplatte reicht für zwei Personen, Mangold, Tomaten und Co. stammen aus dem eigenen Garten.
Hrvatskih domobrana 7, Bol
Tel. mobil 091 515 85 93

RESTORAN GALICIJA €€€

Gleich oberhalb vom Hafen lockt das Restaurant mit rustikalen Bänken auf der Terrasse. Das Grillfleisch auf dem Holzbrett ist fein-würzig mariniert.
626A, 21405 Milna
Tel. 021 63 63 12

RESTORAN RANČ €€€

Der leichte Anstieg vom Hafen in Bol macht Appetit. Das weiß auch Wirtin Rosa, die ihre Gäste gleich mit Weißbrot und würzigem Olivenöl-Pesto als Gruß versorgt. Fast könnte man sich daran satt essen, wäre da nicht noch die gegrillte Fischplatte, bestückt je nach Tagesfang.
Hrvatskih domobrana 23, Bol
Tel. 021 635 635

KONOBA & PIZZERIA PALUTE €€

Ein Restaurant, direkt am kleinen Fährhafenvon Supetar? Der flinke Service scheint Wartende mit wenig Zeit gewohnt zu sein. Und serviert wird beste Balkanküche, wie wir sie aus Kindheitstagen kennen – Ćevapćiči, Ražnjići, Pljeskavica und sogar Đuveč-Gemüsereis, der von den meisten kroatischen Speisekarten längst verschwunden ist.
Porat 4, Supetar
Tel. 021 63 17 30
www.restaurant-palute.com

CAVTAT

Höhe: 2 m ü. d. M. | **Einwohnerzahl:** 1900

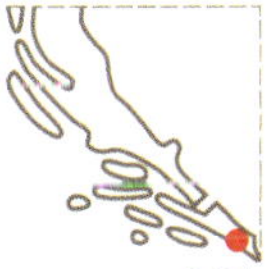

O 26

Hätte der italienische Ausspruch des süßen Nichtstuns, La dolce far niente, kroatische Wurzeln, wäre er sicherlich in Cavtat erfunden worden: Im südlichsten Städtchen Kroatiens kommt man gar nicht umhin, etwas Anderes zu tun. Alles ist darauf ausgelegt, um einfach in einem der Cafés Platz zu nehmen, die sich um die malerische, hufeisenförmige Bucht Župski zaljev schmiegen und den Blick über die Uferpromenade oder die im Hafen schaukelnden Jachten schweifen lassen.

Oase der Ruhe

Epidaurum, die Vorgängerin von Cavtat, die zunächst in griechischer und später römischer Hand war, wurde durch ein Erdbeben und später durch die Slawen und Awaren zerstört (7. Jh. n. Chr.). Die Bewohner flohen an das Nordende der weitläufigen Bucht und gründeten Ragusa, das heutige Dubrovnik – deshalb wurde Cavtat früher auch Ragusavecchia, das alte Ragusa, genannt. Eine Stadt entstand an dieser Stelle erst wieder im 15. Jh., als sich hier nun umgekehrt Bürger und Kaufleute aus Ragusa niederließen. Der Tourismus hielt ab den 1960er-Jahren Einzug. Heute suchen viele Urlauber im weitaus ruhigeren Cavtat genau das, was Dubrovnik im Sommer fehlt: Ruhe und Erholung.

Einfach nur den Ausblick auf den Hafen von Cavtat genießen – mehr Programm braucht es manchmal nicht.

Wohin in Cavtat?

Mittelpunkt von Cavtat

Uferpromenade

... ist die geschwungene, von Palmen beschattete Uferpromenade. Am Beginn steht der ehemalige Rektorenpalast (Knežev dvor). Das Renaissance-Gebäude, um 1550 errichtet, beherbergt die **Baltazar-Bogišić-Sammlung** mit einer umfangreichen Bibliothek des Rechtswissenschaftlers und Historikers Baltazar Bogišić (1834 – 1908). Ein Denkmal zu Bogišićs Ehren steht zwischen Palast und Ufer in einer kleinen Grünanlage. Neben dem Rektorenpalast sind noch Reste der einstigen Stadtbefestigung zu sehen.

Gleich neben dem Rektorenpalast steht die Bischofskirche **Sveti Nikola** (Hl. Nikolaus). Das mittelalterliche Gotteshaus erhielt im 17. Jh. nach einem schweren Erdbeben ein barockes Kleid sowie einen Campanile mit einem später eingebauten pseudo-romanischen Zwillingsfenster. Beachtenswert sind zwei Altarbilder mit Ansichten von Cavtat und Dubrovnik eines sizilianischen Künstlers aus dem frühen 19. Jh. und Gemälde von Vlaho Bukovac.

Geht man die kleine Gasse zwischen dem Stadtmuseum und Sveti Nikola (Hl. Nikolaus) bergauf, kommt man am **Geburtshaus von Vlaho Bukovac** vorbei, in dem heute eine sehenswerte Galerie mit Zeichnungen, Bildern sowie Möbeln u. a. des bekannten kroatischen Malers untergebracht ist. Er gilt als einer der Vorreiter der kroatischen Modern.
Am anderen Ende der Uferpromenade steht das Franziskanerkloster mit der Kirche Sveti Vlaho (Hl. Blasius, 15. Jh.). Auch hier ist ein monumentales Fresko von Vlaho Bukovac zu sehen.
Baltazar-Bogišić-Sammlung: Mai-Okt. Di.-Sa. 9-13, 16-20, So. 16-20, Nov.-April Di.-Sa. 9-13 Uhr | Eintritt: 20 Kuna
Sveti Nikola: Juni-Okt. Mo.-Sa. 10-13, 16-19 Uhr | Eintritt: 15 Kuna
Vlaho-Bukovac-Haus: Mai-Okt. Di.-Sa. 9-13, 16-20 Uhr, im Winter Di.-Sa. 9-13, 14-17 Uhr, ganzjährig So. nur nachmittags | Eintritt: 30 Kuna | www.kuca-bucovac.hr

Friedhof mit Ausblick

★ Mausoleum der Familie Račić

Der höchste Punkt der Halbinsel, eine Anhöhe direkt hinter der Kirche, gewährt einen herrlichen Blick auf die Bucht Župski zaljev. Neben dem Friedhof steht das Mausoleum der Cavtater Reederfamilie Račić, 1920–1922 von Kroatiens berühmtestem Bildhauer, Ivan Meštrović (►S. 264), geschaffen. Der Eingang des Kuppelbaus wird von zwei säulenförmigen Karyatiden flankiert, die Mutterschaft und Schöpfung symbolisieren. Auf der Kuppel steht ein Engel, der die Gebete für die Verstorbenen sammelt und sie gen Himmel schickt.
Sommer Mo.-Sa. 10-17 Uhr | Eintritt: 20 Kuna

Rund um Cavtat

Im »Garten Dubrovniks«

Urlaub auf dem Land

Nicht umsonst wird die Gegend südöstlich von Cavtat als »Garten Dubrovniks« bezeichnet, gedeihen in dem fruchtbaren Konavle-Tal doch vor allem Wein, Feigen und Oliven. Das weitläufige Tal, dessen Name auf ein ausgeklügeltes System von Kanälen aus antiker Zeit zurückgeht, erhält durch die vielen Zypressen, die nirgendwo an der dalmatinischen Küste in dieser Häufigkeit anzutreffen sind, einen unverwechselbaren Charakter.

Zunehmend entstehen hier neue Freizeitaktivitäten: Radwege mit Informationstafeln (in Zvekovica, Čilipi, Molunat, Gruda und Ljuta) ziehen sich über 100 km durch die Region. Mehrere Veranstalter bieten Offroad-Touren mit dem Jeep an. Die Organisation Agrotourismus Konavle vermittelt u. a. landestypische Unterkünfte (www.agro turizam-konavle.hr, engl.). Ein empfehlenswerter Stopp ist das kleine **Ethnografische Museum in Čilipi** (Zavićajni muzej Konavala). Hier faszinieren die **Hauben und Seidenstickereien**, die für die Frauentrachten des Konavle-Tals so charakteristisch sind (►S. 54 unten, Magische Momente).

Sommer Di.–So. 9–13 Uhr, 25 Kuna

Südlcher geht nicht mehr

Molunat und Dunave

26 km südöstlich von Cavtat liegt **Molunat,** der südlichste kroatische Badeort. Von hier aus geht es nur wenige Kilometer entlang der Halbinsel Prevlaka bis zur südlichsten Festlandspitze Kroatiens, Oštri rat.

VERGESSENE ZEITEN

... werden lebendig, wenn im Dorf Čilipi im Sommer jeden Sonntag nach der Messe um 11.15 Uhr Trachten und Tänze vorgeführt werden. Dabei tragen manche Frauen eine eigenartige Tracht mit ausladender weißer Kopfbedeckung, die ein wenig an die Hauben von Klosterfrauen erinnert. (Eintritt: 45 Kuna).

CAVTAT ERLEBEN

TOURISTINFORMATION CAVTAT-KONAVLE

Zidine 6, 20210 Cavtat
Tel. 020 47 90 25
www.visit.cavtat-konavle.com

VILLA PATTIERA €€€

Der zu seiner Zeit sehr bekannte kroatische Opernsänger Tino Pattiera (1890 – 1966), einst erster Tenor an der Dresdner Semperoper, kam in dieser Villa zur Welt. Heute beherbergt das familiäre Palais 12 stilvoll eingerichtete Zimmer, alle mit Blick auf die Flaniermeile von Cavtat und das Meer.
Trumbićev put 9
20210 Cavtat
Tel. 020 47 88 00
www.villa-pattiera.hr

RESTORAN BUGENVILA €€€€

Es gibt günstigere Restaurants, aber nur wenige, in denen mit so viel Freude experimentiert wird. Die Leidenschaft der Betreiber Monika und Igor gipfelt in den mehrgängigen Menüs: Blau (Fisch/Meeresfrüchte), Rot (Fleisch) oder Grün (Vegetarier). Der Mittagstisch schont die Urlaubskasse.
Obala Ante Starčevića 9, Cavtat
Tel. 020 479 949
www.bugenvila.eu

RESTORAN LEUT €€€

Wenn Sie einen Einheimischen nach einem guten Restaurant in Cavtat fragen, wird er Ihnen vermutlich das Leut empfehlen. Die Liste der illustren Besucher, die hier schon zwischen Hummer, frischem Fisch oder Meeresfrüchte-Risotto wählen konnten, ist lang.
Trumbićev put 11, Cavtat
Tel. 020 47 84 77
www.restaurant-leut.com

RESTORAN KONAVOSKI DVORI €€€

Wildromantisch plätschert die Ljuta an einer Mühle vorbei. Bedienungen in traditionellen Trachten aus dem Konavle-Tal tischen bodenständige Grillspeisen, frisches Brot und Peka-Gerichte auf.
Ljuta (Konavle), Pridvorje
Tel. 020 79 10 39
www.esculaprestaurants.com

Am Ende der Landzunge thront die Festungsruine Oštro, zu jugoslawischen Zeiten als Militärbasis genutzt – woran die vielen unterirdischen Gänge noch erinnern. Von hier fällt der Blick auf die fjordartige Bucht von Kotor (Boka Kotorska), die sich 30 km ins Landesinnere des Nachbarlands Montenegro einschneidet. Über der Bucht ragen Felshänge bis zu 1000 m hoch auf! Der Grenzverlauf zwischen dem südlichsten Kap Kroatiens und Montenegro ist bis heute umstritten. Im Dörfchen **Dunave,** unweit der Grenze zur Herzegowina und Montenegro, thront die **Festung Sokol Grad** (»Falkenburg«) stolz auf einem hohen Felsen.

Sokol Grad: Juni–Okt. 10–19 Uhr, übrige Zeit verkürzt | Eintritt: 50 Kuna

Mittelalterliche Grabmalkunst

Dubravka

Der kleine Friedhof der Kirche Sv. Barbara (Hl. Barbara) in Dubravka, östlich von Sokol Grad, steht seit 2016 auf der UNESCO-Welterbeliste: 84 mittelalterliche Grabmäler, sogenannte **Stećci** (Singular: stećak) sind der Grund. Diese haben die Form von Stelen oder erinnern an einen Sarkophag und sind mit Inschriften, symbolischen Zeichen und geometrischen Mustern verziert – sie zählen zu den interessantesten Beispielen mittelalterlicher Grabmalkunst. Lange Zeit wurden sie den Bogumilen zugeschrieben, einer christlichen Religionsgemeinschaft mit slawischer Liturgie, die katholische und orthodoxe Elemente vereinte. Mittlerweile belegen Inschriften jedoch, dass die Grabmäler von Angehörigen der bosnischen, katholischen und orthodoxen Kirche gleichermaßen genutzt wurden. Die meisten Stećci, gut 60 000, gibt es in Bosnien und in der Herzegowina, aber auch in Montenegro und Serbien. Im südlichen Kroatien sind 4400 bekannt. Die Ausschilderung zum Friedhof ist ein wenig dürftig: Etwa 2 km nordwestlich von Dubravka zweigt ein Feldweg nach links ab.

★★ DUBROVNIK

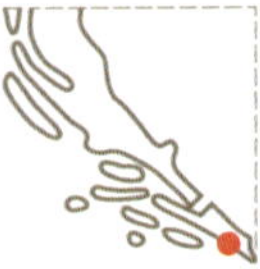

O 25

Höhe: 5 m ü. d. M. | **Einwohnerzahl:** 42 600

Slawische Dichter haben die Stadt besungen, der irische Dramatiker George Bernard Shaw schwärmte vom »Paradies auf Erden«. Kein Wunder, dass diese faszinierende Stadt mit ihrer mächtigen Stadtmauer jeden Besucher sofort in ihren Bann zieht.

Im Anflug auf die Mauern von Dubrovnik.
Wer mutig ist, kann diese Perspektive genießen.

Auf einer kleinen Halbinsel am Fuß des an drei Seiten vom Meer umspülten Berges Srđ ragt die mittelalterliche Altstadt von Dubrovnik ins Meer hinein. Gewaltige Festungsmauern umspannen die Paläste aus Gotik, Renaissance und dem Barock, die Kunstschätze von Weltrang hüten. Nicht zuletzt ist der südlich-mediterrane Charme – die Stadt liegt fast auf der Höhe von Rom! – ein Grund, weshalb Dubrovnik unbedingt einen Besuch wert ist. Ihren ganz besonderen Zauber entfaltet die bereits 1979 zum UNESCO Welterbe erhobene Festungsstadt abends, wenn sich der Stradun, die Hauptachse und Flaniermeile der Altstadt, in ein großes Wohnzimmer verwandelt, wenn die Mauersegler in den engen Gassen kreischend ihre Flugkünste vorführen und aus jedem Winkel die Lichter der Restaurants schimmern.

Perle der Adria

Von der Stadtrepublik zur Tourismusmetropole

Etwas Geschichte

Eigentlich liegt die Altstadt von Dubrovnik, das antike Ragusa, auf einer winzigen Insel: Hier ließen sich die Bewohner des von einem Erdbeben zerstörten Epidaurum, dem heutigen Cavtat, im 7. Jh. nieder. Im Lauf der Zeit festigten sich die Beziehungen zu den Slawen in der Siedlung Dubrava (kroat. dub = Eiche) auf dem gegenüberliegenden Festland, bis der Kanal im 12. Jh. aufgeschüttet wurde. Die ehemalige Wasserstraße ist heute die berühmte Hauptflaniermeile Stradun. Als unabhängige Stadtrepublik Ragusa betrieb Dubrovnik regen Handel mit den Osmanen, was Venedig freilich ein Dorn im Auge war. Ragusa gehörte mit einer Flotte von 300 Schiffen sogar zu den reichsten Städten Europas. Ein verheerendes Erdbeben stoppte 1667 die Blütezeit. Trotz weitgehendem Wiederaufbau der Altstadt zeichnete sich der Niedergang der Handelsmacht ab. 1808 lösten die Franzosen die Stadtrepublik auf, 1815 kam sie zu Österreich-Ungarn. Im sozialistischen Jugoslawien entwickelte sich Dubrovnik zu einem der beliebtesten Reiseziele im Mittelmeerraum. 1991 erhielt die goldene Ära einen Rückschlag: Fast zwei Drittel der schmucken Altstadtgebäude wurden durch serbischen Artilleriebeschuss beschädigt. Die Restaurierungsarbeiten dauerten rund ein Jahrzehnt. Die Urlauber sind längst wieder zurückgekehrt, heute sind es mehr als je zuvor.

Zweischneidige Sache

Tourismus

Die Arbeiterin, die mit dem lokalen Stadtbus jeden Tag zur Arbeit fährt, muss im Sommer eine Stunde früher aufbrechen, erzählt sie. »Das hier ist alles besser als nach dem Krieg, als keine Touristen kamen und niemand von uns Arbeit hatte.« Damit spricht sie einen wunden Punkt an, der die Bevölkerung von Dubrovnik spaltet: Die Stadt lebt zwar einerseits vom **Tourismus**, andererseits bringen die großen Kreuzfahrtschiffe jährlich über 1 Mio. Tagesgäste an Land, hinzu kommen täglich(!) schon mal 300 Reisebusse und Tausende von Individualreisenden. In der Hauptsaison bleibt es daher nicht aus, dass Verkehrspolizisten den Fußgängerstrom in die Altstadt regeln müssen und man das blank-

polierte Straßenpflaster im dichten Gewirr der Füße nicht mehr sieht. Wer kann, kommt außerhalb der Hauptsaison. Oder am frühen Abend, wenn die großen Kreuzfahrtschiffe längst wieder abgelegt haben.

Geht auch in Dubrovnik!

Strandleben

Gebadet wird auf der Halbinsel Lapad und am anderen Nordende, Babin Kuk, am seicht abfallenden Copacabana-Kieselstrand mit Sonnenliegen und Duschen. Südlich des Ploče-Tors, unmittelbar vor der Altstadt, gibt der kleine Strandabschnitt den Blick auf die Altstadt frei. 30 Gehminuten östlich werden Sonnenliegen am schönen Kieselstrand Sveti Jakov vermietet, ebenfalls mit Blick auf die Altstadt. Beliebte Badeausflugsziele sind die Dubrovnik vorgelagerte Insel Lokrum und die Elafitischen Inseln.

Wohin in Dubrovnik?

Mächtig und praktisch uneinnehmbar

★★ Stadtmauer

Schon seit gut 800 Jahren spannt sich die eindrucksvolle Stadtmauer um die Altstadt: Sie ist der absolute Höhepunkt einer

Stadtbesichtigung. Auf einer Länge von 1940 m lässt sich das Herz der Stadt zu Fuß in gut einer Stunde umrunden. Die wunderschöne Perspektive von oben verschlägt wohl jedem die Sprache: Mal fällt der Blick in einen Innenhof, mal auf eine winzige Dachterrasse, mal auf rote Ziegeldächer– und immer wieder aufs Meer. Von dort kamen die Angreifer, die das an einigen Stellen bis zu 25 m hohe und bis zu 6 m breite Bollwerk abwehren sollte. Die einst gotische Stadtbefestigung wurde im Spätmittelalter durch einen zweiten Mauerring mit Kasematten, Doppeltoren und einem Wehrgraben erweitert und durch den Bau von Bastionen und Festungen verstärkt. Im Nordosten sichert die Festung Revelin (heute das Archäologische Museum) aus dem 16. Jh. den Stadtzugang, sie berührt mit einer Ecke das Ploče-Stadttor. Die für den Schutz des Hafens und des Arsenals erbaute seeseitige Festung Sveti Ivan (Hl. Johannes) erhielt ebenfalls im 16. Jh. ihr heutiges, halbrundes Aussehen, während die 1464 errichtete Festung Bokar Angriffe aus dem Westen vereiteln sollte. Ein markanter Punkt ist der zinnenbekrönte Rundturm Minčeta in der nordwestlichen Ecke (14./15. Jh.), der von einem der bedeutendsten Renaissance-Baumeister Dalmatiens, Juraj Dalmatinac, mitgestaltet wurde – und einen fantastischen Blick auf die Altstadt freigibt. Drei Aufgänge führen nach oben: Einer direkt am Pile-Tor, die anderen beiden befinden sich an der Festung Sveti Ivan und am Ploče-Tor.

Stadtmauer: Juni–Juli tgl. 8–19.30 Uhr, April, Mai, Aug., Sept. 8–18.30, Okt. 8–17.30, Nov.–März 9–15 Uhr | Eintritt: 150 Kuna, www.citywallsdubrovnik.hr

Archäologisches Museum (Festung Revelin): Do.–Di. 10–16 Uhr, Eintritt 100 Kuna (Kombi-Ticket, gültig für 9 Museen/7 Tage), www.dumus.hr

Gibraltar von Dubrovnik

Festung Lovrijenac

Die auf der Vorfestung außerhalb der Stadtmauern auf einem 37 m hohen Felsen angelegte Festung Lovrijenac bildet den stimmungsvollen Rahmen für die alljährlichen Aufführungen im Rahmen der Dubrovniker Sommerfestspiele. Fast uneinnehmbar ragt das Bollwerk über der Brandung ins Meer. Das Mauerwerk misst an der Seeseite bis zu 12 m! Die monumentale Festung wirkt so authentisch, dass sie auch als Schauplatz für Dreharbeiten der populären US-Fantasy-Saga »Game of Thrones« diente. Über dem Eingangstor steht der stolze Wahlspruch der ehemaligen Republik Dubrovnik: »Non bene pro toto libertas venditur auro« (»Nicht für alles Gold in dieser Welt werden wir unsere Freiheit verkaufen«).

Juni–Juli 8–19.30 Uhr, übrige Zeit kürzer | Eintritt: 30 Kuna (im Eintrittspreis für die Stadtmauer enthalten) | www.citywallsdubrovnik.hr

★★ Altstadt

An der schönsten Flaniermeile

Pile-Tor

Die meisten Besucher betreten die Altstadt von Dubrovnik durch das eindrucksvolle Pile-Tor, dem bis heute wichtigsten Zugang in den alten Kern der Teil der Stadt: Das äußere Tor (1537), eine Art Vormauer nach der Zugbrücke, führt zu einem inneren Tor (1460). Über dem Zugang wacht der Stadtpatron hl. Blasius (Sveti Vlaho). Diese Statue ist ein Werk des berühmten kroatischen Bildhauers Ivan Meštrović (S. 264).
Direkt hinter dem Pile-Tor beginnt geradeaus die Hauptachse der Altstadt, **der Stradun, auch Placa genannt:** die schönste und auch bekannteste Flaniermeile von Dubrovnik. Das aus glatt geschliffenen Steinplatten bestehende Straßenpflaster haben die Bewohner von Dubrovnik 1468 selbst verlegt, über eine Wasserleitung unter der Straße. Die schlichten, unverputzten Steinhäuser zu beiden Seiten wurden nach dem Erdbeben von 1667 einheitlich wiederaufgebaut: Die hölzernen Fensterläden im Obergeschoss leuchten dunkelgrün, im Erdgeschoss reihen sich runde Torbögen nebeneinander.
Rechterhand hinter dem Pile-Tor lädt der **Große Onofrio-Brunnen** (1438) zum Ausruhen auf seinen Stufen ein: Mit 16 Wasserspeiern schmückte Onofrio della Cava, der auch Baumeister des Rektorenpalastes war, den Brunnen. Hier befand sich schon im 14. Jh. der Endpunkt eines alten, ausgeklügelten Wasserversorgungssystems: Aus einer 12 km entfernten Quelle wurde das Trinkwasser in die Stadt gepumpt und durch Rohre weiterverteilt.
Südlich des Pile-Tors, an der westlichen Stadtmauer, steht das frühere **Klarissinnen-Kloster** (Sveta Klara, 13.–18. Jh.), das ab 1434 das erste Findelhaus der Welt beherbergte. Unter Napoleon wurde es als Munitionslager und Pferdestall genutzt. Ein Teil des ehemaligen Klosterkomplexes sowie die Arkaden um den windgeschützten Innenhof gehören heute zum Restaurant Klarisa (www.klarisa-dubrovnik.com).
Den Auftakt auf dem Stradun, gegenüber dem Großen Onofrio-Brunnen und neben dem Aufgang zur Stadtmauer, macht die **Erlöserkapelle Sveti Spas** (1520). Hinter der schlichten Fassade mit einer gotischen Fensterrose verbirgt sich ein einschiffiger Renaissancebau.

Alte Klosterrepezte

Franziskanerkloster

Durch den schmalen Durchgang zwischen Sveti Spas und der Franziskanerkirche mit einer schönen Pietà am Südportal gelangt man in das Franziskanerkloster (Franjevački samostan, 14. Jh.). Der herrliche Kreuzgang mit 60 filigranen Doppelsäulen führt zum Museum des

OBEN: In Dubrovnik können die Nächte lang werden.
UNTEN: Ein Bummel über die Flaniermeile Stradun ist Pflicht.

Klosters. Es bewahrt schöne Goldschmiedearbeiten, Ikonen, Gemälde und Bücher. Das Kloster beherbergt auch eine der ältesten Apotheken Europas, seit ihrer Gründung 1317 in Betrieb. Cremes und Teemischungen werden hier noch nach alter Klosterrezeptur hergestellt.

Sommer tgl. 9 - 18, Winter tgl. 9 - 14 Uhr | Eintritt: 30 Kuna
http:/malabraca.wix.com/malabraca

Bewegende Geschichte

War Photo Limited

Linkerhand zweigt die Antuninska ulica vom Stradun ab. Hier lässt die kleine Galerie War Photo Limited niemanden emotional unberührt: Eine Dauerausstellung erinnert mit bewegenden Fotografien an den jüngsten Krieg in Kroatien sowie Bosnien und Herzegowina.

Antuninska 6, Juni-Sept tgl. 10-22, Mai, Okt. Di.-So. 10-16 Uhr
Eintritt: 40 Kuna | www.warphotoltd.com

Jüdische Vergangenheit

Synagoge

Zur winzigen Synagoge in der Žudioska 5 zweigt eine Treppengasse des Stradun ab. 1408 gründeten sephardische Juden, die aus Spanien geflohen waren, die Synagoge, die als eine der ältesten in Europa gilt. Das kleine Museum in zwei Räumen zeichnet die Geschichte der jüdischen Gemeinde von Dubrovnik auf.

Mai - Okt. tgl. 10 - 20, Nov. - April Mo. - Fr. 10 - 15 Uhr
Eintritt: 40 Kuna

Symbol der Freiheit

Roland-Statue

Am östlichen Ende weitet sich der Stradun zum Luža Platz (Pred Lužom) aus, der von repräsentativen Gebäuden umgeben ist. Hier fand früher der Markt statt. Als Symbol der Freiheit Dubrovniks thront der steinerne Roland (kroat. Orlando) seit 1418 als Standfigur auf einem Sockel. Er soll den Dubrovnikern bei der Belagerung durch Piraten im 8. Jh. beigestanden haben, so die Legende.

Kirche des Stadtheiligen

Sveti Vlaho

Unmittelbar hinter der Roland-Statue führt eine Freitreppe zur barocken Kirche des hl. Blasius (Sveti Vlaho) hinauf, die von einem venezianischen Baumeister 1715 errichtet wurde. Die vergoldete Silberstatue des Dubrovniker Schutzheiligen (15. Jh.) auf dem Hochaltar hält eine Miniaturabbildung der Stadt in ihren Händen, die Ragusa vor dem verheerenden Erdbeben von 1667 zeigt. Bis heute wird der hl. Blasius alljährlich am 3. Februar mit einer großen Prozession verehrt, die als einer der wichtigsten Feiertage in Dubrovnik gilt. Buchstäblich die ganze Stadt ist dann auf den Beinen. Inzwischen gehört der Brauch zum immateriellen Kulturerbe der UNESCO.

ARCHITEKTURSTILE IN DALMATIEN

Den kroatischen Küstenstreifen säumen zahlreiche prächtige Architekturdenkmäler, die von einer wechselvollen Vergangenheit der Region zeugen. Charakteristisch sind längere Übergangsperioden zwischen den einzelnen architektonischen Stilrichtungen. Daher sind die Bauwerke in Dalmatien oftmals geprägt von einem ganz eigenen Charme, der von mitteleuropäischen Architekturstilen abweicht und mehrere Epochen in sich vereinigt.

▶ ANTIKE

Diokletianpalast
in Split (295–305 n. Chr.)
Das monumentalste römische Denkmal in Dalmatien bildet das Herz der Altstadt.

Bauliche Vermischung von römischem Castrum (Heerlager) mit Elementen einer antiken Villa. Den Palast durchzieht ein Kreuz, das römischen Straßen ähnelt.

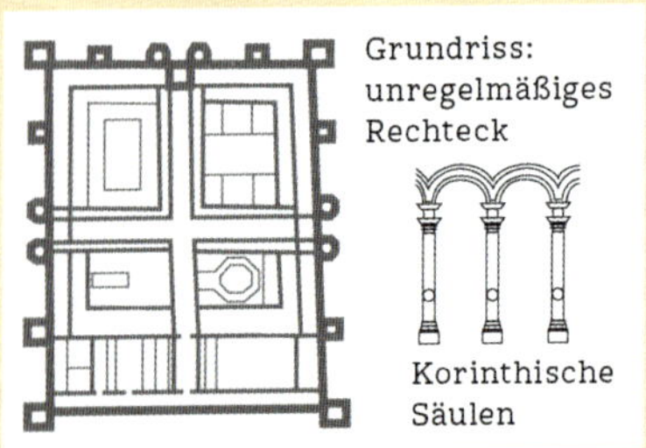

800 v. Chr. — 0

Antike

▶ ROMANIK

Kirche Sveti Križ
Die »kleinste Kathedrale der Welt« in Nin (Ende 8./Anf. 9. Jh.)

Ursprünglich als Hof- oder Grabkapelle entstanden. Kostbarster Fund: ein sechseckiges, steinernes Višeslav-Taufbecken mit altkroatischen Flechtwerkornamenten.

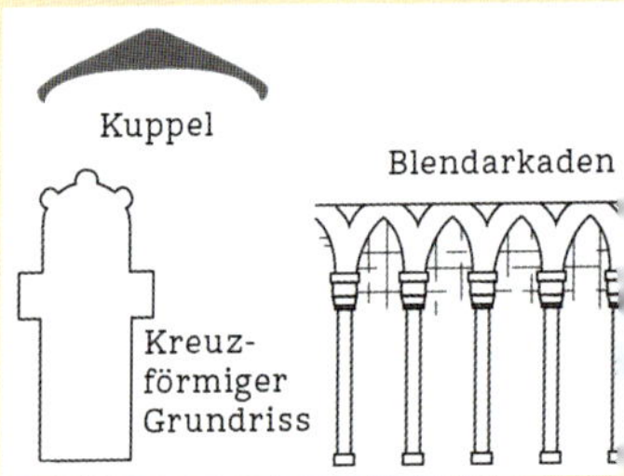

1000 n. Chr. — 1250

Romanik

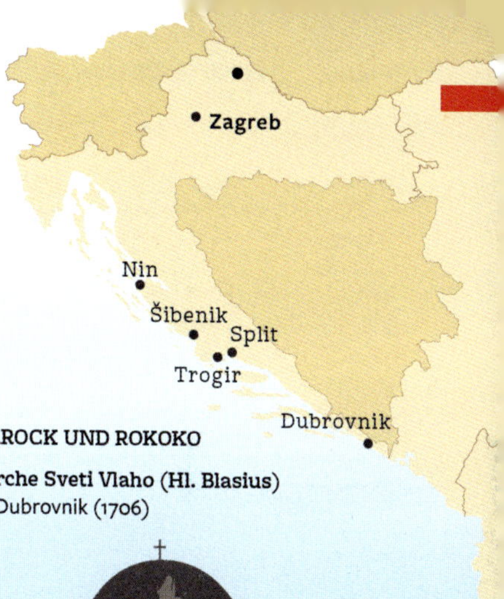

RENAISSANCE

Sponza-Palast
in Dubrovnik (1522)

er Palast vereint Stilmittel der Spätgotik
nd der Renaissance. Der Palasthof ist von
rkaden und Säulenhallen umgeben.

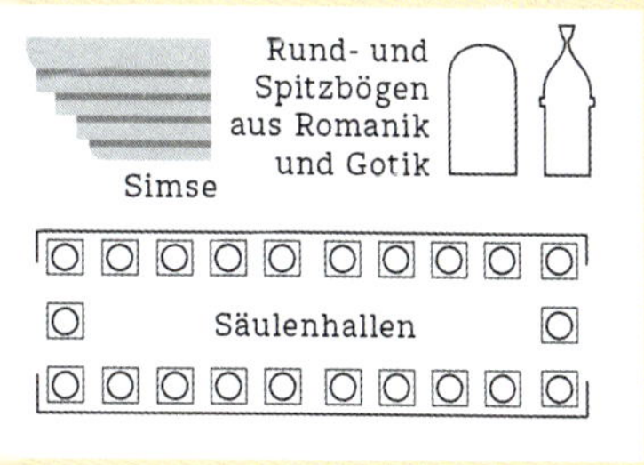

450 1600

Renaissance

BAROCK UND ROKOKO

Kirche Sveti Vlaho (Hl. Blasius)
in Dubrovnik (1706)

Die Kirche steht auf dem Fundament einer älteren Kirche. Die Fassade besteht aus vier korinthischen Wandsäulen und einem Portikus.

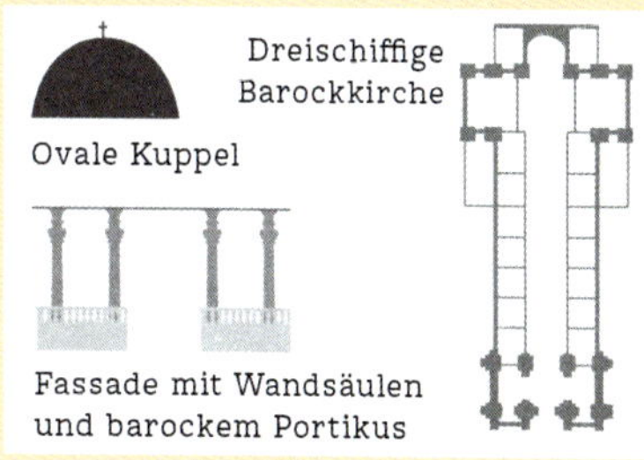

1600 1780

Barock/Rokoko

DUBROVNIK ERLEBEN

TOURISTINFORMATION DUBROVNIK

Brsalje 5
20000 Dubrovnik
Tel. 020 32 38 87
www.tzdubrovnik.hr

ANREISE

Flughafen Čilipi 20 km südlich von Dubrovnik (www.airport-dubrovnik.hr), Bus ab Busterminal am Hafen.

VERKEHR

Die Altstadt ist autofrei. Rings um die Stadtmauer gibt es Parkplätze, die oft schon frühmorgens belegt sind. Busse fahren regelmäßig von allen Stadtteilen ins Zentrum (Pile-Tor).

1 Riblji Restoran Proto
2 Steakhouse Domino
3 Taverna Otto
4 Konoba Rozario
5 Tovjerna Sesame
6 Konoba Taj Mahal
7 Slastičarna Gabi
8 Slastičarna Dolce Vita

3. Feb.: Große Prozession zu Ehren des Stadtpatrons Sveti Vlaho, Dubrovnik.
10. Juli–25. Aug.: Dubrovniker Sommerfestival (Dubrovačke ljetne igre).

Entlang der Flaniermeile **Stradun** und in den Seitengassen gibt es viele kleine Shops, Boutiquen und Galerien. Die traditionsreiche **Apotheke des Franziskanerklosters** stellt Naturkosmetik nach 200 Jahre alten Rezepten her und verkauft diese. Der Souvenirladen **Heritage Shop** bietet handgefertigte Keramik, Schmuck und Repliken an (Ulica Petra Krešimira IV 7, nahe der Seilbahn-Talstation). Der Geschenk- und Kunstladen **Medusa** führt traditionelle Handwerkskunst, aber auch Lavendelprodukte, Naturschwämme und feine Marmeladen (Prijeko 18). Ebenfalls eine gute Auswahl an regionalen Produkten wie Obstbrand oder Süßigkeiten bietet **»Dubrovačka kuća«** (Dubrovniker Haus, Svetog Dominika bb). Eine Spezialität ist das Quittendessert »Kotonjata«. Legendäre Bajadera-Nougatpralinen gibt es im firmeneigenen Süßwarengeschäft des Herstellers **Kraš** (Zamanjina 2, Juli–Aug. 8–24, sonst bis mind. 20 Uhr).

Mit Käse, Schinken und gutem Wein beginnt der Abend in der **D`vino Wine Bar** (Palmotićeva 4a). Als Klassiker gelten die Livekonzerte im **Troubadour Hard Jazz Café** (Bunićeva poljana 2). Im schicken **EastWest-Beachclub** werden abends Cocktails am Strand serviert. Das **Lazareti** (Ul. Frana Supila 8, www.lazareti.com) pflegt eine gemischte Klub- und Konzertkultur in der ehemaligen Quarantäne – alleine die Location mit Strandzugang ist schon sehenswert.

(s.a. Stadtkarte S. 58/59)

❶ GRAND VILLA ARGENTINA €€€€

Das stilvolle Nobelhotel (131 Zi.) östlich des Ploče-Tors von Dubrovnik hat einen Direktzugang zum Meer. Das größte Plus: Ein zauberhafter Blick auf die Altstadt, der Fußweg dorthin dauert nur wenige Minuten.
Frana Supila 14
20000 Dubrovnik
Tel. 020 43 08 30 (Reservierung)
www.gva.hr

❷ APARTMENTS FESTA €€

Die Lage ist perfekt, in der Altstadt von Dubrovnik, der Empfang – auch mal mit selbstgebackenem Apfelstrudel – sehr herzlich.
Hliđina 2
20000 Dubrovnik
Tel. mobil 091 547 59 50

❸ B&B SESAME €€

Miško Ergović, der hilfsbereite Wirt der Taverna Sesame, vermietet vier zweckmäßige, geräumige Zimmer – zu einem fairen Preis.
Don Frana Bulića 5
20000 Dubrovnik
Tel. mobil 091 500 86 47
www.sesame.hr

❶ RIBLJI RESTORAN PROTO €€€€

Wer mag, schlürft frische Austern aus Ston. Oder gönnt sich Tournedos, Lendenspitzen vom Rind, gerne im Duett mit Artischocke.
Široka 1, 20000 Dubrovnik
Tel. 020 32 32 34
www.esculaprestaurants.com

❷ STEAKHOUSE DOMINO €€€€

Zarte, perfekte Steaks auf den Punkt gebraten. Abgerundet wird das Mahl

durch ein Crêpe Suzette, auf dem Servierwagen flambiert. Reservierung empfohlen.
Od Domina 3, Dubrovnik
Tel. 020 32 31 03
www.steakhousedomino.com

3 TAVERNA OTTO €€€
Früher ein Bootsschuppen, heute eine gemütliche kleine Taverne mit der Hausnummer 8 (ital. »otto«) beim Hafen Gruž. Fisch und Fleisch werden auf mediterran-moderne Art zubereitet – etwa mit weißem Bohnenmus mit Oliven-Tapenade als Beilage.
Ul. Nikole Tesle 8, Dubrovnik
Tel. mobil 095 219 76 08
www.tavernaotto.com
Tgl. außer So.

4 KONOBA ROZARIO €€€
Wenn Sie Glück haben, übt der Chor der nahen Kirche Sveti Nikola gerade. Dann haben Sie – bei Kerzenschein, köstlichem Brodet, Risotto oder frischen Austern aus Ston – eine schöne musikalische Untermalung für Ihr Abendessen in einer Altstadtgasse.
Prijeko 1, Ecke Zlatarska,
20000 Dubrovnik
Tel. 020 32 20 15
www.konoba-rozario.hr

5 TOVJERNA SESAME €€€
In dem familiengeführten Traditionslokal kommen hübsch angerichtete Fisch- und Fleischgerichte auf den Teller, unter anderem der Fischtopf Gregada, ein für Hvar typisches Gericht! Raffiniert ist die Schokoladenmousse mit schwarzem Meersalz und Olivenöl.
Ulica Dante Alighieria bb,
20000 Dubrovnik
Tel. 020 41 29 12
www.sesame.hr

6 KONOBA TAJ MAHAL €€
Hier gibt es kein indisches Curry, sondern authentische bosnische Gerichte: Begović Čorba, ein cremiger Hühnereintopf mit Gemüse, gut gewürzte Ćevapčići mit Kajmak (Rahm) oder Zeljanica probieren, eine mit Spinat und Käse gefüllte Blätterteigpastete. Der osmanische Einfluss in der bosnischen Küche erreicht seinen Höhepunkt im Dessert: honigsüße Baklava.
Ulica Nikole Gučetića 2, Dubrovnik
Tel. 020 32 32 21

7 SLASTIČARNA GABI €
Gabi, die Inhaberin dieser winzigen Konditorei in Lapad, ist Zuckerbäckerin mit Leidenschaft und probiert auch mal ungewöhnliche Kombinationen aus: So verschmelzen Schokolade und Chili zu einer köstlichen Torte. Diese konkurriert mit saftigem Karottenkuchen, selbstgebackenen Keksen, Muffins (auch für Veganer oder Diabetiker) und, und, und …
Od Batale 25, Dubrovnik
Tel. mobil 091 7 61 95 50
www.slasticarna.com
So. geschlossen

8 SLASTIČARNA DOLCE VITA €
Das Leben ist wunderbar süß. Zumindest im Dolce Vita, denn hier gibt es die vielleicht besten Palatschinken der ganzen Stadt. Ein Geschmackserlebnis ist das Orangeneis mit leicht würziger Note, für das Früchte aus dem Konavle-Tal verarbeitet werden.
Nalješkovićeva 1a,
20000 Dubrovnik

★ Sponza-Palast

Genau hinsehen!
Schräg gegenüber der Kirche erhebt sich der elegante Sponza-Palast mit spätgotischer Fassade (1516–1522). In dem dreigeschossigen Gebäude mit zierlichen Arkaden im Erdgeschoss mussten die

Händler einst ihre Waren verzollen, jetzt ist darin das Stadtarchiv untergebracht. Wer genau hinsieht, erkennt den Stadtpatron hl. Blasius in einer Nische über dem mittleren Drillingsfenster. In einem kleinen Seitenraum wird der Männer gedacht, die während der Verteidigung Dubrovniks bzw. Süddalmatiens 1991–1995 gefallen sind.

Sommer 9 - 22, Winter 10 - 15 Uhr | Eintritt: 100 Kuna (Kombi-Ticket); **Gedenkraum:** Sommer 9 - 22, Winter 10 - 15 Uhr | Eintritt frei

Uhrturm

Neben dem Sponza-Palast schließt der 31 m hohe Uhrturm (zvonik) – ein beliebtes Postkartenmotiv – das östliche Ende des Stradun ab. Er neigte sich nach dem großen Erdbeben immer mehr und musste 1929 schließlich neu errichtet werden. Die Glockenturmloge (Luža, 15. Jh.) verbindet die beiden Bauwerke.

Die Räte der Stadtrepublik tagten im **Palast des Großen Rates** (14. Jh.) nebenan, der 1816 niederbrannte und 1862 im neogotischen Stil wiederaufgebaut wurde. Bis heute residiert darin die Stadtverwaltung.

Musik in der Kirche

Dominikanerkloster

Anfangs lag das Dominikanerkloster (13. Jh.) außerhalb der Stadtmauern an einer strategisch wichtigen Position – deshalb die wehrhafte Anlage. Mit dem Bau des Ploče-Tors wurde sie jedoch in die Verteidigungsanlagen einbezogen. Eine Freitreppe führt in die Kirche des hl. Dominikus (Sveti Dominik) hinauf, die als **das größte hochgotische Bauwerk der östlichen Adria** gilt. Der spätgotische Kreuzgang des Klosters ist eine grüne Oase der Ruhe inmitten der quirligen Altstadt. Das Klostermuseum hütet ein goldenes Kruzifix von Paolo Veneziano und ein Tizian-Gemälde (»Maria Magdalena«). Auch neuere Künstler aus der Region sind vertreten. Die Konzerte sakraler Kammermusik, die hier während des Dubrovniker Sommerfestivals stattfinden, sind ein akustischer und stimmungsvoller Genuss!

Mai - Okt. 9 - 18, Nov. - April 9 - 17 Uhr | Eintritt: 30 Kuna

Monumentale Festung

Fort Revelin

Das Ploče-Tor führt aus der Altstadt hinaus: Auch dieses Stadttor besteht aus einem äußeren und inneren Torbau (15. Jh.), überragt von einem Wehrturm (14. Jh.). Dahinter geht es über eine den früheren Stadtgraben überquerende steinerne Brücke (15. Jh.) zum Fort Revelin. Diese monumentale Festung wurde im 16. Jh. außerhalb der Stadtmauern angelegt, um den Stadthafen zu bewachen.

Kunst im Stadtteil Ploče

Galerija otok

Hinter einer Zugbrücke beginnt der Stadtteil Ploče, wo sich – vor allem an der Uferstraße Frana Šupila – alte Villen mit terrassenartig

Der Innenhof des Refektorenpalastes bildet auch den stilvollen Rahmen für Konzerte.

angelegten, üppig bewachsenen Gärten und einige renommierte Hotels den Blick auf die Altstadt von Dubrovnik teilen. In der ehemaligen Quarantäne (Lazareti) von Dubrovik, gleich hinter dem Ploče-Tor, zeigt die Galerija otok moderne Kunst aus Dubrovnik (Put Frana Supila 8). In einer Villa aus den 1930er-Jahren ist die Kunstgalerie der Stadt (Umjetnička galerija Dubrovnik, Put Frana Supila 23) untergebracht mit zeitgenössischen Skulpturen und Gemälden.

Quarantäne/Lazareti: Sommer tgl. 11–20 Uhr | Eintritt frei
Kunstgalerie der Stadt Dubrovnik: Sommer Di.–So. 9–20 Uhr, Winter verkürzt | Kombi-Ticket | wwwugdubrovnik.hr

Am Alten Hafen

Arsenal und Festung

Wie das Fort Revelin diente auch die gegenüberliegende Festung Sveti Ivan dem Schutz des Alten Hafens, heute Bootshafen. Hier legen die Ausflugsboote zur Insel Lokrum ab. Im neu aufgebauten **Arsenal** mit rundbogigen Einfahrten lagen früher die Staatsbarkassen der Patrizier von Ragusa zum Auslaufen bereit oder wurden repariert. Heute sitzen hier die Gäste des Stadtcafés Taverna Arsenal, das sich im Rathaus fortsetzt.

Am Hafenbecken entlang führt der Weg geradewegs zur **Festung Sveti Ivan,** in der das Marinemuseum (Pomorski muzej) die Geschichte der Dubrovniker Seefahrt erzählt. Das kleine Aquarium (Akvarij) informiert mit 31 Schaubecken über Flora und Fauna in der Adria.

Marinemuseum: Ende März – Anf. Nov. Di. – So. 9 – 18, Anf. Nov. – Ende März Di. – So. 9 – 16 Uhr | Eintritt: 100 Kuna (Kombi-Ticket mit Aquarium)

Aquarium: Juni – Sept. tgl. 9 – 21, April, Mai, Okt., Nov., tgl. 9 – 18, Dez. – März tgl. 9 – 16 Uhr | Eintritt: 60 Kuna | www.imp-du.com

Schön und unverwüstlich

★ Rektorenpalast

Ein Durchgang aus dem Hafenbecken führt wieder zurück in die Altstadt, am Fischmarkt vorbei bis zum monumentalen ehemaligen Rektorenpalast (Knežev dvor). Der ursprüngliche Bau (13. Jh.) wurde durch darin gelagerte Munition mehrfach zerstört. Sein heutiges Aussehen (15. Jh.) verdankt das Gebäude dem Baumeister Onofrio della Cava aus Neapel. Es präsentiert sich als ein gotischer Grundbau mit Renaissance- und Barockelementen. Der Palast umschließt einen offenen Innenhof mit barocker Treppe. Wegen seiner guten Akustik finden hier **Kammerkonzerte** statt. Im Säulengang erzählt eine Tafel die Äskulaplegende, wonach der griechische Gott der Heilkunde aus dem nahen Städtchen Epidauros (lat. Epidaurum), dem heutigen Cavtat, stammen soll.

Eine lateinische Inschrift für den Rat der einstigen Stadtrepublik Ragusa lautet: »OBLITI PRIVATORUM PUBLICA CURATE« – »Vergesst Eure persönlichen Angelegenheiten, sorgt für das öffentliche Wohl!«. Das wurde recht streng genommen: So durfte der Rektor, der die höchste Macht in der Stadtrepublik inne hatte, den Rektorenpalast während seiner Amtszeit nur aus politischen Gründen verlassen. In dieser Zeit lebte er sogar von seiner Familie getrennt, um äußere Einflussfaktoren zu mindern. Zum Glück dauerte die Amtszeit nur einen Monat!

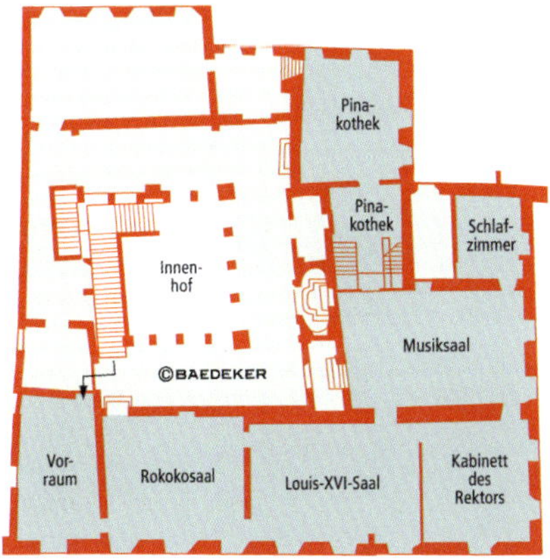

Erstes Obergeschoss

REKTORENPALAST

In den Wohn- und Repräsentationsräumen des Rektors im Obergeschoss liegen die vier Schlüssel der Stadttore (ein Schlüssel pro Türflügel), die vom Rektor über Nacht aufbewahrt wurden. Eine Uhr ohne Zeiger ist ungewöhnlich: Ihre römischen Ziffern bewegen sich im Halbkreis von links nach rechts (17. Jh.). Im Zwischengeschoss zeigt die **Sammlung des Kulturhistorischen Museums** (Kulturno povijesni muzej) weitere stadtgeschichtliche Exponate.
Sommer 9–18, Winter 9–17 Uhr | Eintritt: 100 Kuna (Kombiticket)

Lebhaftes Markttreiben

Gundulićeva poljana

Vom Rektorenpalast lohnt sich ein Abstecher hinüber zur Gundulićeva poljana: Hier werden frisches Obst und Gemüse, aber auch Lavendelsäckchen, Liköre und andere regionale Mitbringsel feilgeboten. Der in Dubrovnik geborene Renaissance-Dichter Ivan Gundulić (ca. 1589 – 1638) blickt vom hohen Sockel seines Denkmals erhaben auf das lebhafte Markttreiben herab. Der berühmte Freiheitsdichter ist auf der 50-Kuna-Banknote abgebildet.

Richard Löwenherz sei Dank

Kathedrale Mariä Himmelfahrt (Velika Gospa)

Einer Legende nach soll der englische König Richard Löwenherz auf der Rückkehr vom dritten Kreuzzug 1192 in einem Sturm bei der Insel Lokrum Schiffbruch erlitten haben. Aus Dankbarkeit, dass er überlebte, soll er eine große Summe Geld gestiftet haben, mit der die Stadt die erste Kathedrale erbaute. Diese wurde beim Erdbeben von 1667 zerstört, jedoch im Stil des römischen Barock wiederaufgebaut (1673–1713). Ein Altarbild, das Mariä Himmelfahrt abbildet, stammt von Venedigs Renaissancegenie Tizian (16. Jh.). Die Schatzkammer (riznica) gehörte vor dem Erdbeben zu den reichsten ihrer Art in Europa. Wertvollster Besitz ist der mit Silber, Gold und Edelsteinen verzierte Schädel des Schutzpatrons der Stadt, Sveti Vlaho.

Durch die südliche Altstadt

Charmanter ältester Stadtteil

Im Stadtteil Pustijerna

Die auf den Felsen erbaute, südliche Altstadt begeistert mit steilen, engen Gassen, malerischen Winkeln und gotischen Adelspalästen. Hier im Stadtteil Pustijerna geht es ein wenig ruhiger zu als rund um den Stradun.

Eine der größten Barockkirchen Dalmatiens

Jesuitenkirche Sveti Ignacijo

Hinter der Kathedrale überquert man den Bunić-Platz (Bunićeva poljana) und steigt über die herrliche Barocktreppe zur Jesuitenkirche Sveti Ignacijo (Hl. Ignatius) hinauf. Die Jesuiten lebten seit dem frühen 17. Jh. in Dubrovnik und beeinflussten nachhaltig das kulturelle Leben. Für den Bau ihres Gotteshauses (1699 – 1735), das zu den

Wo einst ein Kanal verlief, flaniert man heute über die Marmorplatten der Placa.

größten Barockkirchen in Dalmatien zählt, beriefen sie aus Rom den viel beschäftigten Architekten Andrea Pozzo. In dem tonnengewölbten Raum mit seitlichen Kapellen erzählen Fresken und die vollständig ausgemalte, herrliche Chorapsis aus dem Leben des hl. Ignatius von Loyola, dem wichtigsten Mitbegründer des Jesuitenordens.

Aus dem alten Dubrovnik

Ethnografisches Museum Rupe

Unterhalb der Barocktreppe von Sveti Ignacijo beginnt linker Hand die hübsche Strossmayerova ulica. In ihrer Verlängerung, der Ulica od rupe, befindet sich der im 16. Jh. angelegte Getreidespeicher, genannt Rupe. Er bestand aus 15 in den Fels gehauenen »Silos«, die mit einer wasserundurchlässigen Beschichtung ausgekleidet wurden. Heute zeigt hier ein Museum (Muzej Rupe) volkskundliche Exponate aus der Geschichte Dubrovniks von der Antike bis zum Mittelalter.

Mi.–Mo. 9–16 Uhr | Eintritt: 100 Kuna (Kombi-Ticket) | www.dumus.hr

Beim kroatischen Shakespeare

Geburtshaus von Marin Držić

Im möglichen Geburtshaus von Marin Držić (um 1508 – 1567, Široka ulica 7) erinnert eine kleine Ausstellung an den »kroatischen Shakespeare«. Jedes Schulkind kennt dessen Komödien, die regelmäßig auf dem Programm der Dubrovniker Sommerfestspiele stehen. Eine Skulptur des Bildhauers Ivan Meštrović zwischen dem Rektorenpalast und dem nach Marin Držić benannten Theater erinnert an den großen Komödienschreiber.

Sommer Di.–So. 9–22, Mo. bis 18 Uhr, Winter verkürzt | Eintritt: 100 Kuna (Kombi-Ticket) | http://muzej-marindrzic.eu

Außerhalb der Altstadt

Meerluft angesagt

Hafen Gruška

Im Hafen Gruž westlich der Altstadt kommt Sehnsucht auf: Hier legen die großen Kreuzfahrtschiffe an, Frachtschiffe löschen ihre Ladung und Ausflugsboote starten zu den Elafitischen Inseln Koločep, Šipan und Lopud. Im Hintergrund ist eine 518 m lange Schrägseilbrücke zu erkennen, benannt nach dem ersten Präsidenten des jungen Kroatiens, Franjo Tuđman. Die Brücke ist nicht nur ein beliebtes Fotomotiv, sondern verkürzt die Strecke nach Split um 12 km. An der Westseite des Hafens beginnt die reizvolle **Halbinsel Lapad.** Die Bucht Sumartin im Westen zähl zu den schönsten Stränden rund um Dubrovnik.

Panoramablick

★★ Berg Srđ

Den besten Panoramablick auf Dubrovnik bietet der 412 m hohe Berg Srđ. An klaren Tagen reicht er sogar bis nach Italien. Zu Fuß oder mit dem Auto lässt sich der Hausberg von Dubrovnik mit seiner Festung aus napoleonischer Zeit (Fort Imperial) erklimmen. Am bequemsten gelangt man mit der modernen Drahtseilbahn (Žičara, Talstation: Ulica Petra Krešimira IV) hinauf. Direkt neben der Bergstation erinnert

Der Berg ruft: Zu Fuß oder mit der Seilbahn erreicht man den 412 m hohen Srd mit dem schönsten Panoramablick auf Dubrovnik.

das Museum im Fort Imperial an die Verteidigung des Bergs im jüngsten Krieg gegen serbischen Artilleriebeschuss..

Drahtseilbahn: Juni – Aug. 9–24 Uhr, übrige Zeit verkürzt, Ticket: 120 Kuna | www.dubrovnikcablecar.com

Museum des nationalen Unabhängigkeitskampfes im Fort Imperial: Sommer 8–22, Winter 9–20 Uhr | Eintritt: 30 Kuna

Kleines Paradies

★ Insel Lokrum

In Sichtweite vor dem alten Hafen liegt die überwiegend bewaldete Insel Lokrum. Herrliche Buchten laden zum Baden ein, der Botanische Garten wartet mit mehr als 500 Pflanzen- und 200 Kakteenarten auf. In dem kleinen Salzsee Mrtvo more (Totes Meer) plantschen Kinder gerne. Spazierwege führen zum Fort Royal hinauf, das die Franzosen errichteten (1806). Das ehemalige Benediktinerkloster (11. Jh.) diente ab 1858 dem habsburgischen Erzherzog Maximilian, dem späteren Kaiser von Mexiko, als Sommersitz. Um das Kloster herum ließ er einen Park anlegen.

Ausflugsboote ab dem Alten Hafen, Hin- und Rückfahrt inkl. Eintritt in den Botanischen Garten: 100 Kuna

Rund um Dubrovnik

Pflanzenparadies

★ Arboretum Trsteno

Hauptattraktion von Trsteno, ca. 20 km nordwestlich von Dubrovnik, ist der herrliche Botanische Garten der Adelsfamilie Gučetić-Gozze, der vermutlich bereits ab 1494 angelegt wurde. Im einzigen Arboretum der östlichen Adria gedeihen 250 Arten aus vielen Ländern der Welt. Zwei mächtige, 500 Jahre alte Platanen auf dem Dorfplatz weisen Besuchern den Weg in dieses blühende Paradies.

Mai – Okt. tgl. 7 – 19, Nov. – April tgl. 8 – 16 Uhr | Eintritt: 40 Kuna

Baden, baden und nochmals baden

Župski zaliv, Srebrno, Mlini

Ca. 10 km südlich von Dubrovnik erreicht man die weite Bucht **Župski zaliv**, geschützt durch die dahinterliegenden Gebirgsketten. Baden kann man hier am langen Sandstrand oder an felsigen Küstenabschnitten. Der nördlichere Ort in der Bucht, Kupari, ist bis heute ein stummes Mahnmal des jüngsten Krieges: Ein Hotelkomplex wurde vollständig geplündert und zerstört, in Trümmern wartet er bis heute auf seinen Wiederaufbau – während nur wenige Meter entfernt Urlaubsgäste und Einheimische den traumhaften Sandstrand für sich (wieder)entdeckt haben.

Der Badeort **Srebrno** schließt etwa 1 km südlich von Kupari an, beinahe nahtlos folgt **Mlini**. Hier laden schöne, flache Strände ein. Der Name Mlini bedeutet Mühle und weist darauf hin, dass die Bäche in der Umgebung einst Wassermühlen antrieben. Reichlich vorhandenes Quellwasser sorgt heute für das üppige Grün rund um Mlini.

DUGI OTOK

Höhe: 0–338 m ü. d. M | **Einwohnerzahl:** 2800

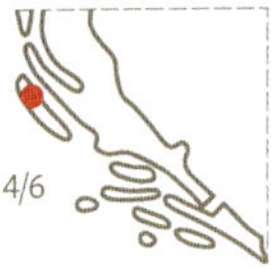

C/F 4/6

Wundern Sie sich nicht, wenn Ihnen auf der Insel Dugi otok junge Männer begegnen, die lange Hörner blasen und mit alten Bügeleisen rasseln – um dann, in schwarze Fischertracht gekleidet, ins Meer zu steigen. Dieser Brauch gehört in Sali zum Volksfest Saljske užance im August. Auch bei Tauchern und Schwimmern ist die zerklüftete Bucht ein beliebtes Ziel.

Lange Insel mit abwechslungsreicher Natur

Dass Dugi otok (Lange Insel) so heißt, wird beim Blick auf die Landkarte sofort klar: Fast 44 km lang, aber höchstens 5 km breit, erstreckt sich die Insel in der Adria. Die Ostküste ist verhältnismäßig flach, an der Westküste, vor allem im äußersten Süden, fallen bis zu 160 m hohe Felswände steil zum Meer hin ab. Eine einzige Straße – zwischen dem im Nordwesten gelegenen Hafenort Božava und dem Fährhafen Sali an der Südostküste – erschließt die Insel und auch das erst seit 1980. Dugi otok besitzt weder Quellen noch oberirdische Wasserläufe. Niederschläge und Bodenfeuchtigkeit reichen aus, um Weinreben, Oliven, Gemüse, Kiefern und Pinien gedeihen zu lassen. Die südöstlichste Bucht der Insel, Telašćica, ist als Teil des »Nationalparks Kornaten« ein beliebtes und im Sommer stark frequentiertes Ausflugsziel. Ansonsten konzentriert sich der Tourismus auf die Orte Božava, Sali und Luka.

Auf manchen Anhöhen erkennt man Reste illyrischer Befestigungen und Grabhügel. An die römische Besiedlung erinnert eine Villa rustica auf der Landenge Proversa. Ein Mosaikfußboden aus dem antiken

BAEDEKER MAGISCHE MOMENTE

AUF ZWEI ROLLEN DURCH DIE CITY

Probieren Sie einmal eine Tour durch Dubrovnik mit dem Segway, einem Fortbewegungsmittel mit zwei Rädern, bei dem es etwas auf die Balance ankommt. Nach einer Einweisung in die Fahrtechnik geht es mit dem Reiseleiter zu den wichtigsten Sehenswürdigkeiten der Stadt. Start: Hotel Dubrovnik Palace, ab 250 Kuna/Person.

Landhaus wird im Archäologischen Museum in ▶ Zadar aufbewahrt. Aus altkroatischer Zeit besitzt Dugi otok noch einige kleine Kirchen, Häuser und Grabstätten.

Schwimmen, tauchen, surfen

Strandleben

Die Möglichkeit zu sportlichen Aktivitäten bietet sich vor allem in Božava, wo man Boote sowie Surfbretter, Wasserskier und Tauchgeräte (Tauchschule) mieten kann. Taucher erkunden gerne einen vor dem Leuchtturm von Veli rat in den 1980er-Jahren gesunkenen Frachter. Die Badeplätze haben größtenteils Felseinstieg, z. T. mit betonierten Liegeflächen; es gibt aber auch kleine Kiesstrände. Einen Sandstrand findet man in der Bucht Saharun südlich von Božava, der aufgrund seines sehr seichten Wassers gerne von Familien mit kleinen Kindern besucht wird. Auch Radfahrer kommen auf Ihre Kosten.

Wohin auf Dugi Otok?

Touristischer Mittelpunkt

Božava

An einer kleinen Bucht am Nordwestzipfel der Insel liegt Božava, umgeben von Obstgärten, Olivenhainen und einem Föhrenwäldchen. Das kristallklare Meer lockt Wassernixen, Segler, Surfer und Taucher an. Für Wanderer und Radfahrer ist in der Touristeninformation eine Karte mit Tourenvorschlägen erhältlich.

Altkroatische Kirchenkunst

Savar

Eine der bedeutendsten altkroatischen Kirchen, Sveti Pelegrin, findet sich im Dorf Savar, südöstlich von Božava. Der im 13. Jh. auf der Friedhofshalbinsel errichtete Bau ist wegen der plastischen Auffassung des Baukörpers, wie man am runden Chorraum ablesen kann, typisch für diese Epoche der kroatischen Kunst. In der Nähe von Savar liegt die 1904 entdeckte und erst vor wenigen Jahren zugängliche **Tropfsteinhöhle Strašna peć** (»Schreckliche Felshöhle«). Beeindruckend sind die bis zu 8 m hohen Stalagtiten und Stalagmiten.

Juli–Aug.: tgl. 10.30–14.30, 15.30–19.30 Uhr, Juni und Anf.–Mitte Sept. nur Mi., übrige Zeit auf Anfrage | www.strasnapec.com

Besondere Friedhofskultur

Sali

Sali, mit 900 Einwohnern der größte Ort der Insel, hat seinen Namen von den einstigen Salinen vor Ort. Heute lebt der Ort von der örtlichen Konservenfabrik, die seit 1905 Fisch verarbeitet sowie von einer kleinen Werft. Vom Hafen mit einer kleinen Schiffswerft führt ein bequemer Spazierweg in den oberen Teil des Dorfs. Er endet am Friedhof, der eine nur hier zu beobachtende Beisetzungsart zeigt: Grabkammern werden zur Aufnahme der Särge in den Fels gesprengt und anschließend mit Steinplatten verschlossen.

BAEDEKER WISSEN

PARADIES FÜR BADEFREUNDE UND

Vielerorts locken Fels-, Kies- und Sandstrände, die teilweise recht flach abfallen. Unter der Wasseroberfläche hält das Meer hingegen einige - teils noch beladene - Schiffswracks für Taucher bereit!

▶ STRÄNDE ⌖ Lage ⓘ Besonderheiten

❶ Saharun	❷ Strände bei Nin	❸ Sunj-Bucht
⌖ Südlich von Božava, Insel Dugi Otok	⌖ Privlaka, Sabunike, Ninska laguna in Nin	⌖ Südseite der Insel Lopud
ⓘ 300 m lang, nicht zu voll, fällt 100 m weit flach ins Meer ab, schattiges Wäldchen	ⓘ Heilschlamm, flaches Meer beim Einstieg	ⓘ Autofreie Insel, Transport zum Strand gegen geringe Gebühr mit elektrischen Golf-Caddys
❹ Vela Pržina, Bilin žal	**❺ Saplunara-Bucht**	**❻ Stončica, Zaglav**
⌖ 1 km hinter Lumbarda, auf der Insel Korčula	⌖ Im Südosten der Insel Mljet	⌖ Nördlich der Insel Vis
ⓘ Beliebt bei Familien, flaches Wasser, geschützte Bucht, Wassersport- und Segelgebiet	ⓘ Schöne Sandlagune, die Bucht unterteilt sich in Velika (große) und Mala (kleine) Saplunara	ⓘ »Das Hawaii auf Vis«. Kein Massentourismus, versteckte Buchten. Beide Buchten sind mit dem Taxi- Boot erreichbar. Ab Zaglav mit dem Auto bis Milna

▶ TAUCHREVIERE ⌖ Lage ⛵ Wrack

① Ruža	② Mana	③ Šibenski most
⌖ Westlich der Bucht Mrzlanovica	⌖ Westlich der Insel Mana, im Nordwesten des Nationalparks Kornati	⌖ Genau unter der Brücke von Šibenik, auf der rechten Seite des Ufers
⛵ Versunkenes Holzschiff »Ruža« (dt. Rose)	⛵ 6 – 7 m lang, das Schiff wurde während der Dreharbeiten zum Film »As the sea rages« absichtlich versenkt	⛵ Schiff, das während der Zeit des Brückenbaus untergegangen ist

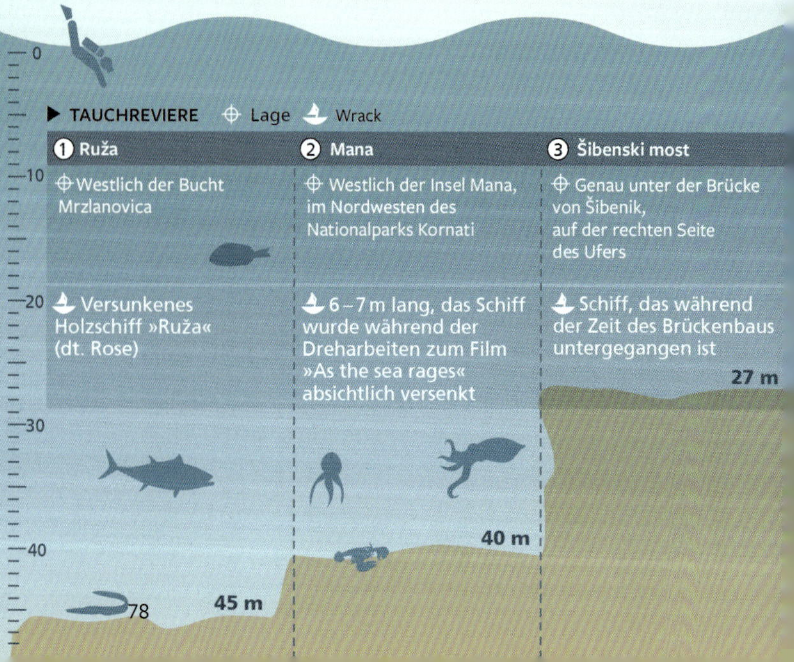

CHER

Die schönsten Strände

1. Saharun, Dugi Otok (Felsen, Sand)
2. Strände bei Nin (Sand)
3. Šunj-Bucht, Lopud (Sand)
4. Vela Pržina und Bilin žal, Korčula (Sand)
5. Saplunara-Bucht, Mljet (Sand)
6. Stončica und Zaglav, Vis (Sand)
7. Strand Bačvice, Split (Sand, Felsen)
8. Zlatni rat (Goldenes Horn), Brač (Kies)
9. Punta Rata, Brela (Makarska Riviera) (Kies)
10. Trestenica, Halbinsel Orebić (Kies, Sand)

X Strände • Sand • Kies • Felsen

④ Ribolovac »Fischfänger«

Im Kanal von Šolta (Šoltanski kanal); das Schiff liegt auf der rechten Seite

20 m

29 m lang, 6 m breit und 6 m hoch. Einst war es einer der größten Fischkutter in der östlichen Adria

⑤ Brijuni Wrack

Neben der Südküste der Insel Vis, beim Kap Jezera auf dem Inselchen Ravnik

68 m lang und 9,5 m breit, Dampfschiff von 1909, Passagiertransport und Güterverkehr entlang der Adriaküste

40 – 60 m

▶ Die Tauchreviere

Norddalmatien

1. Ruža
2. Mana

Mitteldalmatien

3. Šibenski most
4. Ribolovac (Fischfänger)
5. Brijuni Wrack

Süddalmatien

6. S57
7. Drašan
8. Taranto
9. Tomislav
10. Kaiser Franz Joseph

Wohnen im Leuchtturm

Veli Rat

Der 45 m hohe Leuchtturm von Veli rat (▶Abb. S. 292), etwa 3 km von der gleichnamigen Ortschaft im Nordwesten der Insel entfernt, gilt als einer der ältesten und schönsten entlang der kroatischen Küste. Kaiser Franz Joseph I. ließ ihn 1849 errichten. Einer Legende nach soll das Bauwerk im Norden der Insel unter Zuhilfenahme von 100.000 Eidottern befestigt worden sein, um Wind und Wetter besser zu trotzen. Heute passt ein Leuchtturmwärter darauf auf und betreut die Gäste, die sich hier wochenweise in den beiden Appartements einquartieren (Buchung über: www.lighthouses-croatia.com). In der Umgebung gibt es mehrere flache Kiesstrände, die nicht allzu überlaufen sind.

Beliebter Naturhafen

★ Telašćica-Naturpark

Ein beliebtes Ausflugsziel auf Dugi Otok ist die 8 km lange und bis zu 2 km breite Bucht Telašćica am stark zergliederten Südzipfel.

BAEDEKER MAGISCHE MOMENTE

ATEMBERAUBENDES PANORAMA

Wer im Nationalpark Kornaten wandert, muss unbedingt den sonnigen Weg von der Telašćica-Bucht im Süden zu einem Restaurant oberhalb schöner Badeklippen in einem Pinienwald einschlagen. Von dort führt ein Waldweg zu einem Aussichtspunkt hinauf, wo sich das atemberaubende Panorama der berühmten weißen Klippen öffnet. Sie stürzen bis zu 160 m senkrecht ins Meer.

DUGI OTOK ERLEBEN

TOURISTINFORMATION SALI
Obala Petra Lorinija bb,
23281 Sali
Tel. 023 37 70 94

TOURISTINFORMATION BOŽAVA
23286 Božava
Tel. 023 37 76 07
www.dugiotok.hr

ANREISE
Ab Zadar Auto- und Personenfähre nach Brbinj (100/90 Min.). Personenfähre mit Zwischenstopp in Božava (10 km von Brbinj).

Erstes Augustwochenende: Das Eselrennen in Sali ist Höhepunkt des dreitägigen Volksfestes Saljske užance. Dazu gehört auch die so genannte Eselsmusik (Tovareća muzika), bei der auf Hörnern geblasen wird. Diese sind eigentlich keine Musikinstrumente, sondern wurden ursprünglich von Fischern als Signalzeichen genutzt. Die Musikform entstand in den 1960er-Jahren: Eine ältere Frau in Sali wollte damals einen Witwer heimlich heiraten. Die jungen Leute im Dorf erlaubten sich einen Scherz und begleiteten das Paar mit Fischerhörnern auf dem Weg zur »heimlichen« Trauung. So wurde die eigentümliche Eselsmusik geboren.

GORGONIA GRILL €€€
Unter schattigen Palmen und Olivenbäumen genießt man den Hauswein zu fangfrischem Fisch, zartem Grillfleisch oder Lamm.
Šetnica Verunić bb, Verunić
Tel. mobil 091 73 79 82

KONOBA MARINOV MAGAZIN €€€
In dem alten Natursteinhaus im Hafen von Sali fühlt man sich wie bei einer dalmatinischen Nona zu Hause. Empfehlenswert ist Tintenfisch, ob als würzig abgeschmeckter Oktopus-Salat oder als Hauptgang mit Bohnen.
Sali II, 23281 Sali
Tel. mobil 098 33 24 50

RESTAURANT ROKO €€
Das familiäre Restaurant in der Triluke-Bucht serviert Grillgerichte, aber auch Meeresspezialitäten. Saftig schmecken die Spaghetti mit Scampi auf Buzara-Art, die in einer Tonform auf den Tisch kommen.
Zaglav 28, 23281 Zaglav
Tel. 023 37 71 82

Der Telašćica Naturpark, einer der bestgeschützten Naturhäfen in der Adria, ist Teil des Nationalparks Kornaten und wird deshalb meist im Rahmen einer organisierten Rundfahrt durch die Inselwelt der Kornaten angefahren (www.pp-telascica.hr). Vom Meer aus betrachtet wirken die berühmten steilen Felsklippen in der Bucht besonders imposant. Die sogenannten Stene ragen bis zu 160 m aus dem Wasser auf.
Ein besonderes Badevergnügen bietet der auf dem Festlandstreifen zwischen der Telašćica-Bucht und dem Meer gelegene **Salzsee Mir.**

Die Wassertemperatur des bis zu 10 m tiefen Sees liegt im Sommer um 6 °C höher als die des Meers. Gespeist wird er durch ein System unterirdischer Kanäle und Spalten, durch die das Meerwasser zum Mir vordringt.

★ ELAFITISCHE INSELN (ŠIPAN, LOPUD, KOLOČEP)

Höhe: 0–243 m ü. d. M. | **Einwohnerzahl:** 1000

Quietschende Autoreifen dürften die Bewohner der Elafitischen Inseln nur aus Filmen kennen. Oder wenn sie mal aufs Festland übersetzen. Auf den 13 winzigen Inselchen vor den Toren Dubrovniks, von denen nur drei bewohnt sind, herrscht nämlich (fast) Autofreiheit. An die Stille muss man sich erst einmal gewöhnen. Doch genau diese ursprüngliche Atmosphäre macht den Reiz der Elafiten aus.

Ruhe, Ruhe und nochmals Ruhe

Die Elafitischen Inseln begrüßen Gäste mit ausgedehnten Zitronenhainen und wiegenden Palmen in den Vorgärten. Der Duft nach würzigem Rosmarin und Lavendel mischt sich mit dem Salzgeruch des Meeres. Die üppige, subtropische Vegetation überrascht. Nur an den Inselrändern fallen Steilküsten schroff ins Meer ab, oder herrliche Sandstrände tauchen sanft ins Meer ein. Wer in erster Linie Natur genießen, baden und wandern möchte, ist auf den drei bewohnten Inseln Šipan, Koločep und Lopud genau richtig. Die meisten Besucher kommen im Rahmen einer Tagestour von Dubrovnik her. Man kann jedoch auch länger bleiben: Dafür gibt es einige wenige Hotels und Privatquartiere.

Bereits im 15. und 16. Jh. verbrachten Adlige und hohe kirchliche Würdenträger aus Dubrovnik gerne die heißen Sommermonate auf den grünen Inseln. Die begüterten Bürger vom Festland ließen sich stattliche Landsitze errichten, von denen insbesondere auf Šipan noch einige erhalten sind. Mehrere Wehrtürme, immer noch markante Punkte, wurden im 16. Jh. erbaut, als die Türken die Inselbewohner in Angst und Schrecken versetzten. Die Weihkirchen und Kapellen stammen von Seeleuten, die hier lebten. Bis heute sind die Bewohner der Elafiten stolz auf die glanzvolle Vergangenheit des Archipels. Die Bezeichnung Elafiten leitet sich vom altgriechischen

Wort »elaphos« für Hirsch ab. Möglicherweise erinnerte die Form der Inselgruppe den römischen Schriftsteller Plinius den Älteren, der sie im 1. Jh. n. Chr. erstmals schriftlich erwähnt, an dieses Tier.

Wohin auf den Elafitischen Inseln?

Herrliche Natur

Bewohner vom Festland legen auf Šipan an, um sich zu schönen Badebuchten oder zu Wanderungen durch grüne Täler aufzumachen. Und spätestens, wenn der Geruch von Grillfisch über dem Hafenbecken hängt und dazu ein Glas vorzüglicher Inselwein auf dem Tisch steht, stellt sich eine tiefe, innere Ruhe ein. Šipan

Mit knapp 17 km² ist Šipan zwar die größte der Elafitischen Inseln, zugleich die am weitesten von Dubrovnik entfernte. Der größte Ort, **Šipanska Luka** (300 Einw.), versteckt sich in einer tief eingeschnittenen Bucht im Nordwesten von Šipan. Einen Nachweis früher Besiedlung liefern die Überreste einer römischen Villa rustica. Vom Glanz vergangener Zeiten zeugt auch der oberhalb der Ortschaft liegende gotische Rektorenpalast (Knežev dvor), der während der Herrschaft Dubrovniks erbaut wurde. Von den Kirchen in Šipanska Luka ist vor allem die Anfang des 12. Jh.s erbaute und später mehrfach umgestaltete Pfarrkirche sehenswert. Sie birgt einige Gemälde vorwiegend einheimischer Künstler und eine »Muttergottes, die dem Jesuskind huldigt« eines venezianischen Malers (15. Jh.). Nordwestlich des Hafens führt ein Pfad zu einem schönen, geschützten Kieselstrand.

Ein 4 km langer Fußweg verbindet Šipanska Luka mit **Suđurađ,** einem verschlafenen Fischerdörfchen, wo die Auto- und Personenfähren anlegen. Er geht vorbei an den Überresten der ehemaligen Sommerresidenz der Bischöfe von Dubrovnik aus dem 16. Jahrhundert. Mit dem Ort verbindet sich der Name des Bischofs Ludovico Beccadelli (1501–1572), eines Humanisten und Freunds des Malers und Bildhauers Michelangelo. Beccadelli hielt hier intellektuelle Zirkel über wissenschaftliche und literarische Themen. In Suđurađ steht noch ein befestigtes Schloss der reichen Dubrovniker Seehändler-Familie Škočibuha, der Wehrturm sollte Piratenangriffe abwehren (16. Jh.).

Es geht noch grüner

Die subtropische Flora auf Lopud gedeiht noch ein wenig üppiger als auf Šipan, dank der Süßwasserquellen auf der Insel. Vielerorts wachsen Palmen, Pinien, Zypressen und Kakteen, aber auch Weintrauben, Oliven, Zitrusfrüchte, Johannisbrot und Feigen. Vom kargen Charme anderer dalmatinischer Inseln, über die der kalte Bora-Fallwind peitscht, spürt man auf Lopud nichts. Insula Media, so nannten die Römer und Dubrovniker die Insel aufgrund ihrer Lage zwischen Koločep und Šipan. Der Name Lopud leitet sich von dem griechi- Lopud

schen Delaphodia ab, das zum römischen Lafota und später zum kroatischen Lopud wurde. Über 30 Ruinen von Kirchen und Kapellen, ein Dominikaner- und ein Franziskanerkloster künden noch heute von den zahlreichen religiösen Förderern des Eilands. Sandstrände findet man beim Hotel Lafodia (mit FKK-Bereich) und in der reizenden Šunj-Bucht, wo der Strand langsam abfällt. An der Nordostküste gibt es hauptsächlich Badeplätze mit Felseinstieg (FKK).
Die einzige Siedlung der Insel, **Lopud,** ist ein beschaulicher Ort mit mediterraner Ausstrahlung. Als die Insel im 16. Jh. eines der acht Fürstentümer bzw. Verwaltungsbezirke von Dubrovnik war, residierte der hierher entsandte Rektor in beherrschender Höhenlage über der Ortschaft. Sein Amtssitz ist als Ruine erhalten. An der hübschen Hafenpromenade reihen sich Eisdielen, Cafés und gemütliche Tavernen aneinander, vor deren Kulisse im Sommer Jachten vor Anker gehen. Die als Pfarrkirche genutzte, ehemalige Klosterkirche **Sveta Marija od Špilice** ist immer noch sehenswert. Das romanische Gotteshaus besitzt u. a. ein Chorgestühl von 1480 sowie mehrere Altarbilder aus dem 16. Jahrhundert. Im Pfarramt gibt es ein kleines Museum zur Geschichte der Insel.
Im Osten der Insel, oberhalb der weiten Šunj-Bucht, steht die Votivkirche **Sveta Gospa od Šunja** (Hl. Muttergottes von Šunj) aus dem 12. Jahrhundert. Die lebensgroßen Apostelfiguren des Hauptaltars soll der 1528 in Lopud geborene und durch ein Erbe zu Wohlstand gekommene Bürger Miho Pracat von der Londoner Westminster Abbey erworben haben, als Heinrich VIII. alle Altarbilder entfernen ließ.

Das Kloster ist schon lange auf gegeben, aber seine Kirche Sveti Marija wird noch immer genutzt.

ELAFITISCHE INSELN ERLEBEN

TOURISTINFORMATIONEN
Šipanska Luka, 20223 Šipan
Tel. 020 75 80 84
Obala Iva Kuljevana 12
20222 Lopud, Tel. 020 322 322

ANREISE
Fähre mehrmals täglich zwischen Dubrovnik und den drei Inseln Koločep, Šipan und Lopud. Fahrzeugmitnahme nur auf Šipan gestattet – wobei man das Auto auf dem Inselchen nicht wirklich benötigt.

HOTEL ŠIPAN €€
Die alte Olivenölfabrik im Hafen von Šipanska luka ist seit wenigen Jahren ein Hotel mit 84 minimalistischen Design-Zimmern.
Šipanska Luka
20233 Šipan
Tel. 020 36 19 02
www.hotel-sipan.hr

KONOBA OBALA €€€
Der Besitzer dieser urigen Taverne serviert direkt an der Strandpromenade einfache, gut gemachte Speisen – und reichlich Fisch oder Risotto.
Obala Iva Kuljevana 18,
20222 Lopud | Tel. 020 75 91 70
www.obalalopud.com

KONOBA KOD MARKA €€€
Am besten vertraut man Konoba-Chef Marko Prižmić, wenn er fragt: »Fisch oder Fleisch?« und lässt sich die vier Gänge des Menüs schmecken.
Šipanska Luka, 20223 Šipan
Tel. 020 75 80 07

So nah, und doch so fern

Koločep

Koločep ist der Sehnsuchtsort vieler Dubrovniker. Die kleinste bewohnte Insel des Archipels, die gerade mal 2,4 km² misst, liegt nur 4 km von Dubrovnik entfernt. Ein grünes hügeliges Paradies mit Sandstränden und einem der besten Restaurants in der Region, das einen romantischen Sonnenuntergang von der Terrasse aus verheißt, erwartet die Ausflügler.

Eine Insel mit zwei Namen: Koločep, so die offizielle Bezeichnung, wird von den Bewohnern eigentlich nur Kalamota genannt – ein Begriff griechischen Ursprungs und »Angelroute« bedeutend. Die Fischerei bietet den nur 150 Einwohnern, die sich auf die beiden Inselortschaften, Gornje (Oberes) Čelo und Donje (Unteres) Čelo, verteilen, jedoch längst kein Auskommen mehr. Daher arbeiten die meisten Einwohner heute in Dubrovnik oder leben vom Tourismus und bauen nebenbei Obst, Gemüse und Wein an.

In **Donje Čelo,** dem touristischen Zentrum an der Nordwestseite der Insel, lohnt sich ein Besuch der Pfarrkirche (13./15. Jh.). Ihre Wände enthalten Bruchstücke römischer Marmorskulpturen und Teile einer frühmittelalterlichen Flechtornamentik. Geschützte Badestrände findet man in der sogenannten Malerbucht, die gegenüber von Dubrovnik liegt, und bei der Vila Ruža, wo es einen kleinen Sandstrand gibt. In **Gornje Čelo,** der zweiten Ortschaft in einer kleinen Bucht am Ostende von Koločep, gibt es Bademöglichkeiten unterhalb des Sportplatzes und an der Steilküste, wo über 100 Stufen zu einem Kiesstrand hinunterführen.

★★ HVAR

Höhe: 0–626 m ü. d. M. | **Einwohnerzahl:** 12 000

K/L 15/20

Auf Hvar pflegen die Hoteliers eine ungewöhnliche Tradition: Wenn es auf der Insel schneit, ist die Übernachtung kostenlos. Damit vergeben sie sich allerdings recht wenig, denn Schnee fällt auf Hvar (fast) nie – so mild ist das Klima. Mit 2726 Sonnenstunden dauert der Sommer hier länger als anderswo, da kann nicht einmal Nizza mithalten. Das hat sich auch bei Stars und Sternchen aus der ganzen Welt längst schon herumgesprochen.

Ein wahres Paradies

Lila Lavendelfelder, die sich von grauen Trockenmauern abheben; blühende Gärten mit Zypressen, Oleander, Agaven, Orangen- und Zitronenbäumen; schmale, kurvenreiche Landsträßchen durch das hügelige Landesinnere mit Weinbergen, wildem Lauch, Myrte, Origano und zahllose einsame Wanderwege mit herrlichen Ausblicken auf das türkisblaue Meer – Hvar gehört ohne Zweifel zu den Inseln, deren Reizen man sich schwerlich entziehen kann. Längst gilt Hvar als die beliebteste Insel Dalmatiens und als eines der mondänsten Ziele in Kroatien: Russische Oligarchen, US-Schauspieler, Models, der Adel und sonstige Prominenz genießen hier Sonne, Klima und wunderschöne Sonnenuntergänge.

Doch nicht nur das macht Hvar aus. Die Insel ist stolz auf **drei Einträge beim immateriellen Weltkulturerbe der UNESCO:** Die Osterprozession, die Kunst der Spitzennäherei mit Agavenfäden und die antike fruchtbare Ebene von Stari Grad. Dass die Mittelmeer-Küche von sieben Ländern einschließlich Dalmatien nun ebenso UNESCO-Erbe ist, schreibt man sich hier auch gerne auf die Fahnen – schließlich ist die Insel für ihr köstliches Olivenöl berühmt.

Griechische Gründung

Geschichte

Hunger und knapper Lebensraum trieb die Griechen von der Insel Paros im 4. Jh. v. Chr. in die Ferne: Sie ließen sich an Stelle des heutigen Stari Grad nieder, verdrängten die dort lebenden Illyrer und nannten ihre Siedlung Pharos (griech. Leuchtturm). Unter den Römern hieß sie »Fara«, unter den Slawen »Hvar«. Die Liste der Inselherrscher ist lang: Die Republik Venedig hatte ab 1420 das Sagen, es folgten Österreicher und ein Intermezzo durch Napoleon zu Beginn des 19. Jahrhunderts. 1868 entdeckte Kaiserin Elisabeth den Charme von Hvar und förderte den Bau des nach ihr benannten Hotels, heute das Hotel Palace. Damit wurde der Grundstein für eine **lange Tourismustradition** in Hvar-Stadt gelegt – die nach dem Zweiten Weltkrieg richtig aufblühte und heute ihren Höhepunkt erreicht hat

Es hat noch Platz

Strandleben

Obwohl der Tourismus verhältnismäßig stark entwickelt ist, tritt man sich hier beim **Baden** nicht gegenseitig auf die Füße, denn es gibt noch unverbaute kleine Buchten mit Kies- oder Sandstränden sowie eine Reihe von kleinen bis winzigen Inseln wie die Pakleni otoci, die regelmäßig von Ausflugs- und Taxibooten angefahren werden – etwa die beliebte Sandstrandbucht auf Palmižana. Gebadet wird auf dem Inselchen Marinkovac zu Party-Musik, Strohschirmen und Lounge-Liegen am Felsstrand (mit Einstieg) des Carpe Diem Beach Club Stipanska (Taxi-Boote). In der Stadt Hvar selbst sind die Bademöglichkeiten mäßig. Nostalgisches Flair verleihen die weißen Steinsäulen aus den 1930er-Jahren dem **Strandclub Bonj »Les Bains«** in der Bucht des Wellness-Hotels Amfora. Ein Stück weiter erstreckt sich die Beachbar Hula-Hula mit felsigem Strand. Das vorgelagerte Inselchen Šćedro vor der Südküste von Hvar gilt als sehr ursprünglich – und das Klima ist hier noch milder als auf der Hauptinsel.

UNESCO Weltkulturerbe Nr. 1

★ Osterprozession

Tradition hat seit über 500 Jahren die berühmte Osterprozession Za križen, frei übersetzt etwa »Folge dem Kreuz«. Sie steht inzwischen auf der UNESCO-Liste des immateriellen Weltkulturerbes. Am Gründonnerstag gegen 22 Uhr starten die Gläubigen in den sechs Dörfern Vrbanj, Vrboska, Jelsa, Pitve, Vrisnik und Svirče gleichzeitig. Jeder Pilgerzug zieht in einem etwa 25 km großen Kreis durch die übrigen Pfarrgemeinden, entsprechend dauert die Prozession bis etwa 7 Uhr morgens. Die Rolle des Kreuzträgers ist in der Regel auf über 20 Jahre im Voraus bestimmt, er muss die Strecke barfuß oder in Socken zurücklegen.

Hvar-Stadt

Sehen und gesehen werden

An der palmenumrankten Uferpromenade der Inselhauptstadt Hvar ankern mondäne Jachten, und in der schicken Lounge-Bar Carpe diem werden Cocktails fast im Akkordtempo gemixt. Die Inselmetropole gibt sich vornehm.

In einer geschützten Bucht an der Südwestküste der Insel, zu Füßen der Spanischen Festung Španjola (Fortica), breitet sich das Städtchen Hvar aus. Sein Mittelpunkt ist der weitläufige Hauptplatz am Hafen, von dem kleine, verwinkelte Gassen abzweigen: An der Hangseite unterhalb der Festung bauten sich die Patrizier ihre Wohnhäuser, während auf der gegenüberliegenden Seite die Bürgerstadt entstand. Sie bildet heute mit vielen kleinen Souvenirläden, Restaurants, Bars und Cafés das lebendige Zentrum.

Alte Pracht

Hauptplatz Trg Svetog Stjepana

Das historische Herz der Altstadt schlägt am Hauptplatz, der Pjaca (Trg Svetog Stjepana). Der weitläufige Platz mit seinen marmorähnlichen, glatt geschliffenen Bodenplatten gilt als einer der größten in Dalmatien, auch wenn er nur halb so groß ist wie ein Fußballfeld. Bis ins 15. Jh. hinein befand sich hier eine Bucht, die aufgeschüttet wurde, um mehr Wohnraum zu schaffen. Gekrönt wird die Pjaca von einem großen Brunnen (1529) in der Mitte. Die nördliche, schmalere Seite der Pjaca schließt mit der Kathedrale ab: **Die dreischiffige Renaissance-Basilika** mit barocken Zügen, die dem hl. Stephanus (Svjeti Stjepan) geweiht ist, wurde nach dem türkischen Feldzug 1571 errichtet. Nebenan ragt der filigrane, schlanke Campanile empor, der als einer der schönsten in ganz Dalmatien gilt.
Im **Bischofspalast** daneben wurde ein kleines Museum mit sakraler Kunst eingerichtet – seit über 850 Jahren ist Hvar Bischofssitz. Kostbarstes Stück der Sammlung ist ein vergoldeter Messingstab.
Auf derselben Platzseite, aber ganz vorne am Hafenbecken, stand einst der Rektorenpalast (Knežev dvor): Vom Sitz der Stadtherren sind nur noch der Uhrturm (16. Jh.) und die eingeschossige **Stadtloggia** (16./17. Jh.) erhalten. Der vornehme Säulenbau wird heute vom Hotel Palace als Festsaal genutzt und gehört zu den schönsten seiner Art in Dalmatien.
Einen schönen Kontrast zur eleganten Loggia bietet das wuchtige **Arsenal** (1530) gegenüber. Auffällig ist der große Arkadenbogen an der Hafenseite, der sogar einer venezianischen Kriegsgaleere die Einfahrt erlaubte. Das Arsenal wurde ursprünglich von den Venezianern als Werft und Lager genutzt. Auf dem Dach wurde 1612 ein Schauspielhaus errichtet, das als das erste Gemeindetheater Europas gilt: Es stand Volk und Adel gleichermaßen offen. Der **Theatersaal** wurde später im klassizistischen Stil mit intimen Logen und schöner Deckenmalerei umgestaltet. Heute beherbergt das Arsenal eine Galerie zeitgenössischer Kunst sowie die Touristinformation.

Basilika: Sommer tgl. 10 – 13, 17 – 19 Uhr | Eintritt: 10 Kuna
Bischofspalast: Mo. – Sa. 10 – 12, 17 – 19 Uhr | Eintritt: 10 Kuna
Galerie und Historisches Theater Hvar: z. Zt. im Umbau, Wiedereröffnung voraussichtlich 2018.

Unter der Spanischen Festung trifft man sich auf der Pjaca von Hvar.

Stolze Ruine

Hektorović-Palast

In einer Seitengasse auf der Burgseite des Platzes überragt der ehemalige Palast der Familie Hektorović mit seinen spätgotischen Spitzbogenfenstern die umstehenden Häuser. Auch als Ruine vermittelt er noch ein eindrucksvolles Bild von einem patrizischen Stadthaus.

UNESCO Weltkulturerbe Nr. 2

Benediktinerinnenkloster

Das schlichte Benediktinerinnenkloster ist für **seine einzigartigen Spitzenprodukte aus Agavenfäden** berühmt, die gemeinsam mit der Spitzenkunst von Pag und Lepoglava auf der UNESCO-Liste des immateriellen Kulturerbes stehen. Die Deckchen können nur bei den Benediktinerinnen erworben werden. Das Kloster ist das Geburtshaus des kroatischen Renaissance-Schriftstellers Hanibal Lucić (1485 bis 1553), dessen Familie es den Benediktinerinnen vermachte.
Sommer tgl. 10 – 12, 17 – 19 Uhr | Eintritt: 10 Kuna

Sonnenuntergänge und Konzerte

★★ Uferpromenade

Am Arsenal beginnt die palmengesäumte Uferpromenade (Riva), an der die vielen kleinen Ausflugsboote auf Kundschaft warten, Skipper

HVAR-STADT ERLEBEN

TOURISTINFORMATION HVAR-STADT

Trg Svetog Stjepana 42,
21450 Hvar
Tel. 021 74 10 59
www.tzhvar.hr

Feb./März: Karneval
Mai: Tage des Hvarer Theaters
Juli: Hvarer Sommerfestival, Konzerte und Theater

1 ADRIANA HVAR SPA HOTEL €€€€

Der Blick vom schmucken Design-Hotel (59 Zi.) fällt auf den Hafen von Hvar-Stadt, den Hauptplatz und die vorgelagerte Inselgruppe: Unbedingt mit Meerblick buchen! Umfangreiches Spa-Angebot mit Whirlpool-Wanne, Salzwasserpool auf dem Dach, Massagepavillons im Freien und Dampfbad.
Obala Fabrika 28
21450 Hvar, Insel Hvar
Tel. 021 75 05 55 (Reservierung)
www.suncanihvar.com

1 RESTORAN ZLATNA ŠKOLJKA €€€€

In diesem familiären Slow-Food-Restaurant gibt es Fisch und Meeresfrüchte und eine große Weinauswahl. Nur 30 Plätze, Reservierung empfohlen!
Petra Hektorovića 8, Hvar-Stadt
Tel. mobil 098 917 73 86
www.zlatna.skoljka.com

2 KONOBA MENEGO €€€

Tapas auf dalmatinische Art: Oliven, gefüllte Fladenbrote, Meeresfrüchtesalat oder Frischkäse mit Honig (Skuta). Die selbstgemachte Limonade

1 Zlatna Školjka
2 Konoba Menego
3 Steak & Fish House Dalmatino
4 Fig Café Bar

1 Adriana Hvar Spa Hotel

mit einem Spritzer Kirschsirup ist erfrischend, die »beschwipsten Feigen« ein krönender Abschluss.
Uliza kroz Grodu 26, Hvar-Stadt
Tel. 021 71 74 11
www.menego.hr

❸ STEAK & FISH HOUSE »DALMATINO« €€€

Das bodenständige Lokal in einer Seitengasse in Hafennähe ist überaus beliebt. Dazu tragen nicht nur Pfeffersteaks, gegrillter Fisch und hausgemachte Gnocchi bei, sondern vor allem der gute Service. Im Sommer unbedingt reservieren!
Sveti Marak 1
Hvar-Stadt
Tel. mobil 091 5 29 31 21
www.dalmatino-hvar.com

❹ FIG CAFÉ BAR €

In dem kleinen Café werden leichte, raffinierte Gerichte serviert, die sich von dem übrigen Angebot auf der Insel abheben: vegetarisches Frühstücks-Burrito oder warmes Fladenbrot mit Birne und Gorgonzola belegt.
Biundovica 3, Hvar-Stadt
Tel. mobil 099 267 98 90
www.figcafebar.com

Der Startschuss fällt beim Sonnenuntergang-Beobachten mit DJ-Musik in der **Hula-Hula-Strandbar** (www.hulahulahvar.com). Am Abend heißt es im legendären **Carpe Diem** an der Riva: sehen und gesehen werden. Das **Carpe Diem Beach Stipanska** ist ein Insel-Ableger, wo mittags gebadet wird, während abends DJs auflegen. Getanzt wird unter freiem Himmel (Überfahrt mit dem Taxiboot). International geht es spätabends in der **Kiva-Bar** in der Altstadt zu (Fabrika 26).

ihre Segelboote festmachen, Urlauber ihre Souvenirs erstehen und die Tragflügelboote aus Split anlegen. Hier lässt sich der Sonnenuntergang bei einem Cocktail in der bekanntesten Bar der Insel, dem Carpe diem, genießen – oder der klare Sternenhimmel zu fortgeschrittener Stunde.
Verlängert man den Spaziergang am Meer entlang, weisen kleine Kreuzwegkapellen den Weg zu einer Landzunge: Idyllisch thront hier das **Franziskanerkloster** (Franjevački samostan) auf felsigem Grund. Die einschiffige, gotische Marienkirche (Sveta Marija, 15. Jh.) wurde von Schiffskapitänen finanziert – und hier ein Quartier fanden. Den Kirchenraum schmücken venezianische Altarblätter, vor dem Hauptaltar liegt der Inselschriftsteller Hanibal Lucić (1485 bis 1553) begraben. Das kleine Museum bewahrt ein monumentales »Letztes Abendmahl« (16. Jh.) und einen kostbaren Atlas des Ptolemäus von 1524. Hübsch ist auch der Klostergarten mit einer 300 Jahre alten Zypresse. Im Sommer finden hier klassische Konzerte in stimmungsvoller Atmosphäre statt.
9 – 13, 17–19 Uhr | Eintritt: 30 Kuna

Beste Aussicht
Die schönsten Urlaubsbilder auf Hvar entstehen hier: Hoch über der Stadt thront die 1557 fertiggestellte Spanische Festung (Španjola oder Fortica), an deren Bau Konstrukteure aus Spanien beteiligt wa-

★★ Festung Španjola

ren. Der Spazierweg führt vom Hauptplatz über steile Treppenstufen hinauf, die von mächtigen Agaven gesäumt werden. Die Festung bietet einen phantastischen Blick über die Stadt, die Hafenpromenade und die vorgelagerten Inselchen Pakleni otoci. Besonders stimmungsvoll ist der Sonnenuntergang, der sich in der Caffe Bar Španjola im Festungshof gut verfolgen lässt. Im Fort erinnern eine schöne Amphorensammlung (Muzej amfora) und Kerker von alten Zeiten.
Juli/Aug. tgl. 8 – 22, Vor-/Nachsaison 9-22 Uhr | Eintritt (Amphorenmuseum inbegriffen): 40 Kuna

Rund um Hvar-Stadt

Auf Entdeckungsreise

★ Pakleni-Inseln

Für viele gehören die versprenkelten Inselchen und Felsriffe vor Hvar-Stadt zu den schönsten in der Adria: Die 20 winzigen Pakleni otoci, die ihren Namen vom Harz der Nadelbäume haben (»paklina«), mit denen früher Boote bestrichen wurden, versprühen eine ganz besondere Atmosphäre. Wunderschöne und zum Teil einsame Buchten warten darauf, erkundet zu werden, den Anker zu werfen und dort ins Wasser zu springen. Ein Privileg wohlhabender Bootseigentümer oder Segler? Mitnichten! Wassertaxis bringen Passagiere dorthin, wo es ihnen gefällt. Wer länger bleiben möchte, übernachtet

Es lohnt sich, die Pakleni-Inseln auf eigene Faust mit dem Boot zu erkunden, zu bleiben, wo es einem gefällt und ins glasklare Wasser zu springen.

in kleinen Hotels und Pensionen, etwa auf dem bekanntesten Inselchen **Palmižana.** Dort gibt es in der schattigen Vinogradišće-Bucht einen schönen Sandstrand. **Ždrilica** ist für seine ebenfalls schattigen Kiesbuchten und eine reizvolle Unterwasserwelt bekannt. FKK-Fans treffen sich auf Jerolim. Das Inselchen **Marinkovac** ist für seine Lounge Bar Carpe diem Stipanska bekannt.

Anreise: Ab Hvar-Stadt (im Hafen, vor dem Arsenal) im Sommer regelmäßig nach Palmižana, Jerolim, Stipanska und Ždrilica. Tagestouren ca. 250 Kuna, inkl. Fischpicknick (www.hvarboatexcursion.com)

Stari Grad

Malerische Altstadt mit Dichterschloss

Altstadt

Die Fahrt nach Stari Grad (»Alte Stadt«), 20 km östlich von Hvar entlang einer kurvenreichen, aber gut ausgebauten Straße lohnt schon wegen der herrlichen Ausblicke auf das Meer. Noch reizvoller ist die alte, schmale Straße zwischen Hvar und Stari Grad, die über das ehemalige Hirtendorf Brusje führt.

Das malerische Altstadtensemble schmiegt sich mit schönen Natursteinhäusern, engen Gassen und belebten Cafés an eine lange, breite Bucht – hier stoppen Katamaran und Autofähre aus Split. Für den Bau des frei stehenden Glockenturms der Pfarrkirche Sveti Stjepan (Hl. Stephanus, 1605) wurden Steinblöcke der antiken Stadtmauern verwendet. Der schönste Platz des Ortes, die Piazza Škor, liegt etwas nördlich unterhalb dieser Kirche.

An der Uferstraße ragt die Hauptsehenswürdigkeit von Stari Grad empor: Das **Sommerschlösschen** des kroatischen Dichters Petar Hektorović (1487–1572, ►S. 264), ein befestigter Renaissance-Palast (1520–1569) mit einem außergewöhnlich hübschen, wildromantischen Garten. Die gewölbte Halle im Erdgeschoss des Landsitzes führt in eine Art Laubengang, der um einen dunkelgrün schimmernden Fischteich angelegt wurde. Die lateinischen und kroatischen Inschriften sind Sentenzen des Hausherrn, der auf diese Art die Gäste mit seiner Philosophie vertraut machen wollte. Auf dem Platz vor dem Landhaus hat der Bildhauer Ivan Meštrović (►S. 264) dem Dichter ein Denkmal gesetzt (1956).

Mai, Juni, Okt. 10 - 13, Juli-Sept. 10-13, 17-20 Uhr
Eintritt: 15 Kuna

UNESCO Weltkulturerbe Nr. 3

★ Ebene von Stari Grad

Zwischen Stari Grad und Vrboska erstreckt sich ein fruchtbares Tal, das Starigradsko polje. Die Ebene von Stari Grad ist eine seit der Kolonisierung der Griechen im 4. Jh. v. Chr. intakt gebliebene Kulturlandschaft, mit Trockenmauern, schnurgeraden Feldwegen und gut erhaltenen Parzellierungen. Die 75 exakt gleich großen Landeinheiten (900 x 180 m), genannt chora, blieben über die Jahrhunderte als Weingärten bestehen, bis ihnen die Reblaus zu Beginn des 20. Jh.s ein Ende setzte. Doch auch genügsame Feigen- und Olivenbäume wurden hier kultiviert sowie Lavendel. Das antike Katasterwesen und die Anbaumethoden waren ausschlaggebend, dass die UNESCO die Ebene 2008 – gemeinsam mit dem Altstadtensemble von Stari Grad – zum immateriellen Weltkulturerbe erklärte. Bislang ist das Feld frei zugänglich, am einfachsten entlang der markierten Route mit dem Fahrrad (Verleih in Stari Grad).

Vrboska

Ungewöhnliches Gotteshaus

Sveta Marija od Milosrđa

Von seiner schönsten Seite zeigt sich der idyllische, recht ruhige Fischerort Vrboska an der schmalsten Stelle der Bucht. Kleine Brücken verbinden hier die Ufer mit den niedrigen, einfachen Steinhäusern. Das ungewöhnlichste Gotteshaus der ganzen Insel Hvar thront auf einem Hügel über dem Ortskern: Die der Barmherzigen hl. Marija (Sveta Marija od Milosrđa) geweihte Kirchenfestung (16. Jh.). Der fast völlig fensterlose Bau gibt sich lediglich von vorne als Gotteshaus zu erkennen, nach hinten mündet das von einem Zinnenkranz bekrönte Kirchenschiff in zwei halbrunde, wuchtige Wehrtürme. Das Gotteshaus besitzt Werke der venezianischen Renaissance-Maler Tizian und Jacopo Bassano (16. Jh.).

Sommer Mo.–Sa. 10 – 12 Uhr

Altes Handwerk

Fischereimuseum

Ein liebevoll eingerichtetes Fischereimuseum dokumentiert die Geschichte des Fischfangs auf Hvar vom 18.–20. Jh.: mit Netzen, Werkzeugen, Fangkörben und einer Fischerküche.

Tgl. 10 – 12.30, 18.30 – 21 Uhr | Eintritt: 20 Kuna

Jelsa

Geschäftiges Städtchen

Das ehemalige Fischerdörfchen Jelsa (1600 Einw.) ist heute ein kleiner, geschäftiger Urlaubsort mit schönen Badestränden. Am schmalen Hauptplatz (Pjaca, Trg Hrvatskog narodnog preporoda), der sich hinter dem Hafen öffnet, reihen sich gemütliche Restaurants nebeneinander. Die Burgkirche Sveta Marija (Hl. Maria) in der Nähe erinnert an eine kleine Festung (1535). Einige hübsche Renaissance- und Barock-Bürgerhäuser sowie eine achteckige Kapelle (17. Jh.) gruppieren sich um den schönsten Platz von Jelsa, den Trg Svetog Ivana (Platz des hl. Johannes). Gebadet wird außerhalb des Ortskerns,

Man sieht Stari Grad an, dass Hektik hier ein Fremdwort ist.

etwa am flachen Fels- und Betonstrand Mina mit sandigem Boden, östlich vom Hotel Hvar.

Mittelalterliche Hirtensiedlung

In Humac, 7 km hinter Jelsa in Richtung Sućuraj, dem Fährort an der Ostspitze der Insel, lebten noch im 19. Jh. Hirten – heute hält nur die Konoba Humac die Stellung. Sie ist Ausgangspunkt für Wanderungen zur etwa 30 Minuten entfernten Höhle Grapčeva špilja. Tropfsteine und Sintersäulen schmücken die beiden Räume.

Humac

Führungen: 15. Juni–15. Sept. Mo., Mi. und Sa. um 9 Uhr vor der Konoba Humac, Reservierung erwünscht, Tel. mobil 099 577 17 70, Ticket: 30 Kuna.

Baden und Wandern

Drei Kilometer landeinwärts liegt Pitve, ein typisches Inseldorf mit einer langen Lavendel-Tradition und einem kleinen Weinmuseum. Ein knapp 1,5 km langer, einspuriger, unbeleuchteter (!) Straßentunnel – dessen Durchfahrt höchst abenteuerlich ist – führt nach Zavala mit Neubauten und schönen Badebuchten, allen voran die Bucht Petarščica. 8 km westlich ist Sveta Nedjelja Ausgangspunkt einer reizvollen Bergwanderung auf den Gipfel des Sveti Nikola, mit 628 m die höchste Erhebung der Insel.

Pitve und Zavala

BAEDEKER ÜBERRASCHENDES

6X EINFACH UNBEZAHLBAR

Erlebnisse, die für Geld nicht zu bekommen sind

1. WOHLFÜHLEN

In der Nähe von **Nin,** unweit des Kralježnica-Strandes, gibt es natürliche Heilschlamm-Vorkommen. Eine Wohltat für die Haut!
(▶ **S. 222**)

2. RAD-ERKUNDUNG

Die Oliven- und Weinpflanzungen in der Ebene von **Stari Grad** auf Hvar lassen sich prima mit dem Fahrrad erkunden: Die 75 gleichgroßen Parzellen wurden nach dem antiken Kataster angelegt.
(▶ **S. 93**)

3. PLANSCHEN IM SALZSEE

Einfach in die Fluten springen: Ein Bad im **Salzsee Mir** auf Dugi otok ist ideal für alle, denen die Adria zu frisch ist – denn hier kann das Wasser im Sommer bis zu 6 Grad Celsius wärmer als im Meer sein.
(▶ **S. 81**)

4. DEN SCHÖNSTEN SONNENUNTERGANG ...

... gibt es laut Alfred Hitchcock in **Zadar** zu sehen. Dieser hat allerdings Konkurrenz bekommen: eine Lichtinstallation, die in die Uferpromenade eingelassen wurde – und weltweit einzigartig ist.
(▶ **S. 222**)

5. GRABMAL-KUNST

Auf dem Friedhof der Kirche Sveta Barbara in **Dubravka bei Cavtat,** an der montenegrinischen Grenze, gibt es 84 Stećci zu entdecken: Die mittelalterlichen Grabstelen und -blöcke sind UNESCO-Welterbe.
(▶ **S. 56**)

6. ÜBERNACHTUNG IM SCHNEE

Wenn es im Winter **auf Hvar** schneit, übernachten Gäste kostenlos. Schnee fällt zwar nur extrem selten, dafür ist das milde Klima im Winter eine Wohltat!
(▶ **S. 86**)

★★ KORČULA

Höhe: 0–568 m ü. d. M. | **Einwohnerzahl:** 17 000

Dunkle Wälder überziehen die hügelige Urlaubsinsel Korčula, fast weiß schimmern die kunstvoll gemeißelten Kalksteinfassaden der Inselhauptstadt in der Sonne, hellgelb hingegen die traumhaften Sandstrände im Osten. Doch erst, wenn der schwere Grk im Glas leuchtet, ist der Aufenthalt auf der zauberhaften Insel perfekt.

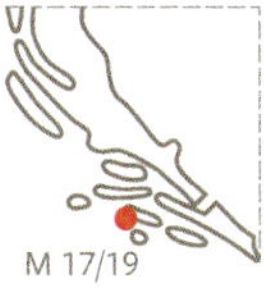

M 17/19

Kleines Juwel

Die Insel Korčula ist für ihre Vielfalt berühmt: Schöne Strände, zerklüftete Buchten, die man oft nur vom Wasser aus erreichen kann, bilden hier mit überdurchschnittlich vielen Sonnenstunden und einem milden Klima ein richtiges Urlaubsparadies. Die gleichnamige Inselhauptstadt mit ihrer Befestigungsmauer rund um eine malerische Altstadt könnte die »kleine Schwester« von Dubrovnik sein.
Fruchtbare Karsttäler, die von Kalksteinrücken begrenzt werden, sind die beste Voraussetzung für sattgrünes Olivenöl und die berühmten weißen Inselweine Grk, Pošip und Rukatac. Überall gedeihen Zitrusfrüchte und Feigen, aber auch Mangold oder Tomaten, die in ganz Kroatien verkauft werden. Korčula präsentiert sich erstaunlich grün: Immerhin fast zwei Drittel der Insel sind bewaldet oder mit dichter Macchia bewachsen.
Die dunklen Nadelwälder inspirierten vermutlich auch die griechischen Zuwanderer, die die Insel im 4. Jh. v. Chr. kolonisierten. Sie nannten ihre neue Heimat »Korkyra Melaina«, das Schwarze Korčula. 35 v. Chr. fiel die Insel nach langen Kämpfen an die Römer. Die Liste der Inselherren nach dem Untergang des Römischen Reichs ist noch länger als andernorts in Dalmatien. Die Schlacht vor Korčula ging in die Geschichtsbücher ein: Als die Genuesen die Venezianer 1298 besiegten, nahmen sie Marco Polo (1254–1324) gefangen. Dieser gilt als der berühmteste Sohn der Insel: Wissenschaftler bezweifeln zwar, dass er hier geboren wurde, den Einheimischen ist das jedoch egal. Bis Ende des 18. Jh.s unterstand Korčula Venedig, hatte jedoch autonomen Status. Im sozialistischen Jugoslawien erhielt der Tourismus Aufwind – längst gehört Korčula zu den beliebtesten Urlaubsinseln in Dalmatien.

Baden, Segeln, Tauchen

Strandleben

Der Feinkieselstrand **Pupnatska Luka,** 15 km südlich von Korčula-Stadt, gilt als schönster Badeplatz der ganzen Insel. Er konkurriert mit den wunderschönen Sandstränden bei Lumbarda, 6 km von Korčula-Stadt: Vom Strand Bilin žal fällt der Blick auf das hügelige Pelješac, während die Bucht Vela Przina den Blick auf die Insel Lastovo freigibt – das hat sich natürlich längst schon herumgesprochen. Strandbuchten gibt es auch nordwestlich und südlich der Stadt Vela Luka. 2 km südöstlich, beim neuen Hotel Port 9, liegt die hübsche kleine Muschelbucht (Zaljev školjki). Taxiboote verkehren zwischen der Stadt und der Badeinsel Badija. Der Archipel rund um Korčula mit rund 20 Inselchen ist vor allem bei Seglern und Tauchern beliebt.

Gute und böse Kämpfer

★★ Traditionelle Säbeltänze

Längst schon sind die traditionellen Säbeltänze ein Wahrzeichen von Korčula– ein schöneres Bühnenbild als die romantische Altstadtkulisse der Inselhauptstadt gibt es vermutlich kaum! Woher die Tradition stammt, ist nicht eindeutig geklärt, möglicherweise erinnern sie an die türkischen Überfälle. Bei der **Moreška** stehen schwarz gekleidete Schwertkämpfer für die »Bösen«, während die Roten, die »Guten«, das christliche Abendland verteidigen. In der Hochsaison wird der Tanz zwei Mal wöchentlich aufgeführt. Außer der Moreška wird die **Kumpanija** in Vela Luka, Pupnat, Čara, Blato (Mitte Juli bis Mitte Aug. wöchentlich!) und Smokvica getanzt – jeweils am 28. April, dem Namenstag des hl. Vincenz (Sveti Vincenc). Aus dem Örtchen Žrnovo stammt die **Moštra,** ein ähnlicher Tanz mit langen Schwertern, der an Mariä Himmelfahrt (15. August) seinen großen Auftritt hat. Die Moreška wird von einem Blasorchester begleitet, Kumpanija und Moštra hingegen von Trommeln und Dudelsack (misnica).

Korčula-Stadt

Postkartenmotiv

Altstadt

Der erste Eindruck von Korčula-Stadt ist überwältigend: Von mächtigen Mauern und Türmen umzingelt thront die Altstadt stolz auf einer felsigen Anhöhe, die durch eine schmale Landzunge mit der übrigen Insel verbunden ist. Nicht umsonst findet sich das Bild der Stadt auf so vielen Urlaubsprospekten wieder.

Die mittelalterliche Anlage der Stadt erinnert an ein Fischskelett: Die Altstadtgassen verlaufen nämlich nicht im rechten Winkel, sondern leicht gekrümmt auf die Hauptachse zu. Dies schützt die engen Gassen im Winter vor kaltem Wind, im Sommer jedoch bläst eine erfrischende Brise hinein. Auf der Uferpromenade, die dem einstigen Befestigungsring folgt, spenden Palmen Schatten. Von dem alten Mauerwerk blieben vor allem der Große und Kleine Fürstenturm (Velika/Mala kneževa kula, 15. Jh.), die beiden Stadttore und die Türme Kula Kanavelić und Kula Zakerjan gut erhalten.

Monumental hinein

Landtor

Schon der Zugang zur Altstadt atmet Geschichte: Monumental breitet sich die neobarocke Treppe aus, die über einen ehemaligen Was-

Die »guten« Roten treten in Korčula gegen die »bösen« Schwarzen an. Am stimmungsvollsten sind die Säbeltänze in der Inselhauptstadt.

sergraben führt. Durch das Landtor (Kopnena vrata, 1571) unter dem viereckigen Großen Revelin-Turm (Kula Veliki Revelin) betritt man die Altstadt. Der Turmaufstieg wird mit einer schönen Aussicht belohnt. Eine Ausstellung informiert über die Moreška-Säbeltänze.
Juli/Aug. 9 – 21, Mai, Juni, Sept., Okt. 10 – 15 Uhr | Eintritt: 20 Kuna

Stimmungsvoller Mittelpunkt

Domplatz

Links hinter dem Landtor steht das Rathaus mit Arkaden und einer schönen Loggia (16. Jh.). Der venezianische Löwe erinnert an die Vorherrschaft der Serenissima. Auf dem höchsten Punkt weitet sich die Treppengasse zum schönsten Platz der Stadt – dem Domplatz (Trg Svetog Marka). Um ihn herum gruppieren sich die Kathedrale, schmucke Adelspaläste aus dem 16. Jh. und der frühere Bischofspalast (Opatski dvor, 17. Jh.). Die bischöfliche Schatzkammer (Opatska riznica) hütet wertvolle Kirchenschätze, aber auch Skizzen von Leonardo da Vinci.
Schatzkammer: Mai – Sept. Mo. – Sa. 9 – 19, April, Okt. 9 – 17 Uhr, sonst n. V. | Eintritt: 25 Kuna

Tintorettos Jugendwerk

★ Kathedrale Sveti Marko

Der elegante Glockenturm der Markuskathedrale (Sveti Marko) überragt die Altstadt. An der Fassade der dreischiffigen Basilika (15. Jh.), verschmelzen Elemente von Gotik, Renaissance und Romanik von einer Vorgängerkirche aus dem 13. Jh. Zwei stilisierte Löwen aus Mailand bewachen das Hauptportal. Das Gemälde hinter dem Altar (»Die hll. Markus, Hieronymus und Bartholomäus«) ist wahrscheinlich ein Jugendwerk des venezianischen Renaissance-Malers Tintoretto (Mitte 16. Jh.), ebenso die »Verkündigung« im südlichen Seitenschiff der Kathedrale. Die moderne Statue des hl. Blasius schuf Ivan Mestrović.

Mai - Sept. Mo. - Sa. 9.00 - 19.00, April, Okt. 9.00 - 17.00 Uhr, sonst n. V. | Eintritt: 15 Kuna, Glockenturm-Besteigung zusätzlich 25 Kuna

Stolze Paläste

Arneri-Palast und Gabrielis-Palast

Spätgotik und Renaissance vereinen sich am Arneri-Palast gegenüber der Kathedrale, der aus dem Zusammenschluss mehrerer mittelalterlicher Parzellen entstand. Nicht weniger stolz präsentiert sich der Gabrielis-Palast (16. Jh.) direkt daneben, in dem heute das Stadtmuseum untergebracht ist. Die Ausstellung veranschaulicht das ausgesprochen hohe Niveau der einheimischen Steinmetz- und Schiffsbaukunst. Künstler und Handwerker aus Korčula waren in ganz Dalmatien gefragte Spezialisten. Neben einer naturgetreu aufgebauten Goldschmiedewerkstatt sind auch Schiffsmodelle sowie archäologische Funde zu sehen.

Gabrielis-Palast: Juni-Sept. Mo. -Sa. 9 - 21, Okt.-Mai Mo.-Fr. 10-15 Uhr | Eintritt: 20 Kuna

Ob Marco Polo ein Sohn der Stadt Korčula war oder nicht, daran scheiden sich die Geister.

Marco Polo, Sohn der Stadt?

Geburtshaus von Marco Polo?

Steif und fest behaupten die Korčulaner, dass der Weltenbummler Marco Polo (1254 – 1324) auf der Insel geboren wurde. Wissenschaftlich spricht wenig dafür. Historiker nehmen an, dass Polo als Kommandant einer Kriegsgaleere an der Schlacht vor Korčula 1298 teilnahm und in Gefangenschaft geriet. Allerdings ist der Nachname Depolo bis heute weit verbreitet auf der Insel, daher ist die Theorie der Korčulaner nicht ganz abwegig. Wie dem auch sei: Nördlich der Kathedrale weisen Schilder den Weg zum angeblichen Geburtshaus von Marco Polo, von dem nur noch die Außenmauern erhalten sind. Dafür wurde nebenan ein **Marco-Polo-Turm** mit Gemälden, Skizzen und Bildern über den »berühmtesten Sohn der Insel« eröffnet.
Sieben Szenen aus dem Leben des Abenteurers stellt eine private **Präsentation im Jadrolinija-Gebäude** am Hafen mit Wachsfiguren nach – was vor allem Kinder begeistert.

Marco-Polo-Turm: Juli/Aug. 9.00 – 21.00, Mai/Juni, Sept./Okt. 9.00 – 15.00 Uhr | Eintritt: 20 Kuna

Jadrolinija: Juni – Sept. tgl. 9 – 21, Mai u. Okt. 10 – 19 Uhr, Dauer Audio-Guide: 30 Min. | Eintritt: 60 Kuna

Monumentale Pietà

Allerheiligenkirche (Svih Svetih)

Zu den Besonderheiten der Allerheiligenkirche (Crkva Svih Svetih, 15. Jh.) am südöstlichen Ende der Altstadt zählen die barocke Kassettendecke, das um 1500 entstandene Ziborium sowie die monumentale Pietà des österreichischen Rokokobildhauers Georg Raphael Donner (18. Jh.). Der »Schmerzensmann« (15. Jh.) an der Wand rechts vom Altar ist eine der besten Arbeiten von Blaž Jurjev Trogiranin (Blasius von Trogir). Im Gebäude der Allerheiligenbruderschaft gegenüber der Kirche ist eine Sammlung von Ikonen zu sehen.

Ikonenmuseum: Juni – Sept. Mo. – Sa. 9.00 – 14, 17 – 18, Mai, Okt. Mo. – Sa. 10 – 14 Uhr | Eintritt: 15 Kuna

Rund um Korčula

Aussichtsreicher Spaziergang

Berg Glavica

Südöstlich der Altstadt erhebt sich der kleine bewaldete Berg Glavica, von dem sich ein reizvoller Blick auf die Stadt, den Kanal zwischen Korčula und der Halbinsel Pelješac und den Archipel von Korčula bietet. Von der Altstadt Korčulas fährt man Richtung Trajekt/Lumbarda, der Beschilderung folgend rechts nach Lumbarda. Vom Parkplatz am Fuß des Hügels führen 102 zypressengesäumte Treppenstufen zum Gipfel mit der Kapelle Sveti Antun (15. Jh.).

1 Konoba Adio Mare
2 Konoba Mareta
3 Maksimilijan Garden
4 Fish'n Go

1 Hotel Korsal
2 Fabris Boutique

KORČULA-STADT ERLEBEN

TOURISTINFORMATION KORČULA

Obala dr. Franje Tuđmana 4
20260 Korčula
Tel. 020 71 58 67 und 71 57 01
www.visitkorcula.eu

ANREISE

Fähre von Split nach Vela Luka (Insel Korčula) (3 Std.), auch mit Auto. Kürzer ist die Überfahrt ab Drvenik (Festland), 90 km südlich von Split oder Fährverbindung Ploče-Trpanj (Halbinsel Pelješac, 1 Std.), von dort ab Orebić (ebenfalls auf Pelješac) mit der Fähre nach Dominče (2 km von Korčula-Stadt, 15 Min. Überfahrt).

Mitte Juli: Marco-Polo-Wein- und Musikfestival, Musik und Tanz, Korčula-Stadt
Juni–Sept: Moreška-Schwerttanz, historisches Kostümspektakel am Festlandtor, Korčula-Stadt (Juli/Aug.: Mo. u. Do., Juni/Sept. nur Do., 21 Uhr, Eintritt: 100 Kuna)

1 HOTEL KORSAL €€€

Das sehr familiär geführte Hotel liegt ruhig in der Fußgängerzone wenige Minuten von der Altstadt entfernt. Die modernen Zimmer haben z. T. einen herrlichen Blick auf die Adria.
Šetalište Frana Kršinica 80
20260 Korčula
Tel. 020 71 57 22
www.hotel-korsal.com

2 HOTEL FABRIS BOUTIQUE BED & BREAKFAST €€€

Das charmante kleine Hotel ist in einem alten Natursteinhaus in der Altstadt untergebracht. Zwar könnten die Zimmer ein wenig größer sein, doch dafür ist die Einrichtung liebevoll und die Lage einfach top!
Pelavin mir 1
20260 Korčula
Tel. 020 71 67 55
www.hotelfabris.com

1 KONOBA ADIO MARE €€€

In einer belebten Altstadtgasse beim Marco-Polo-Haus lockt die Traditionskonoba Gäste mit dalmatinischer Küche, einem schönen Gewölberaum und einer kleinen Dachterrasse. Ganz oben auf der »Probieren-Sie-unbedingt«-Liste steht der mit Rotwein zubereitete Pašticada-Schmorbraten. Ohne Reservierung geht hier (fast) nichts.
Ul. Svetog Roka 2, Korčula-Stadt
Tel. 020 71 12 53
www.konobaadiomare.hr

2 KONOBA MARETA €€

In dem Altstadtlokal werden einfache Gerichte mit einer innovativen Note zubereitet, etwa die mit Cognac und Sojasauce abgelöschten frittierten Garnelen, Hähnchenbrust in Curry-Pfirsich-Sauce oder mit Rohschinken ummantelte Feigen.
Ul. Svetog Roka 3, Korčula-Stadt
Tel. 020 71 11 44

3 LOUNGE & BEACHBAR MAKSIMILIJAN GARDEN €€

Im kleinen Gartenrestaurant an der Altstadt-Promenade wird leckere hausgemachte Limonade serviert. Ein Genuss sind die marinierten Oliven und die Spaghetti, doch der Cheesecake toppt alles!
Sveti Nikola bb, Korčula-Stadt
Tel. mobil 091 170 25 67

❹ FISH`N GO €

In der beliebten Imbissbude mit Terrasse kommt das Meiste frittiert und vor allem reichlich auf den Tisch – etwa der Klassiker »Fish & Chips«, aber auch die Calamari oder Garnelen.
Trg Hrvatske bratske zajednice
Korčula-Stadt

Ein ungewöhnlicher Ort, um den Sonnenuntergang zu beobachten, ist der Zakerjan-Turm: Ganz oben auf der Wehrmauer werden im Bistro Massimo gute Cocktails gemixt, dazu gibt es Snacks (19 – 2 Uhr).

So schrieb man früher

Lumbarda

Mit zwei gepflegten Sandstränden, Campingplätzen und guten Restaurants, einem kleinen Hafen, einer Marina und ein paar verstreut liegenden Sommervillen aus der Renaissance wartet Lumbarda im äußersten Südosten der Insel auf. In den Weingärten rund um den Ort wachsen die Trauben für den Grk, einen trockenen, schweren Weißwein. Neben der mittelalterlichen Peterskirche (Sveti Petar) im Dorf steht das Geburtshaus des kroatischen Bildhauers Frane Kršinić (1897 – 1982). Auf einem Hügel der Halbinsel Koludrt, nördlich von Lumbarda, wurde bei den Ruinen der mittelalterlichen Johanneskirche (Sveti Ivan) das vermutlich älteste schriftliche Dokument im südslawischen Raum gefunden – Fragmente einer griechischen Inschrift aus der Zeit der Kolonisation (4. Jh. v. Chr.).

Inselspezialitäten

Smokvica

Das malerische Dorf Smokvica liegt 3,5 km westlich von Čara. Ein privates kleines Winzermuseum zeigt traditionelles Werkzeug und bietet eine kleine **Weinverkostung** an (Weinkeller Toreta, tgl. 10–20 Uhr, Reservierung empfohlen: Tel. 020 83 21 00). Der kleine Laden nebenan hat sich auf **Orangenprodukte** spezialisiert: Die getrockneten Arancini und die Marmelade stellt Daria Tomašić nach dem Rezept ihrer Großmutter her mit unbehandelten Bitterorangen aus dem eigenen Garten (Daria`s Seville Orange Delights, Haus Nr. 186, Smokvica).

Wein und Tanz

Blato

An der Straße nach Vela Luka führt eine 1 km lange Lindenallee nach Blato hinein (12 km westlich von Smokvica). Der drittgrößte Inselort auf Korčula ist für den Weinhersteller Blato 1902 sowie die Kumpanija-Schwerttänze bekannt. Liebevoll gestaltet ist das private Ethnomuseum Barilo (Etno zbirka Barilo): In einem Natursteinhaus lassen alte Küchengeräte, Werkzeuge, Mühlsteine und Anderes frühere Zeiten aufleben. Der Eintrittspreis beinhaltet einen köstlichen hausgemachten Likör!

Ethnomuseum: März–Dez. tgl. 9–20 Uhr | Eintritt: 15 Kuna | www.korcula-barilo.com

Baden oder wandern

Vela Luka

Ganz im Westen der Insel liegt Vela Luka (»Großer Hafen«), wo die Schiffe nach Split ablegen. Mit mehreren Hotels, Restaurants und Cafés schmiegt sich der ruhige Urlaubsort um eine tief eingeschnittene Bucht. Gebadet wird am betonierten Stadtstrand Vranac, in einer der vielen felsigen Buchten rund um den Ort oder auf der traumhaften Insel Ošjak (Taxiboot ab Vela Luka). Eine private Ölmühle führt in die Geschichte der **Olivenölherstellung** ein – mit Verkostung. Wer gerne wandert, steigt in 1,5 Std. durch überwiegend schattiges Terrain auf den **Berg Hum** (376 m) mit österreichischen Festungsruinen aus dem 19. Jh. hinauf (ab der Schiffsagentur Jadrolinija am Ufer mit »Hum« ausgeschildert). Als eine der ältesten archäologischen Fundstätten der Region gilt die 40 m lange **Höhle Vela špila**, nördlich der Ortschaft, die vermutlich bereits vor 20 000 Jahren besiedelt war.

Ölmühle Etnografska zbirka i uljara Zlokić: Mo.–Fr. 10–12, 18–20 Uhr, Tel. 020 81 31 11

INSEL KORČULA ERLEBEN

TOURISTINFORMATION VELA LUKA

Obala 3 Nr. 19, 20270 Vela Luka
Tel. 020 81 36 19
www.tzvelaluka.hr

TOURISTINFORMATION LUMBARDA

20263 Lumbarda
Tel. 020 71 20 05
www.tz-lumbarda.hr

RESTORAN FERAL €€€

In der kleinen Pension am Badestrand von Lumbarda schmecken Makkaroni mit Hummer, dazu ein Glas weißer Grk-Wein.
Tatinja bb, 20263 Lumbarda
Tel. 020 71 20 90

RESTORAN BELIN €€€

So kocht Dalmatien: Eine überdachte Terrasse in einem verschlafenen Dörfchen, dazu ein großer Grill und Steinofen für authentische Peka-Gerichte. Die Krönung sind Feigen mit zarter Schokolade ummantelt.
Žrnovo 50, Dörfchen Žrnovo, 4 km von Korčula-Stadt
Tel. mobil 091 503 92 58

KONOBA MASLIN €€

Das kleine, familiengeführte Restaurant an der Straße von Korčula nach Lumbarda hat meist deftige Hausmannskost im Angebot, dafür wird frisch gekocht, so der marinierte Pašticada-Schmorbraten mit selbst gemachten Gnocchi.
Lumbarajska cesta, nahe der Siedlung Sveti Antun
Tel. 020 71 17 20
http://konobamaslina.com

SEOSKO DOMAĆINSTVO GULIN €€

Eine Speisekarte gibt es nicht, man wählt einfach zwischen Fleisch und Fisch und lässt sich überraschen. Gelegentlich singen Klapa-Männerchöre. Reservierung empfohlen. Mai–Sept.
Stani, Stračinčica, 5 km von Vela Luka
Tel. 020 81 29 36

★★ KORNATEN

Höhe: 0–237 m ü. d. M. | **Einwohnerzahl:** Nur saisonal bewohnt

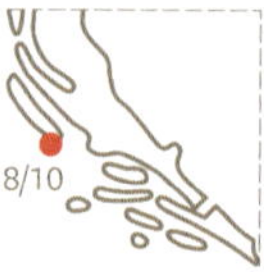

Mit steilen Kalkfelsen, zahllosen kleinen Inselchen, Riffen und einsamen Buchten sind die Kornaten das schönste Segelrevier, das Kroatien zu bieten hat. Das Beste daran: Man benötigt nicht mal ein eigenes Boot, um das Inselparadies zu erkunden.

Phantastische Inselwelt

Winzige, versprenkelte Inselchen ragen wie helle Farbtupfer aus dem Meer. Mal sind es nur felsige Riffe, mal dürftig bewachsene Eilande. Rund 150 unterschiedlich große Inseln bilden den Kornaten-Archipel, 89 Inseln und Riffe davon gehören zum **Nationalpark** (Nacionalni park Kornati). Taucher können sich zusätzlich über einen maritimen Nationalpark freuen. Im Norden, wo der 27 m hohe Leuchtturm auf der Insel Velika Sestrica vor Riffen warnt, geht der Nationalpark in den Naturpark Telašćica auf der Insel Dugi otok über. Das Inselchen Purara und die Felsen in den umliegenden Gewässern sind Sonderschutzzonen. Hier lässt man der Natur freien Lauf.

Die Herleitung des Namens Kornaten von dem lateinischen Begriff »corona« (Krone) ist so abwegig nicht, wenn man einen Blick auf die Entstehung der Inseln wirft: Die Kornaten sind in mehreren Reihen angeordnete Gipfel eines im Meer versunkenen Hügellands, das pa-

Der Legende nach soll Gott bei der Schöpfung der Welt ein paar übrig gebliebene weiße Steine ins Meer geworfen und so die Kornaten geschaffen haben.

rallel zum Dinarischen Gebirge auf dem Festland von Nordwest nach Südost verläuft. Diese aus dem Meer herausragenden Gipfel eines versunkenen Gebirges werden in der Geologie auch als »Kronen« bezeichnet.

Aus der Vogelperspektive wirken die Kornaten öde und abweisend. Die Wälder, die die Inselgruppen bis in die römische Zeit hinein bedeckten, wurden gerodet, um Weideland für Schafe zu schaffen. Wollte man Felder für den Anbau von Oliven (allein im Nationalpark gibt es 18 000 Olivenbäume!), Mandeln, Feigen und Weinstöcken anlegen, mussten Tausende von Steinen mühselig entfernt werden. Mit ihnen baute man Trockenmauern, um die Anpflanzungen vor den Meerwinden zu schützen. Für ein 2 km langes Mauerstück benötigten zwei Männer bis zu 200 Tage. In den heißen Sommermonaten wurde nachts gearbeitet und tagsüber geschlafen. Da niemand die Männer bei der Arbeit sah, wurden sie nur »Faulenzer« genannt.

Nautiker, Feinschmecker, Taucher, Badenixen und Wanderer

Aktiv sein

Auf den Kornaten treffen sich alle. Vor allem Segler und Bootsfahrer lieben die Kornaten mit ihren zahllosen Buchten. Fast jedes Eiland hat einen kleinen, geschützten Hafen. In rund zwei Dutzend Buchten verstecken sich saisonal betriebene Restaurants, die Lamm- und Fischgerichte servieren. Taucher schätzen die sehr sauberen Gewässer mit einer außergewöhnlich artenreichen Meeresfauna und -flora. In Acht nehmen muss man sich jedoch vor Haien, Muränen und dem

Großen Drachenkopf. Getaucht werden darf im Nationalpark nur in ausgewiesenen Flächen unter Aufsicht eines lizenzierten Tauchzentrums. Viele Badebuchten, meist Felsstrände, sind auch für Nudisten zugelassen. Baden ist überall erlaubt, auch im Nationalpark. Sandstrände gibt es z. B. in den Buchten Modri Bok, Gornji Statival und Zakrce auf der Insel Kornat. Leichte bis mittelschwere Wanderrouten, »planinarski put«, führen zu aussichtsreichen Berggipfeln.

Wohin auf den Kornaten?

Geologische Besonderheit

Kornat

Mit ihren quer laufenden Trockenmauern wirkt Kornat, die größte Insel des Archipels, als sei sie mit einem groben Kamm gestriegelt worden. Markierte Wanderwege führen zu den Sehenswürdigkeiten, zum Beispiel von der Kravjačica-Bucht im Nordwesten zur Magazinova škrila, einer geologischen Besonderheit: Die 9100 m² große Felsplatte weist eine Neigung von 30–40 Grad auf. Wahrscheinlich entstand sie vor etwa 200 Jahren durch das Übereinanderrutschen von Kalksteinschichten infolge eines Erdbebens. Der Weg dorthin führt über die höchste Erhebung der Insel: den 237 m hohen Metline.

Überwachung mit System

Festung Tureta

Als Teil eines Überwachungssystems an der östlichen Adria baute der byzantinische Kaiser Justinian im 6. Jh. die Festung Tureta oberhalb des fruchtbaren Karstfelds Tarac an der Südküste der Insel. Mystisch ragt sie aus einer unwirklichen Landschaft empor; sie gäbe eine gute Kulisse für den Film »Herr der Ringe« ab. In gleichmäßigen Abständen und in ähnlicher Bauweise wurden etwa 40 Festungen an der Küste errichtet. Zu diesem Überwachungssystem gehörte auch die **Festung Gradina** auf der Insel Žirje. Auf den Mauerresten einer frühchristlichen Basilika bei Tarac entstand im 16. Jh. eine Marien-Wallfahrtskirche. Dorthin werden Anfang Juni feierliche Wallfahrtsprozessionen mit Schiffen unternommen.

Noch mehr Inseln

Kurba mala, Mana, Lavsa, Kamenar

Die Insel Kurba mala ist eine der schönsten Inseln des Archipels, vielleicht, weil sie im Gegensatz zu allen anderen Kornaten-Inseln mit Wald und üppigen Weideflächen bedeckt ist. Zu den kleineren Inseln der Kornaten gehört auch Mana mit Ruinen einer alten Burg. Die Gemäuer sind allerdings nur eine Kulisse: Hier wurde 1961 der deutsche Film »Wütende See« gedreht. Ein wahrlich malerischer Flecken ist die gut geschützte Bucht der Insel Lavsa. Am tiefsten Punkt kann man ungefähr 1 m unter dem Wasser die Überreste einer antiken Saline sehen, die noch bis ins Mittelalter hinein bewirtschaftet wurde. Taucher schätzen besonders die Gründe um die Insel Kamenar.

KORNATEN ERLEBEN

KORNATI NATIONALPARK VERWALTUNG
Butina 2, 22243 Murter
Tel. 022 43 57 40
www.np-kornati.hr

ANREISE
Tagesausflüge organisieren die meisten Hotels und Reisebüros in den Ferienorten zwischen Biograd na moru und Primošten.

BOOTSVERLEIH ESEKER
Majnova bb, 22243 Murter
Tel. 022 43 56 69
www.esekertours.hr

BOOTSVERLEIH MOTO SPORT
Obala murterskih škoja (bei der INA-Tankstelle), 22243 Murter
Tel. mobil 098 1 93 52 58

TAUCHSCHULE BOUGAINVILLE
Put Kumenta 3, Biograd na moru
Tel. 023 38 59 00
www.bougainville.at

KONOBA ANDRIJA €€€
Unter schattigen Pinien wird in dieser urigen Kanoba serviert, was Gastwirt Andrija am Morgen ins Netz gegangen ist. Dazu gibt es hausgemachten Krautsalat, guten Wein und üppige Palatschinken.
Uvala Kravljačica, Insel Kornat
Tel. mobil 098 981 77 43

★★ KRKA-NATIONALPARK

Fläche: 111 km^2 | **Höhe:** 0–358 m ü. d. M.

E/G 12/13

Dicht, grün und dschungelartig präsentiert sich die Landschaft im Krka-Nationalpark vielerorts. Schmale Pfade und Brücken, die sich durch Schluchten schlängeln, führen an der Hauptattraktion vorbei – an den sieben imposanten Wasserfällen. Die spektakuläre Kulisse inspirierte Filmemacher, hier gleich mehrere Drehorte für Karl-May-Filme auszumachen. Wo Winnetou einst ritt, kann man heute Baden, Picknicken und einfach die wildromantische Landschaft genießen.

Romantische Wasserwildnis

Eindrucksvoll bahnen sich die Wassermassen der Krka ihren Weg: Der 72 km lange Fluss ergießt sich über mehrere Wasserfälle und Seen durch eine canyonartige Schlucht. An manchen Stellen fallen die Felswände bis zu 200 m tief hinab. Die Krka, mächtigster Fluss in Mitteldalmatien, ist das Herz des gleichnamigen Nationalparks. Er er-

Schiffsausflüge
Route 1 Ab/bis Skradinski buk:
Skradinski buk – Insel Visovac – Skradinski buk (2 h)
Route 2 Ab Skradinski buk über Visovac zum Wasserfall Roški slap und zurück:
Skradinski buk – Insel Visovac – Roški slap – Skradinski buk (4 h)
Route 3 Ab/bis Roški slap:
Roški slap – Kloster Krka – Festung Trošenj – Festung Nečven – Roški slap (2 h 30 Min.)
Route 4 Remetić – Insel Visovac – Stinice (jeweils 5 Min., 0,5 h auf Visovac)
NATIONALPARK KRKA
Burnum Eingang 5
Miljačka slap
Rudele
Seline
Bračići
Kistanje
Kutlača
Trošenj grad
Nečven grad
Eingang 4
Perice
Bibiči
Kloster Krka (Sv. Arhangel)
Mlinari
Bogočin-Grad
Radasi
Škarice
Mudrinići
Jelače
Matijevići
Tomasovići
Tomasovića stanovi
Route 3
Kakanj
Popovići
Validžići
Nadoveze
Krstača
Krka
Mazalini
Dujili
Galici
2 km
©BAEDEKER
Marasovići
Eingang 3
Roški slap
Ićevo
Rupe
Karli
Gorice
Bratiškovci
Route 2
Pulići
Širitovci
Samodol
Deranji
Plastovo
Bristane
Pletikosa
Lovrići
Gardijani
Visovac
Stinice
Route 4
Bačići
Pamučari
Prispo
Remetić
Visovačko jezero
Drinovci
Vujko
Dubravice
Gračac
Laće
Jurići
Ključ
Smolići
Pavasovići
Čikola
Bićine
Skradinsko Polje
Route 1
Brnjica
Skradin
Krka
Zeljići
Nos Kalik
Eingang 2
Goriš
Drniš
Prukljansko jezero
Sv. Nikola
Skradinski buk
Eingang 1
Tulići
Skočići
Lozovac
G. Krnići
Živkovići
Šparadi
Petrovići
Mikulandre
Bukići
Kalauzi
Gulini
Milovci
Dolačani
Šupe
509
2931
6074
6075
6246
6077
6078
56
33

KRKA ERLEBEN

NATIONALPARK KRKA

Ganzjährig geöffnet. Ticket für alle Sehenswürdigkeiten an Land 30 (Nov.–März), 110 (April–Juni u. Sept.–Okt.) oder 180 (Juli–Aug.) inkl. Bootsüberfahrt Skradin-Skradinski buk sowie Busfahrten Skradin-Skradinski buk und Eingang Lozovac-Skradinski buk (nur April–Okt.), weitere Bootsausflüge gegen Aufpreis. Einzeleintritt nur für Roški slap (30–40 Kuna) sowie Kistanje/Burnum/Poljane (zusammen 30-40 Kuna, je nach Jahreszeit) möglich. Öffnungszeiten der Eingänge nach Jahreszeit verschieden, z. B. Skradinski buk und Roški slap Juni-Sept. 8–20, übrige Zeit verkürzt, jedoch mind. 9–16 Uhr (Winter).

Trg Ivana Pavla II br. 5, 22000 Šibenik
Tel. 022 20 17 77
www.npkrka.hr

TOURISTINFORMATION SKRADIN

Trg Male Gospe 3 (am Hafen)
22222 Skradin
Tel. 022 77 13 29
www.skradin.hr

August: Treffen der dalmatinischen Klapa-Chöre, Skradin

KONOBA BONACA €€€

Hier kocht man die Fischsuppe mit Aalen! Auch die Skradiner Meeräsche und das Schwarze Risotto verraten, dass man sich hier ausgefallene Leckerbissen im Munde zergehen lassen kann. Die Skradiner Schokoladentorte ist glutenfrei, auf Basis von Nüssen – zum Niederknien!

Rokovača 5, 22222 Skradin
Tel. 022 77 14 44

AGROTURIZAM KRISTIJAN €€

Das rustikale Lokal in einer alten Mühle, nahe der Bootsanlegestelle, wirkt wie aus einer anderen Zeit. Hier bemüht sich Familie Skelin mit köstlichem Rohschinken, Käse, Brot, Wein und Schnaps aus eigener Herstellung um ihre Gäste.

Roški slap, Mühle bei den Wasserfällen
Tel. mobil 095 578 74 03

streckt sich über eine Fläche von 111 km². Unter Aleppo- und Schwarzkiefern hat sich hier eine vielfältige Sumpfvegetation mit Schilf, Binsen und Seerosen herausgebildet, die seltenen Tierarten wie dem Otter, aber auch Wildtauben, Nachtigallen, Habichten und Falken ein Zuhause bietet.

Einen ersten Eindruck von den fantastischen Karstformationen erhält man bereits bei der Anreise entlang der Adriamagistrale: Kurz vor Šibenik, an der großen Brücke über die Krka, schneidet sich der Fluss dramatisch in die dinarische Gebirgsplatte hinein. Unterhalb des letzten Katarakts, kurz vor der Mündung in die Adria, ist das Wasser salzhaltig. Der Grund: Hier ist das einstige Flusstal, bedingt durch den Meeresspiegelanstieg während der letzten Eiszeit, förmlich ertrunken und wurde vom Meerwasser überschwemmt. Dies gilt für den ca. 6 km langen und etwa 3 km breiten Prukljan-See (Prukljansko jezero), den die Krka kurz vor ihrer Mündung bei Šibenik durchfließt. An seinen Ufern kann man im seichten, warmen Wasser baden. In der Nähe der Guduča-Mündung in den Prukljansko jezero sind unter der Wasseroberfläche die Mauerreste eines alten Damms zu sehen, der zu dem flachen Inselchen Stipanac führt.

Zum Krka-Nationalpark

Schwindelerregende Ausblicke

Eingang 1: Lozovac

Lozovac ist der Haupteingang für Individualreisende mit dem Auto. Hier bleibt der Pkw oberhalb des **Skradinski buk,** dem größten und meistbesuchten Wasserfall der Krka, auf dem Parkplatz zurück. Weiter geht die Fahrt mit dem Bus (April–Okt.). Dieser bringt die Besucher – derzeit sind es etwa 700 000 pro Jahr – auf einer Stichstraße zum eigentlichen Parkeingang (im Eintrittspreis inbegriffen). Zu Fuß sind es etwa 800 m. Der Canyon bricht hier steil ab, deshalb windet sich die Straße in zahlreichen Kehren hinunter. Auf der etwa 15-minütigen Fahrt bieten sich herrliche, manchmal recht schwindelerregende Ausblicke auf die Krka, die oberhalb der Wasserfälle mit der Čikola zusammenfließt. Die schmale, 700 m lange Travertininsel Kalički busen trennt die Krka von der Čikola, dadurch stauen sich beide Flüsse auf und wirken wie ein großer See. Von der Endstation des Buszubringers am höchsten Punkt der Skradinski-Fälle führen mehrere Fußgängerrouten an den einzelnen Katarakten vorbei. Bei der Ortschaft Ključ startet ein

Über etliche Wasserfälle stürzt die Krka zu Tal, das unterste Becken lädt im Sommer zum Baden ein.

Wander- und Radlehrpfad 1,6 km hinauf, er gibt den Blick frei auf den Čikola-Canyon und die gut erhaltene Festungsruine Ključica, die im Mittelalter von der Familie Nilipić errichtet wurde – diese kontrollierte den Handelsweg zwischen Šibenik und Bosnien.

Unterwegs mit dem Boot

Eingang 2: Skradin

Westlich des Skradinski buk, kurz vor dem Übergang des Canyons in den Prukljansko jezero, liegt das nur 600 Einwohner zählende Städtchen Skradin. Wegen seines Jachthafens ist Skradin ein Treff- und Ausgangspunkt für Fahrten auf der Krka. Taxiboote bringen Besucher von Skradin zum Wasserfall Skradinski buk und zurück (im Eintritt inbegriffen). Entlang des Radwegs sind es etwa 4 km. Nur wenige Hundert Meter von Skradin entfernt fährt das Taxiboot unter der Skradin-Brücke hindurch, die 1930 erbaut und im Zweiten Weltkrieg von der deutschen Wehrmacht bei ihrem Rückzug zerstört wurde. Die heutige Brücke von 1953 bildet die südwestliche Grenze des Nationalparks Krka.

Etwas weiter weg

Weitere Eingänge

Der von Touristen weniger benutzte Eingang 3 liegt direkt am Wasserfall Roški slap. Er ist mit dem Auto über Širitovci zu erreichen. Interessant ist dieser Eingang vor allem für jene Besucher, die eine Bootsfahrt oberhalb des Roški slap unternehmen möchten.

Die Eingänge 4 und 5 werden insgesamt seltener genutzt, sie liegen im Nordwesten des Nationalparks bei der Ortschaft Kistanje und beim einstigen römischen Standlager Burnum (siehe unten).

Aussichtspunkte an Land

Miljevački-Plateau

Wem ein Blick aus der Ferne auf die Klosterinsel Visovac genügt, erreicht auf der Straße über Ključ einen schönen Aussichtspunkt, das Miljevački-Plateau. Das Denkmal des letzten kroatischen Königs Petar Svačić (1058–1074) hier verrät, dass die Gegend für die Geschichte große Bedeutung hat: Der König wurde nämlich hier geboren. Auf einer Tafel ist die Madonna von Visovac (Gospa Visovačka) abgebildet. Sie galt auch als Schutzengel der Soldaten im jüngsten Unabhängigkeitskrieg. Vom Plateau aus kann man die Fahrt durch eine regelrechte Wildwestlandschaft zum Roški slap und zum Eingang 3 des Nationalparks fortsetzen. Roški slap und Skradinski buk sind die beiden größten Kaskaden, zu denen man auf dem Landweg kommt.

Wohin im Krka-Nationalpark?

Stürzende Wassermassen

★★ Skradinski buk

Der Skradinski buk ist der wasserreichste Katarakt der Krka: Auf einer Länge von 800 m überwindet der Fluss hier 17 Stufen unterschiedlicher Höhe. Diese Stufen sind »lebender« Travertin, da er sich in geomorphologischen Prozessen ständig verändert. Über Terrassen senkt sich das dicht bewachsene, von schmalen Wanderwegen durchzogene Gelände. Die einzelnen Staustufen bilden kleine Bassins, eingerahmt von üppigem, stellenweise geradezu dschungelartigem Grün. Das unterste Bassin ist in den Sommermonaten ein herrliches Badebecken mit türkisblauem Wasser. Nicht erlaubt ist das Herabspringen von den Katarakten.

Zur Ethnografischen Ausstellung am Skradinski buk gehören die alten **Wassermühlen,** in denen früher Getreide gemahlen wurde. Die Walkmühlen und Spülkörbe funktionierten wie natürliche Waschmaschinen: Durch die Strömung wurde der Spülkorb mit der schmutzigen Wäsche herumgewirbelt, bis sie sauber war. Auch schon fast in Vergessenheit geratene Webtechniken werden vom Museumspersonal vorgeführt. Oberhalb der Ausstellung legen die Ausflugsboote zur Klosterinsel Visovac und zum Roški slap ab.

Juni–Aug. 8–20 Uhr, übrige Zeit verkürzt, im Ticket enthalten

Kulturelle Highlights

★ Klosterinsel Visovac

1445 übernahm der Adlige Grgur Utješinović die Herrschaft über die Festung Kamičak, von der nur noch spärliche Überreste nordöstlich der Klosterinsel zu sehen sind. Utješinović schenkte den Franziskanern die inmitten des Visovačko jezero gelegene Insel Visovac, nachdem er sie von seiner Frau als Mitgift erhalten hatte. Diese errichteten das noch heute existierende Franziskanerkloster, in dem eine kostbare Sammlung sakraler Kunst zu besichtigen ist. Eindrucksvoll sind eine Notenschrift mit der Guidonischen Hand sowie der erste Druck der Fabeln Äsops.

Nach Verlassen der Klosterinsel Visovac gleitet das Schiff durch die 500 m lange **Schlucht Među gredama.** Am rechten Flussufer rückt der Sveti Nikola (Hl. Nikolaus) genannte Schrein ins Blickfeld. Darüber liegt die Höhle Šuplja stina, die auf dem Rückweg deutlicher zu sehen ist.

Sammlung sakraler Kunst: April–Okt. tgl. 10–17 Uhr, Aufpreis für die Bootsfahrt

Eine Kette von Kaskaden

★ Roški slap

Der Roški slap mit einem 22,5 m hohen Hauptkatarakt besteht aus zwölf kleineren Kaskaden mit vielen Armen und Inseln, die von der sogenannten Perlenkette bis zur Haupttreppe insgesamt 27 m überwinden. Auf der Ostseite der Wasserfälle sind noch einige traditionelle Wassermühlen in Betrieb. In den Mühlengebäuden informiert eine kleine ethnografische Ausstellung über das Handwerk.

April – Okt. tgl. 10.00 – 17.00 Uhr, im Ticket enthalten

Pause am Kloster

★ Krka-Kloster

Oberhalb des Roški slap breitet sich ein herrlicher See aus, umgeben von steilen Felsen, auf denen wilde Ziegen klettern. Wasservögel und

Seit bald sechs Jahrhunderten leben Franziskanermönche auf der Klosterinsel Visovac

Wildtauben leben hier, Reiher und Adler kreisen über dem Schiff, das am serbisch-orthodoxen Krka-Kloster (1402 erstmalig erwähnt) eine Pause einlegt. Hier weitet sich die Schlucht zu einer Ackerlandschaft, die die Mönche zum Anbau von Obst und Gemüse nutzten. Das Kloster Sveti Arhangel (Hl. Erzengel) stellt mit seinen bunten Malereien an der Ikonenwand aus dem 17. Jh. und dem Oktogon seiner Kirchenkuppel eine kulturhistorische Besonderheit in Kroatien dar. In die Katakomben zogen sich die Menschen in frühchristlicher Zeit vor den Römern zurück. Das Kloster ist per Bootsexkursion zu erreichen, die ihren Ausgang am Steg oberhalb des Roški slap nimmt, oder mit dem Auto über die Ortschaft Kistanje am westlichen Rand des Nationalparks.

Römische Relikte

Lager Burnum

Zwei riesengroße steinerne Bögen, die zu den Überresten des römischen Lagers Burnum gehören, stehen an der Straße von Knin nach Kistanje, nahe der Ortschaft Ivoševci. Das Heerlager war ein blühendes Handelszentrum mit Heiligtum, Amphitheater, einem 15 km langen Aquädukt und gepflasterten Straßen. Burnum kontrollierte das

Gebiet des Brljan-Wasserfalls, bei dem die römischen Legionäre den Fluss überquerten. Auch heute führt eine Straßenbrücke am Brljan-See über den Wasserfall. Am imposantesten ist er im Frühjahr, wenn die Krka viel Wasser führt.

Burnum/Kistanje/Archäologische Sammlung Puljane: April–Juni, Sept.–Okt. 10–18, Juli–Aug. 9–20 Uhr | Eintritt: 30–40 Kuna (Einzeleintritt, je nach Jahreszeit), das Ticket des Nationalparks ist gültig (Aufpreis)

Lebendiges Museum

Etnoland Dalmati

Nur zehn Minuten Fahrt vom Nationalpark Krka entfernt liegt das Etnoland Dalmati. Mit Steinmetz, Schmied, Trachten, dalmatinischen Steinhäusern, Eseln und einem Schinkenmuseum stellt der Themenpark den Alltag im dalmatinischen Hinterland vor. Der im Ruhrgebiet aufgewachsene Besitzer Joško Lokas empfängt die Gäste. Für Gruppen wird ein Erlebnisabend mit Wein- und Schinkenprobe, Abendessen, traditioneller dalmatinischer Musik und Folklore organisiert (auch auf Deutsch, nach Anmeldung).

Pakovo Selo bei Drniš, Tel. 099 2 20 02 00 | www.dalmati.com

★★ LASTOVO-NATURPARK

Höhe: 0–417 m ü. d. M. | **Einwohnerzahl:** 800

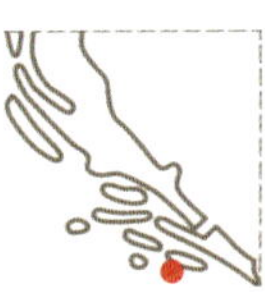

N 16/19

Wenn es einen Ort an der Adria gibt, in dem die Zeit stehen geblieben ist, dann ist es vermutlich Lastovo. Dalmatien zeigt hier sein ursprüngliches, wildromantisches Gesicht. Dass Lastovo weitgehend unberührt blieb, verdankt es Tito: Er erklärte die Insel im sozialistischen Jugoslawien zu einem militärischen Sperrgebiet. Bis heute hütet Lastovo Natur und Brauchtum wie kaum ein anderer Fleck in Kroatien. Wer Natur und Einsamkeit sucht, findet hier ein grünes Paradies, weit draußen im Meer.

Insel für Insider

Die grüne Seele Lastovos trug dazu bei, dass die Insel vor gut einem Jahrzehnt zum elften Naturpark Kroatiens geadelt wurde. Seither gelten strenge Auflagen für die knapp 800 Bewohner. Aufgrund der vielen Steilküsten eignet sich Lastovo ohnehin nur bedingt für einen Badeurlaub – und wenn, dann nur mit Sandalen. Dafür ist das Inselchen ideal für ausgedehnte **Wanderungen** durch dichte Kiefernwälder, vor allem rund um den 417 m hohen Hauptkamm Hum. Ein

6,4 km langer Lehrpfad führt unter schattigen Aleppokiefern durch Weinberge und Olivenhaine, Informationstafeln inormieren über Flora und Fauna des Archipels.
Wie spitze kleine Minarette ragen die Fumari, die traditionellen Schornsteine auf den Häusern von Lastovo, empor. Diese sollten nicht nur Wohlstand symbolisieren, sondern auch einen einwandfreien, windgeschützten Rauchabzug gewährleisten – schließlich liegt Lastovo weit draußen im offenen Meer, auf halbem Weg zwischen Kroatien und Italien. Die exponierte Lage sicherte den Bewohnern von Lastovo in der Vergangenheit auch weitgehende Autonomie – vor allem, als ihr Schicksal von der Stadtrepublik Ragusa bestimmt wurde. Diese Freiheit fand unter Napoleon und der französischen Herrschaft im frühen 19. Jh. ein jähes Ende. Es folgten österreichische, italienische und jugoslawische Herrscher, jetzt wird die Insel von Zagreb aus regiert.

Segeln und Tauchen

Aktiv sein

Segler lieben Lastovo, dem im Nordosten ein Archipel mit 46 winzigen Inseln und Felsenriffen vorgelagert ist. Viele stoppen gerne auf Saplun oder der etwas größeren, gleichfalls unbewohnten Insel Kopište. Auf Mladine lädt ein Sandstrand zum Baden ein, Privatpensionen haben oftmals betonierte Badeplätze. Taucher schätzen die reiche Unterwasserwelt mit Fischschwärmen und vereinzelten Wracks. In Pasadur (►S. 119) auf Lastovo gibt es ein Tauchzentrum beim Hotel Solitudo, ein weiteres in der Lagune von Zaklopatica, westlich von Lastovo.
Tauchbasis Ronilački raj | Tel. mobil 098 22 01 20
Diving Centar Ankona | Tel. 020 80 11 70
www.lastovo-diving-ankora.com

Wohin auf Lastovo?

Willkommen auf der Insel

Lastovo (Ort)

Hauptort der Insel ist das an der Nordküste gelegene Dorf Lastovo, das sich halbkreisförmig um die Abhänge des Glavica-Bergs legt. Der Hafen liegt in der flachen Bucht Sveti Mihovil, die Fähren und Schnellboote aus Split legen an der Bucht Velo jezero bei Ubli im Südwesten der Insel an. Gleich am Ortseingang steht die spätgotische Votivkirche Sveti Vlaho (Hl. Blasius), die dem Schutzheiligen von Dubrovnik geweiht ist. In der gotischen Pfarrkirche am Hauptplatz, gegenüber der städtischen Loggia, ist die Pietà eines unbekannten venezianischen Meisters aus dem 16. Jh. zu bewundern. Das reich verzierte Taufbecken, gleichfalls im Stil der Renaissance, stiftete Boninus de Bonini; der berühmteste Bürger von Lastovo gilt auch als einer der Pioniere des europäischen Druckwesens.

LASTOVO ERLEBEN

TOURISTINFORMATION LASTOVO
Pjevor bb, 20290 Lastovo
Tel. 020 80 10 18
www.tz-lastovo.hr

NATURPARKVERWALTUNG LASTOVO
Trg Svetog Petra 7, 20289 Ubli
Tel. 020 80 12 52
www.np-lastovo.hr
Eintritt: 35 Kuna

ANREISE
Autofähre und Katamaran der Reederei Jadrolinija ab Split via Hvar und Vela Luka (Insel Korčula). Eine weitere Verbindung während der Hauptsaison von Dubrovnik (G&V Line).

Beim traditionellen Faschingsbrauch »Lastovski poklad« wird alljährlich am Faschingsdienstag eine Strohpuppe von Haus zu Haus getragen, begleitet von Säbeltänzern, dann von einem Gipfel 300 m am Seil hinabgelassen und anschließend verbrannt. Dieser Brauch erinnert an den Seeräuberangriff auf die Nachbarinsel Korčula.

KONOBA AUGUSTA INSULA €€€
Stammgäste sind Segler, die die Peka-Schmorgerichte schätzen. Drachenkopf und andere Fischarten werden vor dem Inselarchipel gefangen.
Zaklopatica, westlich von Lastovo
Tel. 020 80 11 67
www.augustainsula.com

KONOBA BAČVARA €€€
In den engen Altstadtgassen von Lastovo versteckt sich diese familiäre Konoba mit urigem Fischer-Ambiente und einer alten Weinpresse (eigener Wein!). Zwar dreht sich hier alles um Fisch, allerdings würde so manche Hausfrau etwas für das Spezialrezept des Pljeskavica-Hacksteaks geben!
Pocivalo bb, 20290 Lastovo
Tel. 020 80 11 31

KONOBA FUMARI €€
In ihrer urigen Konoba und dem schattigen Gastgarten legt Familie Jurica Wert auf regionale Produkte: Diese kommen aus dem Meer, von der Schafsweide, aber auch aus dem eigenen Garten – etwa als Zucchini- oder Tomatensuppe oder in Form von Schnecken, die nach Hausmacher Art in einer würzigen Sauce angerichtet werden.
Dolac 16, 20290 Lastovo
Tel. mobil 091 764 75 49
www.lastovo.in

Skrivena luka

Schöne Übernachtungsplätze
Die winzige Ortschaft Skrivena luka, übersetzt »Versteckter Hafen«, schmiegt sich an eine flache Bucht und lockt mit ihrem schönen Sandstrand Mali žal. Gäste übernachten auf einem familiären, naturbelassenen Campingplatz (www.camp-skriveni.com) oder im Leuchtturm Struga auf der gleichnamigen Halbinsel in Skrivena luka (www.lighthouses-croatia.com).

In die Einsamkeit

Pasadur

Das kleine Örtchen Pasadur, 3 km nördlich vom Fährhafen Ubli, verfügt über einige Privatzimmer und das einzige Inselhotel mit dem bezeichnenden Namen Solitudo (lat. Einöde, Einsamkeit, www.hotel-solitudo.com). Der Strand fällt hier seicht ab. Ein vergessener Bunker der jugoslawischen Armee erinnert an die Militärpräsenz zu sozialistischen Zeiten. Eine kleine Brücke verbindet den Ort mit dem Nachbarinselchen Prežba.

★ MAKARSKA

Höhe: 5 m ü. d. M. | **Einwohnerzahl:** 15 000

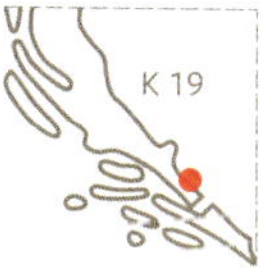

Das Pärchen an der Uferpromenade von Makarska genießt den Sommer, Arm in Arm. Auf den ersten Blick fällt es kaum auf, dass die rechte Brust der jungen Dame ziemlich glänzt. Doch das hat seinen Grund: Sie ist nämlich aus Bronze gefertigt, und eine Berührung an dieser Stelle soll Glück bringen! Mit dem »Denkmal für die Touristen« erinnert Makarska an seine über 100-jährige Tradition als Urlaubsziel dank der wunderschönen Kieselstrände, schattigen Badeplätze unter Pinienhainen und der atemberaubenden Bergkulisse im Hinterland.

Was wäre Makarska ohne Tourismus? Die Region steht bei Urlaubern seit rund 100 Jahren hoch im Kurs, zum Dank wurde sogar ein Denkmal errichtet.

Alles, was das Urlauberherz begehrt

Für viele Einheimische ist Makarska ein Synonym für einen gelungenen Sommerurlaub. Das lebhafte Städtchen, 70 km südöstlich von Split, vereint alles, was einen Urlaub erholsam macht: Schöne Badestrände, ein wenig Kultur, schroffe Berge im Hinterland – und viele Ausgehmöglichkeiten. Im Hochsommer kann es am etwa 1 km langen Hauptstrand auf der Halbinsel Sveti Petar schon mal wie im Taubenschlag zugehen. Die Westseite der Halbinsel wird von Naturisten bevorzugt, FKK-Freunde treffen sich zudem am Strand Nugal südlich von Makarska. Baden ist auch an den Felsen auf der Halbinsel Osejava möglich. Das Freizeitangebot an den Stränden ist groß: Tauchen, Schnorcheln, Surfen oder Parasailing sind angesagt.
In Makarska schlägt das **Herz der gleichnamigen Riviera:** Diese erstreckt sich auf einer Länge von mehr als 50 km zwischen den ehemaligen Fischerdörfern Brela und Gradac. Während man an der dalmatinischen Küste oft nur an felsigen Abschnitten oder in kleinen Buchten baden kann, gibt es entlang der Makarska Riviera auch längere Kiesstrände. Einige Badeplätze, etwa bei Brela, zählen zu den schönsten in Kroatien, flankiert von dichten Pinienhainen und dem Biokovo-Gebirge, das die Küste vor kalten Fallwinden schützt. Über 2700 Sonnenscheinstunden versprechen ideales Urlaubswetter.

Wohin in Makarska?

Dank an die Touristen

Stadtbummel

Die wichtigste Verkehrsstraße der Stadt war einst die Kalalarga (ital. calle larga = breite Straße), heute eine schmucke Flaniermeile in der Altstadt mit vielen Cafés und kleinen Geschäften. Ein Stadtbummel führt zum zentralen Platz **Kačićev trg,** dessen Namensgeber der Franziskaner und Schriftsteller Andrija Kačić-Miošić (1704 bis 1760) ist – ihm hat der kroatische Bildhauer Ivan Rendić (1849–1932) im späten 19. Jh. ein Denkmal gesetzt.
Das schönste profane Gebäude der Stadt, der barocke **Palast der Familie Ivanišević** mit einem prächtigen, wohlproportionierten Innenhof, steht am Platz Jurjevićeva poljana. Über breite Treppen kann man von hier aus zum Wasser hinabsteigen.
An der Uferstraße steht das **Denkmal für die Touristen,** 2006 geschaffen vom kroatischen Künstler Nikola Šanjek (geb. 1979).
Am Ostrand der Mala obala (»Kleines Ufer«) erhebt sich eines der bedeutendsten Gebäude von Makarska: Das **Franziskanerkloster** erhielt sein heutiges Aussehen weitgehend zu Beginn des 17. Jahrhunderts. Der barocke Glockenturm wurde ein Jahrhundert später hinzugefügt. Insgesamt stellt der Komplex eine bunte Stilmischung dar, er besitzt einen schönen Kreuzgang und eine umfangreiche Bibliothek, eine Gemäldesammlung und in den Kellerräumen ein sehr

BAEDEKER ÜBERRASCHENDES

5X DURCHATMEN

Entspannen, wohlfühlen, runterkommen

1. LESESTRAND

Wieder einmal ein gutes Buch lesen oder durchs knietiefe Wasser waten? Dann ist der ruhige **Sandstrand Blaće** (Limuni) in einer geschützten Bucht an der Ostspitze der grünen Insel Mljet der ideale Ort.
(▶ **S. 126**)

2. BESTE AKUSTIK IM GOTTESHAUS

Monumentale Mauern umschließen einen der besten Konzertsäle Kroatiens: In der Kirche **Sveti Donat in Zadar** sind klassische Konzerte am Abend ein Genuss für die Ohren!
(▶ **S. 220**)

3. BESINNLICHER MARIENORT

Der Wallfahrtsort **Veprić** ist eine Oase der Ruhe und Besinnung – vor allem früh am Morgen, wenn noch nicht allzu viele Pilger den Weg hinauf gefunden haben.
(▶ **S. 122**)

4. DIE SEHNSUCHT KLINGT MEHRSTIMMIG

Beim **Festival in Omiš** hört man die mehrstimmigen Harmoniegesänge der Männerchöre, die Klapa: In den Texten geht es um die Sehnsucht zum Meer und zur Liebsten. Auch ohne Sprachkenntnisse kommt dabei ein melancholisches Gefühl auf.
(▶ **S. 136**)

5. ENTSPANNEN MIT MEERESRAUSCHEN

Der Beach Club **»Bonj Les Bains«** in Hvar-Stadt verbreitet Flair: Privatkabinen als Rückzugsort, Massagehütten am Meer und gute Cocktails schaffen eine ganz besondere Atmosphäre.
(▶ **S. 87**)

sehenswertes **Muschelmuseum** (Malakologisches Museum) mit mehr als 3000 Muscheln und Schnecken aus der ganzen Welt.
Muschelmuseum: Sommer Mo. - Sa. 10 - 12, 17 - 19, So. 10 - 12 Uhr | Eintritt: 15 Kuna

Biokovo-Gebirge

Markante Bergkulisse

★ Naturpark Biokovo

Hinter Makarska ragt das Naturschutzgebiet Biokovo auf. Das Küstengebirge erstreckt sich über fast 40 km, ist aber zum Teil nicht breiter als 7 km. Es ist ein typisches Karstgebirge mit zahlreichen Höhlen, einer Hochfläche und einer artenreichen Flora. Markierte Wege durchziehen das ideale Terrain für Bergwanderer. Auf den Sveti Jure, den höchsten Gipfel (1762 m) des Biokovo und zweithöchsten in Kroatien, führt eine asphaltierte, gebührenpflichtige Straße. Ihr Ausgangspunkt liegt etwa auf der Höhe von Podgora, 18 km südöstlich von Makarska. Einen Überblick über die mediterranen und alpinen Pflanzen des Naturparks vermittelt der **Botanische Garten** beim Bergdorf Kotišina, rund 4 km oberhalb von Makarska.

Das kroatische Lourdes

Veprić

Nördlich von Makarska und nahe der Küstenmagistrale (D8) nach Baška Voda liegt der Wallfahrtsort Veprić, das »kroatische Lourdes«. Andächtig und still empfängt der Ort Gläubige mit einer Naturgrotte, Kreuzweg und Beichtstühlen, die in den Fels gehauen wurden. Der Gottesdienst findet im Sommer unter freiem Himmel statt. Viel Andrang herrscht an den Marienfeiertagen, vor allem am 15. August (Mariä Himmelfahrt) und am 8. September (Mariä Geburt), mit großer Prozession. Der frühere Bischof von Split-Dalmatien, Juraj Ćarić, wählte den Ort 1908 mit der Begründung aus, das die Grotte Ähnlichkeit mit jener in Lourdes habe.
Gottesdienste: Sommer tgl. 18, Winter 15.30 Uhr, ganzjährig sonntags auch 9 Uhr

Rund um Makarska

Für Offraod-Liebhaber

Imotski

37 km nordöstlich von Makarska, an der Grenze zur Herzegowina, taucht das Städtchen Imotski auf. Die Gegend war früher umkämpft und zeitweise unter osmanischer Herrschaft. Davon zeugt die trutzige Festungsruine Topana (10. Jh.), ein beliebter Aussichtspunkt. Seit der Eröffnung des mautpflichtigen Tunnels Sveti Ilja, der die Adria mit dem Hinterland verbindet, finden auch zunehmend Urlauber von der Makarska Riviera den Weg hierher. So hat sich Imotski

zu einem beliebten Ausflugsziel entwickelt, z. B. für Offroad-Jeeptouren.

Phänomenaler Karst

Imotski ist für seine Karstseen in der Umgebung bekannt: Der Rote See (Crveno jezero), etwa 1,5 km nordwestlich des Stadtzentrums, ist eine mit Wasser gefüllte, fast kreisrunde Einsturzdoline mit einem Durchmesser von etwa 200 m. Die rötliche Felswand, die fast senkrecht über der Wasseroberfläche aufragt, verlieh dem See seinen Namen. Je nach Saison kann die Wassertiefe schon mal bis zu 300 m betragen, der Seegrund liegt unter dem Meeresspiegel. Das nutzen Base-Jumper für einen Adrenalinkick.

★ Roter See und Blauer See

Ganz in der Nähe lockt der ellipsenförmige Blaue See (Modro jezero), ebenfalls ein Karstphänomen, im Sommer viele Badegäste an. Wenn die ihn speisenden Wasserfälle im Herbst versiegen, kann er allerdings schon mal austrocknen – dann spielen die Einheimischen traditionell hier Fußball. Ein serpentinenartiger Weg, eigens für den Besuch von Kaiser Franz Joseph I. angelegt, schlängelt sich zum Ufer hinab. Imposant ragen die Felsen über der Doline in den Himmel.

Manche Strände der Makarska Riviera muss man sich erobern, sei es zu Fuß oder mit dem Boot - gerade das macht den Reiz aus.

★ Makarska-Riviera

Schönster Küstenstreifen der Adria

★ Makarska-Riviera

Lange Kies- und Felsstrände, eine üppige mediterrane Vegetation und dahinter die Kulisse des Biokovo-Massivs machen die Makarska-Riviera zu einem einzigartigen Küstenabschnitt. Der etwa 60 km lange Küstenstreifen zwischen Brela im Norden und Gradac im Süden avancierte in den 1950er-Jahren zu einer der wichtigsten Tourismusregionen Jugoslawiens mit großem Sport- und Unterhaltungsangebot. Heute lockt z. B. der »Lungo Mare«, ein wunderschöner, einfacher Küstenwanderweg von Vrulja bis Gradac.

Spektakuläre Lage

Brela

Berge und Meer treffen hier auf besondere Weise aufeinander: Das von einem Pinien- und Kiefernwald umgebene Seebad Brela oder Donja Brela, 17 km nordwestlich von Makarska, liegt unterhalb der Küstenstraße, bleibt daher vom Durchgangsverkehr verschont. Gepflegte Sand- und Kiesstrände laden zum Baden ein. Als der schönste gilt der geschützte Strand Punta Rata, auch Dugi rat genannt, entlang einer mit Aleppokiefern bedeckten Landzunge. Ein überaus beliebtes Postkartenmotiv ist der mit Kiefern bewachsene Felsen, der aus dem Wasser ragt. Die vielen vrulje genannten Süßwasserquellen im Meer verleihen dem Wasser hier eine besondere Färbung. Sehenswert ist die Ruine der Herzogsfestung oberhalb des Orts sowie die 1728 vollendete kleine Kirche »Mutter Gottes vom Berg Karmel«. Gornja Brela, der höher gelegene Ortsteil, ist ein idealer Ausgangspunkt für Wanderungen im Biokovo-Gebirge.

Viel geboten

Baška Voda

Zu den beliebtesten und quirligsten Orten entlang der Makarska Riviera gehört Baška Voda, 10 km nordwestlich von Makarska. Vor allem junge Leute und Familien mit kleinen Kindern schätzen die Strände, die vielen Freizeitmöglichkeiten, Geschäfte, Restaurants und Straßencafés . Über die Hafeneinfahrt wacht eine Bronzestatue des hl. Nikolaus. Das **Malakologische Museum** (Malakološki muzej) zeigt über 1000 Muscheln, Schnecken und Fossilien (Srida 3).

Malakologisches Museum: Sommer: Mo.-Sa. 10-12, 18-22 Uhr
Eintritt: 5 Kuna

Herrlich zum Baden

Tučepi und Podgora

Knapp 4 km südöstlich von Makarska erreicht man Tučepi mit seinem feinen Kiesstrand. Der Badeort liegt besonders reizvoll an den Ausläufern des Biokovo-Massivs, dessen Steilhänge hinter der Küste fast senkrecht aufsteigen. Im alten Ortszentrum steht die Georgskirche (Sveti Juraj) aus dem 15. Jh., bei deren Bau auch römische Kapitelle

MAKARSKA ERLEBEN

TOURISTINFORMATION MAKARSKA

Obala Kralja Tomislava 16
21300 Makarska
Tel. 021 61 20 02
www.makarska-info.hr

Mai: Festival der Mandolinenorchester (»Mandolina Imota«), Imotski
Juli–Sept.: Kultursommer mit Fischernächten, Sommerkarneval und Konzerten, Makarska.

HOTEL BLUE SUN KAŠTELET €€€

Nur die Fußgängerpromenade trennt das stilvolle Haus vom Kieselstrand. Wer nicht im Meer baden möchte, kann die Pools und Wellness-Einrichtungen im benachbarten (größeren) Hotel Alga mitbenutzen – ohne auf die Ruhe eines kleineren Hotels (28 Zi.) verzichten zu müssen.

Dračevice 35
21325 Tučepi
Tel. 01 844 288 (Reservierung)
www.bluesunhotels.com

RESTORAN JEŽ €€€€

Das Jež gehört zu den jungen, kreativen Spitzenrestaurants Dalmatiens. Gerne bestellt wird das Rinder-Carpaccio. Der Seebarsch in Salzkruste ist ein Muss für Fischliebhaber und bei den Desserts wird gerne experimentiert: Zitronen-Mousse mit Lavendel, Mandeltorte mit Panna Cotta aus Bitterorangen.

Petra Krešimira IV 90, Makarska
Tel. 021 61 17 41

RESTORAN IVO €€€

Von außen wirkt das Restaurant Ivo eher unauffällig. Innen überrascht es mit einer stilvollen Einrichtung. Hier treffen Sie auch viele Einheimische. Herrlich locker sind die Palatschinken mit Waldfrüchten!

Ante Starčevića 41, Makarska
Tel. 021 61 12 57

RESTORAN SUSVID €€€

Biologisch, regional angebaut und wenig weiterverarbeitet: Diese makrobiotischen Grundsätze spielen bei der Gemüseauswahl eine Rolle. Auch mit Leber, Steaks oder Fisch vom Grill trifft man eine gute Wahl.

Kačićev trg 8, Makarska
Tel. 021 61 27 32
www.susvid.com

RESTORAN IVANDIĆA DVORI €€€

Das winzige Dörfchen hoch über der Küste wurde längst schon verlassen. Nur die Konoba in dem alten Natursteinhaus hält die Stellung. Sie wurde von zwei Brüdern im alten Geist restauriert. Die Gerichte haben stets das Meer im Blick, etwa die frittierten winzigen Ährenfische.

Banje 1, 21322 Brela
Tel. 020 61 84 07
www.konoba-ivandicadvori.com

KONOBA GALINAC €€€

Wenige Fahrminuten oberhalb von Brela steht das schöne Natursteinhaus. Als Spezialität gelten Peka-Gerichte mit Fleisch aus der Region und Kartoffeln aus Imotski. Angenehm ist der Hol- und Bringservice für Gäste aus Brela oder Baška Voda, nach Voranmeldung.

Svetog Jurja 52, 21322 Brela
Tel. 021 61 86 14
www.konoba-galinac.hr

Verwendung fanden. Neben der Kirche sind zwei Bogumilengrabsteine zu sehen.
Podgora mit malerischer Uferpromenade (4 km südlich von Tučepi) ist ein beliebter Badeort, vor allem wegen dem 4 km langen Strandabschnitt mit feinem Kiesel. Das mächtige, 20 m hohe Betondenkmal einer fliegenden Möwe über dem Ort erinnert an den Beginn des Partisanenwiderstands gegen die deutsche Besetzung: Der stilisierte Flug soll die Freiheitsbestrebungen der Region symbolisieren, der abgeknickte Flügel hingegen die Gefallenen im Kampf gegen die Besatzer.

Hier ist Schluss

Gradac

Rund 40 km südöstlich von Makarska, hinter Gradac, endet die Makarska-Riviera, und die Küstenmagistrale wendet sich in Richtung Neretva-Delta landeinwärts. Gradac besitzt noch einen alten Ortsteil auf einer kleinen Landzunge und mit 6 km einen der längsten Kieselstrände an diesem Küstenabschnitt. Im privaten **Heimatmuseum** (Muzej Gradca) hat die Familie Andrijašević liebevoll Alltagsgegenstände der vergangenen beiden Jahrhunderte, aber auch Fragmente einer antiken Villa Rustica zusammengetragen.

Juli–Aug. tgl. 9–22.30, Juni, Sept. 9–20 Uhr | Eintritt frei | www.museum-gradac.com.

★ MLJET

Höhe: 0–512 m ü. d. M. | **Einwohnerzahl:** 1100

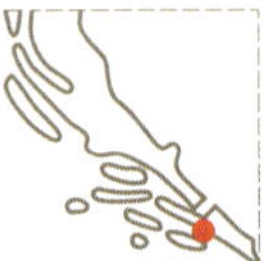

N 21/23

»Grün, grün, grün sind alle meine Kleider«: Das üppige Pflanzengewand unterscheidet Mljet von den übrigen, zum Teil kargen Inseln Dalmatiens: Dunkelgrün leuchten Kiefern und Steineichen, am Wegrand wächst grüngrauer Salbei, der sich vom Grün der Oliven abhebt. Der Duft der Insel ist würzig – und erfrischend grün.

Typisch mediterran

Die südlichste der großen Adriainseln Kroatiens, zwei Bootsstunden vom Festland entfernt, nutzten die Römer als Verbannungsort. Heute würde sich manch gestresster Großstädter sicher gerne freiwillig in dieses stille Paradies verbannen lassen. Denn die grüne Natur, aber auch die Karstlandschaft mit ihren unterirdischen Höhlen und Senken sind die Hauptsehenswürdigkeiten der Insel: Wer nach Mljet kommt, wandert durch den seit 1960 bestehenden Nationalpark, genießt die mediterrane Landschaft mit Mastixsträuchern, Myrte, Lor-

Vom 12.–19. Jh. bestimmten Benediktiner das Geschehen auf Mljet. Heute geben im Kloster Sveti Marija die Köche im Restaurant den Ton an.

beer, Johannisbrot- und Ölbäumen. Und erfrischt sich in den heißen Sommermonaten unter schattigen Föhren, Kiefern und Steineichen, die sich hier zu dichten Wäldern formiert haben. Oder entdeckt, mit ein wenig Glück, die Dubrovačka zečina, eine asternartige Flockenblume, die nur auf wenigen Inseln in Süddalmatien wild vorkommt.
Die Wälder, die auf Mljet nicht gerodet wurden wie auf anderen Adriainseln, bieten seltenen Vögeln, aber auch vielen Eidechsenarten Lebensraum. Gegen die giftigen Schlangen haben die Inselbewohner Mungos eingeführt. Offenbar haben die Tiere ganze Arbeit geleistet, denn inzwischen gibt es so gut wie keine Schlangen mehr. Die Seen sind hingegen seit eh und je reich an Muscheln.
Mljet war seit den Illyrern kontinuierlich besiedelt, wovon Steinanhäufungen zeugen. Die Römer nannten die Insel »Melita«, ein Name, der auf die griechische Bezeichnung für Honig zurückgeführt wird. Im Unterschied zu den meisten Küstenstädten Dalmatiens herrschten auf Mljet nach Ende der römischen Herrschaft fast nur regionale Fürsten. Einer von ihnen vermachte die Insel im 12. Jh. Benediktinern aus Apulien, die das gesellschaftliche und wirtschaftliche Leben nachhaltig prägten.

Wohin auf Mljet?

Salz- oder Süßwasser?

★ Nationalpark Mljet

Im Mittelpunkt des Nationalparks, der den gesamten Westen von Mljet einnimmt, stehen die beiden natürlichen Salzseen Veliko jezero (Großer See) und Malo jezero (Kleiner See). Ursprünglich waren dies Karstsenken, die sich nach der letzten Eiszeit aufgrund des Anstiegs des Meeresspiegels mit Wasser gefüllt hatten. Nur ein schmaler Kanal trennt sie vom Meer. Der Salzgehalt der Seen, in denen man an ausgewiesenen Stellen auch baden darf, ist wegen des Zuflusses von Süßwasser etwas niedriger als der des Meeres. Die Wassertemperatur ist hingegen ein paar Grad höher als in der Adria.

Mai–Mitte Okt. 8–20 Uhr, im Winter n. V. | Eintritt: je nach Saison 90 – 100 Kuna | www.np-mljet.hr, www.mljet.hr

Im Sommer lohnt es sich

★ Inselkloster Sveti Marija

Der Anblick des Wahrzeichens von Mljet ist einfach entzückend: Das kleine Inselkloster Sveti Marija (Hl. Maria) errichteten Benediktiner aus Apulien im 12. Jh. auf der Marieninsel im Großen See. Es beherbergt heute ein stimmungsvolles Restaurant mit solider Küche, das allerdings nur im Sommer geöffnet hat.

Ganz schön alt

Polače

Einst hatte hier eine römische Patrizierfamilie ihre Sommerresidenz, heute liegt in der geschützten Bucht an der Nordseite der Insel Mljet der kleine Fährhafen Polače. Der Ortsname weist auf den spätantiken Palast (kroatisch: palača), von dem tatsächlich Reste gefunden wurden. Westlich davon sind noch zum Teil die Mauern einer frühchristlichen Basilika erhalten. Auch östlich des Palasts entdeckten Archäologen Spuren zweier Basiliken, die ins frühe Mittelalter oder sogar in die Spätantike zu datieren sind.

Odysseus' Verhängnis

Grotte des Odysseus

In der Nähe von Babino Polje befinden sich einige Tropfsteinhöhlen. Als deren bekannteste gilt die Grotte des Odysseus (Odisejeva špilja), die vom Meer umspült wird. Um die Mittagszeit fällt ein fast unwirkliches Licht in die Höhle, das sich im Wasser auf faszinierende Art widerspiegelt. Der Zugang von der Landseite ist nur über sehr steile, improvisierte Stufen möglich. Dafür sollte man gut zu Fuß sein. Nach Homer soll Odysseus unmittelbar vor der Grotte Schiffbruch erlitten haben, in die er sich dann hineinretten konnte.Unmittelbar vor der Bucht liegt das winzige Eiland Ogiran, das überflutet wird, wenn der Südwind Jugo bläst. Es ragt dann nicht mehr aus dem Wasser, was Seefahrern – ebenso wie einst Odysseus – zum Verhängnis werden kann.

MLJET ERLEBEN

TOURISTINFORMATION MLJET
Zabrežje 2, 20225 Babino Polje
Tel. 020 74 60 25
www.mljet.hr

NATIONALPARKVERWALTUNG MLJET
Pristanište 2, 20226 Goveđari
Tel. 020 74 40 41, www.np-mljet.hr

ANREISE
Kürzeste Fährverbindung: Prapratno (Halbinsel Pelješac) – Sobra (Insel Mljet), 45 Min. Wer ohne Auto unterwegs ist, kann den Katamaran ab Dubrovnik nach Sobra oder Polače nehmen (1 bzw. 1,5 Std., G&V-Line).

KONOBA NINE €€€
Die meisten Gäste kommen mit dem Boot. Gastwirt Nino Matana serviert hausgemachten Käse und Schinken, Stammgäste loben den Tintenfisch. Der Inselwein ist goldgelb und edelsüß!
Pomena 6, 20226 Goveđari
Tel. 020 74 40 37

KONOBA TRITON €€€
In dem 300 Jahre alten Natursteinhaus in der Zaklopatica-Bucht setzt man auf traditionelle Inselküche: Die hausgemachten Makkaroni nach Mljeter Art (Mljetski makaruli) werden mit geriebenem Ziegenkäse und geröstetem Knoblauch serviert.
Sršenovići 43, 20225 Babino Polje
Tel. 020 74 51 31
www.triton.hr

NEUM

Höhe: 5 m ü. d. M. | **Einwohnerzahl:** 5000

Als Tito die Grenzen der jugoslawischen Teilrepublik Bosnien und Herzegowina nach dem Zweiten Weltkrieg festlegte, verschaffte er ihr bei Neum an der kroatischen Küste einen schmalen Zugang zum Meer. Hier verlässt man die Europäische Union, um sie wenige Kilometer später wieder zu betreten. Das Leben in einer Enklave ist immer ein wenig anders, aber auch interessant – denn Neum ist ein Stück Geschichte. Erleben Sie es selbst!

Enklave mit zwei Währungen

Die Reise nach Neum hat etwas Nostalgisches: Grenzbeamte prüfen Reisepapiere, die Transitstraße durch den Ort gibt den Blick auf Hotelburgen und Appartementhäuser frei. Zu sozialistischen Zeiten machte die »neue Klasse« der Parteifunktionäre hier Urlaub. Heute hat längst der Massentourismus Einzug gehalten und lockt viele, vor allem Einheimische, die hier lieber urlauben als im teureren Nachbarland Kroatien. Unzählige Ferienappartements ziehen sich den steilen

Hang hinauf; die Restaurants sind preiswert und tischen üppige Portionen auf, Benzin und Zigaretten sind günstig. Bezahlt wird hier in Konvertibler Mark (KM), aber auch in Euro oder an der Durchgangsstraße in Kuna.
Schon die Türken verschafften sich hier einen strategischen Zugang zur Adria, eingekeilt zwischen venezianischen Besitzungen Dalmatiens im Norden und der Städterepublik Dubrovnik im Süden. Seit dem Abkommen von Dayton 1995 ist Neum wieder voller Bestandteil der Republik Bosnien und Herzegowina. Nach dem EU-Beitritt Kroatiens 2013 wurden die Grenzkontrollen verschärft (► S. 8ff). Die unbefriedigende Situation will Kroatien umgehen, indem es eine gigantische Brücke über die Halbinsel Pelješac plant, die um den Korridor von Neum herumführen soll. Das kostspielige Projekt liegt jedoch seit Jahren auf Eis – nun sollen es EU-Fördermittel richten.

Rund um Neum

Zu den Bogumilen

Stolac

An eine mittelalterliche Religionsgemeinschaft, die Bogumilen, erinnern die sogenannten Stećci (Singular: stećak) in der Nähe von Stolac, im Hinterland von Neum. Die sarkophagartigen, mit Inschriften,

Das Wahrzeichen von Mostar, die Alte Brücke über die Neretva, soll zwei Welten miteinander verbinden: Katholiken auf der einen, Muslime auf der anderen Seite.

symbolischen Zeichen und geometrischen Mustern verzierten Grabsteine zählen zu den interessantesten Beispielen mittelalterlicher Grabmalkunst (► Cavtat).

Für Vogelliebhaber

Metković

Das recht unspektakuläre Grenzstädtchen Metković auf kroatischer Seite schmiegt sich an das Ufer der Neretva. Im Naturwissenschaftlichen Museum (Prirodoslovni muzej) erhält man einen guten Einblick über 240 im Neretva-Delta angestammte Vogelarten, Schmetterlinge und den benachbarten Naturpark Hutovo blato in Bosnien und Herzegowina.

Naturwissenschaftliches Museum: Mo.–Fr. 7.30–15 Uhr | Eintritt: 20 Kuna

Lebendige Antike

★ Narona

Im Dörfchen Vid, 4 km nordwestlich von Metković, fallen antike Ornamente an vielen Fassaden auf: Sie wurden von den Bewohnern vielfach in der Erde »gefunden« und mit eingebaut. Antike Funde gibt es vor Ort reichlich, denn hier lag einst die griechische Siedlung Narona, die schon im 4. Jh. v. Chr. erwähnt wurde. Unter den Römern entwickelte sich Narona zu einem bedeutenden Wirtschaftszentrum, ehe es im 7. Jh. n. Chr. verlassen wurde. Was geblieben ist, ist heute im **Archäologischen Museum** zu sehen: Es hütet rund 900 Fundstücke, darunter ein Dutzend römische Kaiserstatuen von Augustus, Vespasian und anderen Herrschern. Für das asymmetrisch gestaltete Betongebäude erhielt der Architekt Goran Rako (geb. 1952) aus Imotski bereits mehrere Auszeichnungen.

Archäologisches Museum: Juni – Sept. Di. – So. 9 – 19, Okt. – Mai Di. – Fr. 9 – 16, Sa. 9 – 17, So. 9 – 13 Uhr | Eintritt: 40 Kuna
www.a-m-narona.hr

Ausflug in die Herzegowina

★★ Mostar

Neum ist ein guter Ausgangspunkt für Ausflüge nach Mostar. Die 70 km entfernte Stadt, früher ein wichtiger Verkehrsknotenpunkt, war im sozialistischen Jugoslawien eine der größten touristischen Attraktionen auf dem Balkan. Dazu trugen nicht nur die herrlichen Moscheen bei, sondern vor allem die 1566 unter türkischer Herrschaft vollendete **weltberühmte Alte Brücke** (Stari most) über die Neretva. Im jüngsten Krieg hat vor allem die historische Altstadt gelitten, die Alte Brücke wurde am 8. November 1993 von kroatischen Panzergranaten gesprengt. Sie galt als Symbol des friedlichen Zusammenlebens von Kroaten und Muslimen. Mit internationaler Hilfe wurde die Alte Brücke bis 2004 originalgetreu wiederaufgebaut und im Folgejahr von der UNESCO als Weltkulturerbe geadelt. Bis heute teilt sie die Stadt faktisch in zwei Parallelwelten: die westliche kroatische und die östliche muslimische.

NEUM ERLEBEN

TOURISTINFORMATION
Dr. Ante Starčevića bb,
88390 Neum
(Bosnien und Herzegowina)
Tel. +387 36 35 50 90
www.hercegovina.ba

RESTORAN VILLA NERETVA €€
Das Restaurant von Pavo Jerković gilt seit Jahren als eine der besten Adressen im Neretva-Delta: Dazu trägt das pikante Brodetto mit Fröschen und Aal bei.
Splitska 14, Ortsteil Krvavac II,
20350 Metković
Tel. 020 67 22 00
http://hotel-restaurant-villa-neretva.hr

RESTORAN ĐUĐA I MATE €€
Viele Gäste schätzen das rustikale Lokal mit Terrasse am Fluss wegen seiner Spezialitäten: Aal gegrillt oder im Brodetto nach Neretva-Art. Das Brot ist selbstgebacken! Die Besitzer organisieren ein Bootspicknick auf der Neretva und Teilnahme bei der Mandarinenernte.
Vid bb, 20350 Metković
Tel. 020 68 75 00
http://djudjaimate.hr

RESTORAN LAGUNA €€
Von Pizza über Beefsteak mit Gorgonzola bis hin zu frischen Austern aus Ston. Mit der »Riblja kombinacija«, einer gemischten Fischplatte, können Sie nichts falsch machen. Viele Gäste kommen aus dem benachbarten Kroatien, da die Preise hier günstiger sind – und die Portionen üppig.
Kralja Tomislava bb, Neum,
Bosnien und Herzegowina
Tel. 00387 36 88 08 12

In der Altstadt von Mostar ist die **Karađozbegov-Moschee** (Karađozbegova džamija) aus dem 16. Jh. sehenswert, eine der ältesten und schönsten in der Herzegowina. Das osmanische Haus **Bišćevića kuća** in der Bišćevića sokak-Straße zählt ebenfalls zu den Wahrzeichen der historischen Altstadt. Die kroatischen Katholiken von Mostar ließen ein 33 m hohes Kreuz auf dem Berg Hum errichten, das 2000 Jahre Christentum symbolisieren soll – es ist bereits von Weitem sichtbar.

Viel besuchter Wallfahrtsort

★ Međugorje

Auf halbem Wege nach Mostar, ebenfalls in Bosnien und Herzegowina, liegt die Marienwallfahrtsstätte Međugorje. Im Jahr 1981 wollen hier einige Kinder eine himmlische Erscheinung gesehen haben. Seither ist der Ort zu einem Magneten in der katholischen Welt geworden, mehr als eine Million Menschen pilgern alljährlich hierher – der Vatikan hat jedoch immer noch keine offizielle Stellung zum Phänomen Međugorje genommen. Etwa 1 km entfernt ragt ein 8 m großes Kreuz auf dem Kreuzberg (Križevac) empor.

Ökologisch bedeutend

Neum liegt am südöstlichen Rand des Neretva-Deltas. Die 218 km lange Neretva ist der größte Fluss im Gebiet der östlichen Adria. Über weite Strecken ist das Flusstal ein Canyon. Einen ganz anderen Charakter hat das etwa 100 km² große, insgesamt zwölf Arme umfassende, überwiegend sumpfige Mündungsgebiet. Das Delta wird durch Quellen im Karstgestein unterirdisch gespeist, eine weite Schilflandschaft funktioniert als natürlicher Filter. Es ist Heimat vieler seltener Tierarten und Rastplatz für Zugvögel auf ihrem Flug nach Afrika. In dem fruchtbaren Delta gedeihen Obst und Gemüse in Hülle und Fülle.

★ Neretva-Delta

★ OMIŠ

Höhe: 5 m ü. d. M. | **Einwohnerzahl:** 6400

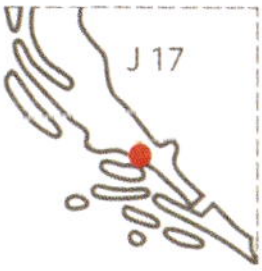

Im alten Seeräuberstädtchen Omiš kommt Abenteuerlust auf: Auf hohen Felswänden thronen zwei Festungsruinen. Dort oben hielten einst Piraten nach Handelsschiffen Ausschau. Heute genießen Besucher den atemberaubenden Ausblick auf die Mündung der Cetina, die sich hier durch einen Canyon schlängelt, um kurz darauf ins Meer zu münden.

Schon die Lage des kleinen Küstenstädtchens, 25 km südöstlich von Split, signalisiert Uneinnehmbarkeit. Die Häuser drängen sich zwischen hohe, steil abfallende Kalksteinfelsen, die das Ende des Cetina-Canyons markieren. In den vergangenen Jahren hat sich der gut 100 Kilometer lange Fluss Cetina zu einem der beliebtesten Raftingflüsse in Kroatien entwickelt. Da bleibt es nicht aus, dass es hier an manchen Tagen lebhaft zugeht, wenn mehrere hundert Rafting-Anhänger gleichzeitig mit ihren Booten unterwegs sind. Kletterer haben es die steilen Felshänge angetan, aber auch Wanderern, die sich durch die Cetina-Schlucht ins Hinterland aufmachen, immer die Hänge des Mosor-Gebirges im Blick. Reichlich Adrenalin verspricht auch eine Zip-Line, die über die Cetina-Schlucht führt (www.zipline-croatia.com).

Für Aktivurlauber

Beim Baden sind Flip-Flops angebracht: Dank der Ablagerungen an der Cetina-Mündung in die Adria ist hier ein recht passabler Sandstrand entstanden. In der Umgebung gibt es ebenfalls viele Badeplätze, das Städtchen ist das Herz der 35 km langen Riviera von Omiš.

Im frühen Mittelalter haben neretvanische Seeräuber die strategisch gute Lage von Omiš für sich entdeckt: Sie nutzten die beiden Festun-

Wegen der sicheren Lage an der Mündung der Cetina galt Omiš lange als Piratennest. Jeden Sommer kehren sie zu »Piratenkämpfen« zurück.

gen Mirabella und Fortica, um den Kanal von Brač zu überwachen. Zeitweise war Omiš sogar der wichtigste Stützpunkt der Piraten, deren eigentlicher Machtbereich ursprünglich weiter südlich, im Neretva-Delta (►S. 133), lag: Eine Zeit lang zahlten die Venezianer den Neretvanern Tribut für die freie Schifffahrt in der Region. Unter den Venezianern war Omiš ausgesprochen gut befestigt und obwohl die Türken lange Zeit das gesamte Hinterland kontrollierten, konnten sie die Stadt selbst nicht einnehmen. An die Piraten erinnert man heute noch mit spektakulären Piratenkämpfen im Sommer (►S. 136).

Wohin in Omiš?

Prächtige Aussichtspunkte

Mirabella und ★ Fortica

Hoch über der Altstadt (245 m ü. d. M.) liegt die kleine Festungsruine Mirabella (auch: Peovica) aus dem 13. Jahrhundert. Sie hielt zwar jahrhundertelang Angreifern stand, wurde jedoch 1988 vom Blitz getroffen und fast vollständig zerstört, anschließend lange restauriert. Der Aufstieg dauert nur wenige Minuten und beginnt neben dem Uhrturm der Pfarrkirche Sveti Mihovil (Hl. Michael) in der Altstadt. Vorsicht, die Stufen hinauf sind z. T. ungleichmäßig, ganz oben wartet eine steile Leiter, dann steht dem wundervollen Ausblick nichts mehr im Weg.

Noch schöner ist die Aussicht von der **Festungsruine Fortica** (auch: Starigrad) auf dem höchsten Felsausläufer über der Stadt. Zwei Wege führen nach oben: Der 45-minütige Aufstieg vom Parkplatz an der Cetina, nach dem Tunnel landeinwärts (Ul. Josipa Pupačica, nach dem 1. Tunnel von Omiš aus) ist recht anstrengend. Die Mühe lohnt, denn von oben sieht man nicht nur die Stadt, sondern auch die mitteldalmatinische Inselwelt mit Brač, Hvar und Šolta sowie das Hinterland. Alternativ schlängelt sich im östlichen Stadtteil, nahe der ehemaligen Nudelfabrik, eine Straße hinauf, sie ist gut ausgeschildert.

Mirabella: tgl. 7–22 Uhr | Eintritt: 20 Kuna
Fortica: tgl. 7–20 Uhr | Eintritt: 15 Kuna

Abwechslungsreicher Stadtrundgang

Hauptstraße

Die Stadt wird von der langen, verwinkelten Hauptstraße Ulica Knezova Kačića durchquert. Hier finden sich einige schöne Bürgerhäuser aus verschiedenen Stilepochen vom Barock bis zum Jugendstil. Von der einstigen Stadtbefestigung sind nur noch Teile erhalten. Die 1629 erbaute Pfarrkirche Sveti Mihovil (Hl. Michael) wartet mit einem bemerkenswerten Portal und zwei Werken eines Malers aus Ravenna auf. Nur wenige Meter weiter laden am Platz Svetog Mihovila gemütliche Cafés zu einer Pause ein. Die kleine Sveti Duh (Heilig-Geist-Kirche), westlich der Pfarrkirche Sveti Mihovil an der Hauptstraße, bildet zusammen mit dem städtischen Uhrturm und der Sveti Rok (Rochuskirche) ein hübsches Ensemble. Das Altarblatt wird dem venezianischen Maler Palma Giovane zugeschrieben.
Das Stadtmuseum (Gradski muzej) in der Starčevića ulica 5 zeigt ethnografische und archäologische Exponate sowie zeitgenössische bildende Kunst aus Kroatien.

Stadtmuseum: Mo.–Fr. 8–11, 12–15 Uhr | Eintritt: 10 Kuna

Wertvolles Denkmal

Peterskirche

Am gegenüberliegenden Ufer der Cetina, auch Prijeko genannt, steht die vorromanische, altkroatische Sveti Petar (Peterskirche). Das kleine, einschiffige Gotteshaus aus dem 10. Jh. zählt zu den schönsten Bauwerken dieser Epoche an der dalmatinischen Küste. Die Kirche ist von einer kleinen Kuppel überwölbt und im Gegensatz zu anderen Bauwerken aus dieser Zeit an der Außenseite prägnant gegliedert.

Lauschiges Plätzchen

Radmanove mlinice

Ob Sie sich für eine Rafting- oder Kanutour auf der Cetina entscheiden oder die 6 km bis zu den alten Mühlen mit dem Boot zurücklegen: Hier treffen sich alle wieder. Die hübsche Mühlenanlage Radmanove mlinice ist eines der beliebtesten Ausflugsrestaurants der Gegend. Sogar Winnetou war schon hier, z. B. in einigen Szenen des Films »Der Ölprinz« (▶ Baedeker Wissen S. 226).

OMIŠ ERLEBEN

TOURISTINFORMATION OMIŠ

Trg kneza Miroslava bb,
21310 Omiš
Tel. 021 86 13 50
www.visitomis.hr

Juli: Festival der dalmatinischen »Klape« (Männerchöre), Omiš, www.fdk.hr.
Juli–Aug.: Kultursommer mit musikalischen Veranstaltungen, Omiš.
18. Aug.: Historischer Piratenkampf im Hafen von Omiš am Abend.

RESTORAN RADMANOVE MLINICE €€

Das Ausflugslokal liegt romantisch an einer alten Mühle. Aale und Forellen stammen aus eigener Zucht. Die Spezialität des Hauses ist ein national geschütztes Kulturgut: Poljički soparnik, hauchdünne Mangold-Fladen von der Feuerstelle.
Kanjon Cetine, Omiš, 6 km vom Zentrum
Tel. 021 86 17 83
www.radmanove-mlinice.hr
April–Okt.

CAFFE BAR & BISTRO LA FABBRICA €€

In der alten Nudelfabrik kommen die vermutlich besten Burger in Mitteldalmatien auf den Tisch: selbstgebackene lockere Brötchen, mit würzigem Fleisch aus der Region belegt. Gute Auswahl an Bieren aus lokalen Mini-Brauereien.
Forsal 19, 21310Omiš
Tel. mobil 091 890 02 12

★★ PAG

Höhe: 0–349 m ü. d. M. | **Einwohnerzahl:** 8000

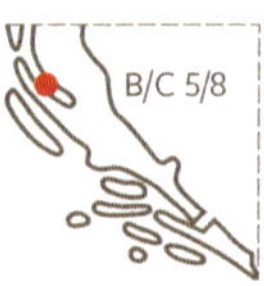

Mit seinem ungestümen Temperament sorgt der kalte Bora-Fallwind auf der Insel Pag für ein Phänomen: Rasant peitscht er vom Velebit-Gebirge ins Meer hinab und wirbelt dabei feinste salzhaltige Wasserpartikel auf. Diese setzen sich wie Sprühnebel auf den Gräsern und Wildkräutern ab, die von den Inselschafen gefressen werden. Die salzige Würze schmeckt man auch in der Milch, aus der die berühmteste kroatische Käsesorte, Paški sir, hergestellt wird.

Karg, aber bizarr

Die Kehrseite der Bora: Eine unwegsame Mondlandschaft, karg und kahl, empfängt die Besucher. Auffällig sind die unzähligen, mühsam aufgeschichteten Trockensteinmauern, die den Schafen Schutz vor der Bora gewähren, aber auch Parzellen abgrenzen. Der Südwesten von Pag, mit 63 km eine der längsten Adriainseln, stimmt versöhnlich:

Hier gedeihen zumindest halbhohe Macchia, Oliven, Gemüse und sogar Kakteen und jede Mange Salbei, das auch die Inselschafe gerne essen. Die Tierwelt auf der Insel ist so bizarr wie die Landschaft: Neben Eidechsen gibt es viele Schlangen – die meisten sind ungiftig –, Skorpione und Spinnen, darunter auch die Schwarze Witwe.

Partystrand Nr. 1

Aktiv sein

Die **Bademöglichkeiten** auf Pag beschränken sich eher auf die Westküste. Hier befindet sich Kroatiens berühmtester Partystrand Zrće. Wakeboarder freuen sich über den Wasserski-Lift. Ein großer Parkplatz und regelmäßige Pendelbusse ab Novalja sorgen für gute Erreichbarkeit. Lokunje, der Stadtstrand von Novalja, wartet mit Kieselstrand und flachem Wasser auf. Betonierte Liegeflächen oder felsige Küstenabschnitte gibt es in Mandre, Košljun und Miškovići. Gebadet wird auch in der Bucht der Stadt Pag. Ruhig geht es am Ručica-Strand bei Metanja zu.
Die Touristinformation hat eine **Wander- und Radkarte** mit 14 Touren herausgegeben; so gibt es eine Salz-, Wein- oder Steinbruchroute. Auch Klettersportlern bietet die Insel reizvolle Möglichkeiten, z. B. an den wenige Kilometer von Pag-Stadt entfernten, bis zu 35 m hohen Felswänden Zamak und Stogaj.

Der Pager Käse erhält seine wohlschmeckende Würze von den Kräutern der Insel und der salzigen Meeresluft.

PAGER SPITZE

Reichlich Geduld und Geschick ist nötig, um die berühmte Pager Spitze aus feinsten Fäden zu nähen. Dabei kehren etwa 20 Stiche immer wieder, die zu einem filigranen Gesamtkunstwerk verschmelzen. Die wichtigsten Stiche, die seit dem 15. Jh. mündlich überliefert werden, hier auf einen Blick.

▶ **Standorte der Spitzenherstellung**

▶ **Spitzenelemente**

Ščapi sind Elemente, die die gesamte Spitze verbinden. An ihnen werden alle weiteren Elemente befestigt.

Zupcići sind max. 2 mm kleine Kreise die man auf alle übrigen Elemente als Endstück aufnäht.

Gusti listac ist länglich, rechteckig sowie vollständig mit Fäden ausgefüllt.

Gusti dintel, Retki dintel wird auf doppelten Löchern ausgeführt und verwendet, um einzelne Segmente der Spitze zu unterteilen.

Ročelica mit Faden ausgefüllter Halbkreis mit oder ohne **Zupcići**

Pogačica, Gusta pogačica, Retka pogačica voller Kreis (von »pogača« = Brotlaib). Wenn es mehrere Elemente dieser Art gibt, wird in jedes gleichförmig der Faden eingeführt.

Listacić (von »list« = Blatt, kleines Blättchen) hat eine elipsenartige Form mit kleinen, quer verlaufenden Stichen als Abtrennung.

Herstellungsschritte

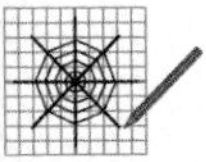

Das gewünschte Motiv wird auf Millimeterpapier gezeichnet.

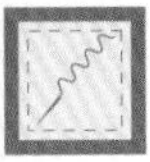

Auf einen dünnen Karton wird eine zuvor gut gereinigte Folie aufgenäht.

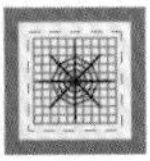

Auf den Karton und die Folie legt man das Millimeterpapier mit der Skizze.

Mit einer speziellen Nadel (badalo) werden kleine Löcher in gewünschter Form gestochen.

Anschließend wird die Kontur des Musters mit groben Fadenstichen skizziert. Wichtig ist ein halbrundes Kissen als Nähunterlage.

▶ Verwendungsarten

BETTWÄSCHE KISSEN
VORHÄNGE
ZIERDECKEN
WANDSCHMUCK
TRACHTENELEMENTE
SPITZENBORDÜRE
HAUBEN
SANDALEN BALLERINAS
OHRRINGE

Sunašce ist nur auf der halben Seite mit dem Faden ausgefüllt.

Tambura hat eine ovale Form in Anlehnung an das Zupfinstrument.

Kolumbar max. 5 cm großer Kreis, der an ein rundes Renaissancefenster erinnert

Pekjica Halbkreis, auf den ein **Zupcić** aufgenäht wird

Tri pekjice Auf drei Halbkreise kommt das kleine runde Abschlusselement **Zupcić.**

Mendulica, Kriva mendulica, Tri mendule mit sehr kleinen Löchern ausgefüllte Triangelform

Limuncin erinnert in seiner Form an eine Zitrone (»limun« = Zitrone).

Mušica Mušica bedeutet wörtlich »kleine Fliege« – entsprechend sieht die Form dieses Spitzenelements aus.

Pager Besonderheiten

★★ Käse, Salz und Spitze

Am berühmtesten ist die Insel für ihren köstlichen Pager Käse. Der Paški sir wird von einem halben Dutzend Käsereien auf der Insel gefertigt, die man besuchen kann. Die Touristinformation in Pag organisiert solche Touren, alternativ kann man auf eigene Faust eine »Sirana« anfahren, etwa in der Paška sirana in Pag (Stadt) und Novalja (www.paskasirana.com) oder in der Sirana Gligora in Kolan (www.gligora.com).

In den meisten kroatischen Haushalten gibt es ein Päckchen Salz von der Insel Pag. Die Paška sol wird traditionell aus dem Meerwasser gewonnen und das seit mehr als 1000 Jahren. Bis heute produziert die Solana Pag mehr als 20 000 Tonnen Salz pro Jahr (www.solanapag.hr). Die Salzgärten südöstlich der Stadt sind in einer Lagune angelegt, die kilometerweit ins Land hineinragt. Hier erkennt man bei niederem Wasserstand noch die Ruinen der versunkenen Römersiedlung Pagus. Das wertvolle Gewürz, das einst als Zahlungsmittel verwendet wurde, war sogar Zankapfel zwischen Zadar und der Nachbarinsel Rab. Unter den Habsburgern, die 1797 die Venezianer ablösten, erlebte die Insel einen wirtschaftlichen und kulturellen Aufschwung, u. a. wurde die Salzgewinnung erheblich ausgeweitet.

Zur Geschichte von Pag gehört auch die filigrane Spitzenkunst, die von Generation zu Generation mündlich überliefert wurde – und inzwischen zum immateriellen UNESCO-Weltkulturerbe gehört.

Pag-Stadt

Stadt der Renaissance

Rund um den Marktplatz

Ein Blick auf den Stadtplan macht es deutlich: »Die Altstadt von Pag ist symmetrisch angelegt. Ihr Erscheinungsbild, das sie Plänen von Juraj Dalmatinac (▶ S. 261) verdankt, konnte sie bis heute weitgehend bewahren.

Im Schnittpunkt der beiden sich rechtwinklig kreuzenden Hauptachsen, die die Stadt in vier Quartiere aufteilen, liegt der gepflasterte **Marktplatz** mit dem Denkmal des Baumeisters und Künstlers Dalmatinac und die Pfarrkirche **Sveta Marija** (hl. Maria, 1443–1488). Die dreischiffige Basilika weist Stilmerkmale der Gotik und Renaissance auf. Ihre Eingangsseite ist ein bekanntes Postkartenmotiv: Ein schönes Relief der Muttergottes schmückt die Fassade. Aufmerksamkeit verdient vor allem die reich verzierte spätgotische Fensterrose. Sie wird vom Erzengel Gabriel und von Maria flankiert.

Der **Rektorenpalast** (Knežev dvor), ebenfalls am Marktplatz (Trg Kralja Petra Krešimira IV), wurde auch in der zweiten Hälfte des 15. Jh.s erbaut. Sein Portal an der Vela ulica ist wahrscheinlich ebenfalls ein Werk von Juraj Dalmatinac. Zu diesem Gebäude gehörte der benachbarte Wehrturm, früher ein Gefängnis. Unvollendet blieb das

BAEDEKER MAGISCHE MOMENTE

BIBLISCHES ALTER

Das sind nicht irgendwelche Olivenbäume, sondern einer der schönsten Olivenhaine überhaupt – die knorrigen Bäume in Lun an der Nordspitze von Pag spenden seit Jahrhunderten Schatten und dazu ein einmaliges Gefühl mediterraner Lebensart. Imposante 80 000 Olivenbäume wachsen hier gen Himmel, manche sind bald 1500 Jahre alt! Wenn die erzählen könnten ...

Bischofspalais neben dem Rektorenpalast. Das kleine **Spitzenmuseum** am Marktplatz zeigt die filigranen Kostbarkeiten, die in den Gassen ringsum verkauft werden. Das Rosettenmotiv der Pager Spitzen ist angelehnt an die Rosette über dem Portal von Sveta Marija.
In einem alten Salzmagazin (Muzej soli) in der Altstadt wird die Gewinnung des »weißen Goldes« gezeigt.

Spitzenmuseum/Salzmuseum: Mai – Okt. 10.30 – 12, 18–22 Uhr
Eintritt: 10 Kuna

Rund um Pag

Idyll für Vögel

Velao blato

Der fischreiche, von einem Schilfgürtel umgebene Süßwassersee Velo blato, etwa 15 km südöstlich von Pag, bietet 160 Sumpfvogelarten Lebensraum. Am Rande des Gebiets gibt es einen Beobachtungsturm für Fotografen.

PAG ERLEBEN

TOURISTINFORMATION PAG
Od Špitala 2, 23250 Pag
Tel. 023 61 12 86
www.tzgpag.hr

TOURISTINFORMATION NOVALJA
Trg Brišić 1, 53291 Novalja
Tel. 053 66 14 04
www.visitnovalja.hr

ANREISE
Von Norden Fähre von Prizna (ca. 14 km nördl. von Karlobag) zum Anlegeplatz Žigljen auf Pag (15 Min.). An der Südspitze der Insel Brücke (Paški most) zum Festland. Katamaran ab Rijeka via Rab nach Novalja (Pag, 2,5 Std.). Von Lun (Pag) Verbindung nach Rab.

Juli–Aug.: Kultursommer mit Trachtenschau, Musik (u. a. PagArtFestival) und Sport, Pag-Stadt
Anf. Aug.: Mittelalter-Festival, Pag-Stadt

HOTEL BOŠKINAC €€€
Der alte Gutshof, umgeben von Weinbergen, zieht vor allem Genießer an: Diese kosten den hauseigenen Wein im Gewölbekeller, probieren Lammstrudel im Restaurant und betten sich in einem der 11 geschmackvoll eingerichteten Zimmer.
Novaljsko polje bb
53291 Novalja
Tel. 053 66 35 00
www.boskinac.com

RESTORAN BOŠKINAC €€€€
Das stilvolle Hotelanwesen von Familie Šuljić haben Feinschmecker längst für sich entdeckt: Köstlich ist der Lammstrudel mit Rosmarin, das Fleisch stammt von der Insel. Der Weinkeller gilt als Raritätenkammer. In der kleinen Konoba nebenan wird Pager Käse zu Wein serviert.
Skopaljska ul. 220
53291 Novalja
Tel. 053 66 35 00
www.boskinac.com

WINE & CHEESE BAR TRAPULA €€€
Am Hauptplatz von Pag-Stadt werden eine gute Auswahl an lokalen Weinen und natürlich der berühmte Pager Käse serviert.
Trg Kralja Petra Krešimira IV 1
Pag-Stadt
Tel. mobil 099 271 90 14

KONOBA DIDA €€
Ein schöner Spaziergang (15 Min.) führt aus der Altstadt immer am Wasser entlang zu dieser rustikalen Konoba. Auf der Speisekarte stehen in Mehl geschwenkte winzige Ährenfische; das Lammfleisch stammt von der Insel. Ein hausgemachter Schnaps rundet das Abendessen ab.
Šetalište Ante Starčevića 62
Siedlung Bašaca, Pag-Stadt

APPLES & CARROTS €
Der Name lässt schon vermuten, was in dem winzigen Imbiss geboten wird: »Vegan! Falafel! Smoothies« prangt in großen Lettern über der Tür. Unvergesslich ist das vegane Schokoladeneis
Ul. Zrinsko-Frankopanska 15
53291 Novalja
Tel. mobil 091 555 82 39

Malerischer Hafenort

Novalja

Novalja, etwa 25 km nördlich von Pag gelegen, ist mit 2000 Einwohnern der zweitgrößte Ort der Insel. Im Untergeschoss des Stadtmuseums (Gradski muzej) ist der Eingang zu einem antiken Aquädukt aus dem 1. Jh. v. Chr. freigelegt worden.

Stadtmuseum: Juni – Sept. Mo. – Sa. 9 – 13, 18 – 22, So. 18 – 22 Uhr | Eintritt: 15 Kuna | www.muzej.novalja.hr

Für Nachtschwärmer

Partystrand Zrće

Der Partystrand Zrće, 2 km von Novalja entfernt, gilt als »kroatisches Ibiza«. Im Sommer treffen sich hier Nachtschwärmer in den populären Klubs Kalypso, Papaya und Aquarius, die sonst ihren Sitz in Zagreb haben und im Sommer ans Meer umziehen. Die After-Beach-Party beginnt schon am späten Nachmittag, zu chilliger DJ-Musik unter freiem Himmel. Mitte Juni ist Zrće das Mekka für Partygänger aus ganz Europa, die hier den »Spring Break« nach amerikanischem Vorbild mehrere Tage lang feiern.

★★ PAKLENICA-NATIONALPARK

Fläche: 36,5 km² | **Höhe:** 0–1758 m ü. d. M.

Dem Zauber der wildromantischen Schluchten mit senkrechten Felsen nahe der Adria kann man sich kaum entziehen: Im Paklenica-Nationalpark treffen Berge und Meer eindrucksvoll wie kaum anderswo in Kroatien aufeinander.

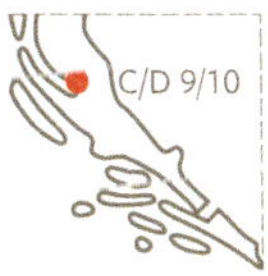

Eldorado für Outdoorfans

Der Paklenica-Nationalpark bringt alle ins Schwärmen: Wanderer schätzen über 150 km Wanderwege, Naturliebhaber freuen sich auf seltene Tier- und Pflanzenarten wie Braunbären, Luchse und Orchideen und Kletterer blicken sehnsuchtsvoll auf die steilen Felswände, die mehr als 300 Kletterrouten versprechen. Hinzu kommen noch die Winnetou-Fans, denn viele Szenen der Karl-May-Verfilmungen aus den 1960er-Jahre wurden hier gedreht – sie sind sogar ausgeschildert!

Das größte und artenreichste Gebirge Kroatiens, das **Velebit,** erstreckt sich etwa von Senj im Norden bis Knin im Südosten. Zwei kleine, landschaftlich besonders reizvolle Teile wurden zu Nationalparks erklärt: Paklenica (seit 1949) in der Mitte und Nördlicher Velebit (Sjeverni Velebit, seit 1999). Das übrige Velebit-Gebirge hat Naturpark-Status (Prirodni park Velebit) und ist UNESCO-Biosphärenreservat. Das Herzstück des Nationalparks Paklenica bilden zwei tiefe Schluchten: **Velika (Große) Paklenica und Mala (Kleine) Paklenica,** die sich von der Adria weit in das Velebit-Massiv einschneiden. Das Velebit-Massiv ist bekannt für seine jähen **Wetterumschwünge** und seine heftigen Niederschläge. Ausflügler und Wanderer sollten auch im Sommer für schlechtes Wetter gerüstet sein, Schneefall ist immer möglich und Gewitter sind heftig. Im Juli werden fast doppelt so viel Niederschläge und annähernd halb so hohe Temperaturen wie in Zadar gemessen. Vor allem die Gipfel im nördlichen Teil des Gebirgsmassivs sind häufig in Nebel gehüllt. Mit 1840 Sonnenstunden pro Jahr ist das Gebirge dennoch in den heißen Sommermonaten ein geradezu ideales Wanderziel.

Unter Geiern

Tier-und Pflanzenwelt

Durch die Schluchten haben sich einige mediterrane Vogelarten bis weit ins Hinterland verbreitet – zum Beispiel der Küstenbaumpieper und die Küstentauben. Umgekehrt kommen einige typische konti-

Den Zauber des Paklenica-Nationalparks mit seinen tiefen Schluchten spürt man auf einer Wanderung. Mutige Kletterer finden auch ihr Auskommen.

nentale **Tiere** ungewöhnlich nah an die Küste heran, wie zum Beispiel die Gelbhalsmaus. In Felsspalten und Höhlen der Schluchten lebt der Siebenschläfer. Eine große Anzahl von Vögeln, die ansonsten in Europa vom Aussterben bedroht sind, nisten hier, darunter der Kleiber, der Schlangen- und Steinadler. Eine besondere Attraktion sind die Hochzeitsflüge der weißköpfigen Gänsegeier mit einer Flügelspannweite von fast drei Metern.
In den Talniederungen schwirrt es nur so von farbenprächtigen Schmetterlingen. Hinzu kommen selten gewordene Tierarten wie Wildkatzen, Wölfe, Luchse, Gämsen und Braunbären.
Die **Vegetation** im Velebit ist zur Meeresseite hin mediterran, an der Kontinentalseite dagegen mitteleuropäisch bis alpin. An den Küstenhängen überwiegen orientalische Hainbuchen, Eichen, Eschen und Rotbuchen. Zur Hochebene Lika hin gedeihen vorwiegend Buchen, Tannen und Fichten. Im Süden ist die Vegetation dagegen eher karg: In dem Felsgestein der Schluchten wächst die schöne Fensterglockenblume. Die vorsichtig zwischen den Steinen hervorlugenden Sträucher mit den hübschen weißen Blüten heißen Alpenseidelbast.

Wohin im Paklenica-Nationalpark?

Reif fürs Klettern? Oder doch lieber wandern?

★★ Velika Paklenica

Velika Paklenica, die größere Schlucht, ist 14,5 km lang und verläuft quer zum Velebit-Gebirge. Sie ist über eine befahrbare Straße und einen Wanderweg zugänglich. Vom tiefsten Punkt der engen, von schroffen Felswänden eingerahmten Schlucht ragt an der Ostseite der 400 m hohe Steilhang **Anića kuk** auf – die bekannteste Kletterwand in Kroatien. Im Sommer werden hier Kletterkurse abgehalten (z. B. www.paklenica-sport.com). Wer alleine klettern möchte, muss beim Eingang zum Nationalpark eine Erlaubnis einholen. An der gegenüberliegenden Schluchtseite erhebt sich der Ćuk. Dank seines außerordentlich festen Gesteins ist er für einfache bis mittelschwere Klettertouren geeigneter als der Anića kuk.
Beim Anića kuk führt die Schlucht etwa 5 km ins Herz des Velebit hinein. Eine erste Rast kann man beim Waldhüterhaus Lugarnica in 440 m Höhe einlegen. Weiter geht es durch herrliche Rotbuchenwälder zum Alpinistenheim in 550 m Höhe. Hier oben wird die Landschaft von den Gipfel Crljeni kuk (1661 m) und Babin kuk (1431 m) beherrscht. Die Bewohner der Siedlungen Parići, Ramići und Kneževići hatten ihre ersten Wohnstätten in Sklop, einer riesigen Halbhöhle, in der jetzt Tiere gehalten werden. Die einzigen geländegängigen »Verkehrsmittel« in dieser Gegend sind Maulesel, Esel und Pferde, die den Proviant herbeischaffen. Die ca. 8-stündige Wanderung durch die Große Paklenica-Schlucht bis hinauf zum Vaganski vrh (1758 m), dem höchsten Gipfel des Velebit-Gebirges, ist nur gut trainierten Wanderern zu

empfehlen. Man sollte unbedingt auf den markierten Wegen bleiben, da rund um den Vaganski vrh immer noch **Minengefahr** besteht. Das gesamte Gebiet war im jüngsten Krieg (1991–1995) stark umkämpft. Eine interaktive Karte des Kroatischen Minenräumzentrums wird ständig aktualisiert: www.hrc.hr (engl.).

Im Untergrund

Karsthöhle Manita peć

Von den zahlreichen Karsthöhlen im Nationalpark ist die Manita peć die schönste. Sie wurde bislang auf eine Länge von etwa 175 m erforscht und besitzt eindrucksvolle, bis zu 20 m hohe Stalagmiten, zahlreiche Stalagtiten sowie unterirdische Hallen, deren größte 65 m lang, 40 m breit und 32 m hoch ist.

Juli–Sept. tgl. 10–13 Uhr, April–Juni, Okt. nicht tgl., Führungen: bei der Nationalparkverwaltung in Starigrad-Paklenica | Eintritt: 20 Kuna | Tel. 023 36 91 55 | www.np-paklenica.hr

Tito-Schutzbunker

Ein gut gehütetes Geheimnis

... im frühen sozialistischen Jugoslawien war der unterirdische Schutzbunker in der Schlucht Velika Paklenica. Am Bau waren etwa 500 Arbeiter beteiligt, die zur strengsten Geheimhaltung verpflichtet waren. Die Errichtung des Bunkers wurde 1953, nach Stalins Tod, gestoppt, das Geheimnis hingegen noch lange Jahre gehütet. Erst seit 2016 ist ein Teil der weitläufigen Bunkeranlage für Besucher zugänglich (Fußweg vom Parkplatz ca. 15 Min.).

Abenteuer Schlucht

Mala Paklenica

Nicht ganz so gut erschlossen wie die Velika-Paklenica-Schlucht ist die kleinere Mala Paklenica. Die Wanderwege sind nicht immer ausgeschildert, außerdem erfordern sie gute Wanderausrüstung und Trekkingerfahrung. Im Sommer kann man das ausgetrocknete Bachbett als Weg benutzen. In der feuchten Jahreszeit sind die Felsen jedoch rutschig. Führt das Bachbett der Kleinen Paklenica Wasser, ist der Weg durch die Schlucht unpassierbar. In den unzugänglichen, bis zu 650 m hohen Felsen hat sich der weißköpfige Gänsegeier eingenistet.

Rund um den Paklenica-Nationalpark

Eiszeitliche Funde

★ Grotten von Cerovac

Die 4 km von Gračac entfernt an der Straße nach Knin liegenden Grotten von Cerovac (Cerovačke špilje) gehören zu den bedeutendsten Kroatiens. Das Territorium gehört zum Naturpark Velebit (extra Eintrittsticket). Für Besucher wurden etwa 700 m und zwei Höhlen zugänglich gemacht. In den insgesamt drei Grotten – Obere, Mittlere, Untere – wurden Knochen von Höhlenbären (Ursus spelaeus) gefunden, einer Bärenart der letzten Eiszeit. Die Temperatur in

PAKLENICA ERLEBEN

TOURISTINFORMATION
Trg Tome Marasovića 1
23244 Starigrad-Paklenica
Tel. 023 36 92 45
www.rivijera-paklenica.hr

NATIONALPARKVERWALTUNG
Der Zugang zum Nationalpark erfolgt vom Küstenort Starigrad-Paklenica. Die Nationalparkverwaltung hat ihren Sitz im Hotel Alan. Eine asphaltierte, ausgeschilderte Straße führt zum Haupteingang des Nationalparks, gleichzeitig auch der Zugang zur Großen Paklenica-Schlucht. Eintritt je nach Saison: 40 – 50 Kuna
Dr. Franje Tuđmana 14a
23244 Starigrad-Paklenica
Tel. 023 36 91 55
www.np-paklenica.hr

Juni: Treffen der Winnetou- und Karl-May-Freunde, Starigrad-Paklenica.

ETNO-KUĆA MARASOVIĆ €€
Im vergessenen Dörfchen Marasović, unweit vom Parkeingang 1, werden traditionelle Gerichte aus dem Velebit-Gebirge serviert.
Trg Tome Marasovića 1
23244 Starigrad-Paklenica
Tel. 053 35 93 39

BUFFET DINKO €€
Ein einfaches, unprätentiöses Gasthaus. Hier gibt es solide Fischgerichte: z. B. knusprig gegrillte Makrele, mit reichlich Olivenöl, Knoblauch und einem sehr freundlichen Lächeln serviert – dafür lieben Stammgäste das Lokal. Und vielleicht auch für den Honiglikör zum Abschluss.
Paklenićka 1
23244 Starigrad-Paklenica
Tel. mobil 091 512 94 45
www.dinko-paklenica.com

diesem Höhlenbereich bewegt sich konstant zwischen fünf und elf Grad Celsius, warme Jacke nicht vergessen!
Mai – Aug. 10–17.30, April, Sept., Okt. Mo. – Fr. 10 – 16 Uhr, sonst n.V. nur für Gruppen | Eintritt (nur mit Führung auf Engl., gelegentlich auch auf Dt.): 1 Höhle 60, 2 Höhlen 80 Kuna | www.pp-velebit.hr

Zu Gast beim berühmten Physiker

Im beschaulichen Dörfchen Smiljan, 6 km nordwestlich von Gospić, wurde im Geburtshaus des genialen Erfinders **Nikola Tesla** ein Museum eingerichtet. Der nach dem Maschinenbaustudium in die USA ausgewanderte Physiker gilt als Vater der »Nutzbarmachung des Wechselstroms« – und hat zahlreiche Patente angemeldet. Sehenswert ist etwa ein ferngesteuertes Schiff oder eine Demonstration der drahtlosen Energieübertragung (▶ S. 266). Tesla-Museum
21. März – 1. Nov. Di. – Sa. 8 – 20, So. 9 – 19 Uhr, 2. Nov.–20. März Di.–So. 10–15 Uhr | Eintritt: 50 Kuna | www.mcnikolatesla.hr
Fahrzeit von Starigrad-Paklenica ca. 1 Std (E71)

★ PELJEŠAC

Höhe: 0–961 m ü. d. M. | **Einwohnerzahl:** 8000

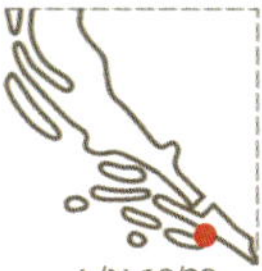

L/N 19/23

Österreichs Kaiser Franz Joseph I. schlürfte sie, für Casanova waren sie ein Grundnahrungsmittel und Tito soll sie bei seinen Liebesausflügen in größeren Mengen serviert haben. Die Weltmänner hofften wohl auf die aphrodisische Wirkung. Wie auch immer, auf jeden Fall gehören die Austern aus der Bucht von Ston auf der Halbinsel Pelješac zu den besten weltweit.

Austern und Wein

Sicher wollen Sie die Austern – die hier übrigens ebenso wie Miesmuscheln eine lange Tradition haben – mit Weißwein oder Champagner schlürfen. Auf Pelješac schlagen viele Weinkenner diese Empfehlung in den Wind, denn die Halbinsel gilt als Synonym für dunkle, kräftige Spitzen-Rotweine (►S. 150 Von der Sonne verwöhnt). Die 70 km lange Landzunge, nach Istrien die wohl zweitgrößte Halbinsel Kroatiens, ist wie geschaffen für den Weinbau: Fruchtbare, von Macchia bedeckte Gebirgszüge mit sonnigen Südhängen rahmen die grünen Täler ein. Hier gedeihen auch Oliven, Feigen und Zitrusfrüchte.
Dass die Berge schon griechischen Kolonisten Schutz boten, davon zeugt die öffentlich nicht zugängliche Nakovana-Höhle oberhalb von Orebić. Dort fanden Forscher einen ungewöhnlichen, über 2000 Jahre alten Stalagmiten in Phallusform, ein Zeichen für Fruchtbarkeit. Ab dem 14. Jh. wurde Pelješac zu einem Vorposten der unabhängigen Republik Dubrovnik ausgebaut – mit einem Hafen für die Kriegsflotte in Mali Ston und einer Wehrmauer, denn die Salzvorkommen in der Umgebung von Ston waren begehrt. Das an der Einfahrt zum Kanal von Korčula gelegene Orebić, heute das Zentrum des Tourismus auf Pelješac, genoss hingegen mit dem Aufschwung der Seefahrt großes Ansehen.

Eher bescheiden

Strandleben

Auf Pelješac sind die Möglichkeiten für Wassersport vergleichsweise bescheiden. Der schönste, zu Hochsaisonzeiten auch viel besuchte Badeplatz der Halbinsel ist der Stadtstrand von Orebić (Trstenica), ein ca. 1,5 km langer Sandstreifen unterhalb eines Pinienwalds. Die Orebić vorgelagerten Inselchen Mala Stupa und Velika Stupa sind FKK-Revier. Sand- und Kiesbuchten gibt es bei Trstenik und Žuljana. An der Küste um Viganj treffen sich alljährlich Windsurfer zu Wettbewerben. Höhepunkt für Taucher ist ein Wracktauchgang zum 1944 gesunkenen deutschen Torpedoboot S 57.

Auf den ersten Blick passt das nicht zusammen, aber Kenner empfehlen die kräftigen Rotweine der Halbinsel Pelješac auch zu den Austern von Mali Ston.

BAEDEKER WISSEN

VON DER SONNE VERWÖHNT

Klischees haben das Image südosteuropäischer Weine lange Zeit geprägt. Doch der Umdenkungsprozess hat begonnen! Längst ist von »Entdeckungen« die Rede – vor allem die Halbinsel Pelješac im Süden Dalmatiens wartet mit Spitzenweinen auf.

Die mondänen Hotels in Dubrovnik lassen sich nicht nur Austern, sondern auch Weine von der Halbinsel Pelješac liefern. Längst schon genießt die Landzunge in der Adria den Ruf, eines der besten Anbaugebiete Kroatiens zu sein. Der Rotwein schimmert oftmals so violettschwarz im Glas, dass gleich klar wird, warum ihn die Kroaten nur »schwarzer Wein« (crno vino) nennen.

Halbinsel der Spitzenweine

Die Weine von der Halbinsel Pelješac haben eine ganz besondere Note. Das verdanken sie den sonnigen Steilhängen, die mit einer guten Luftzirkulation der felsigen, mineralstoffreichen Kalkböden einher geht. Allerdings sind die Anbauflächen oftmals so steil, dass die Rebstöcke von Hand bestellt werden müssen – wie früher. Die in ganz Dalmatien am häufigsten vorkommende **Traubensorte Plavac mali** dankt den Winzern die mühsame Arbeit, indem sie auf recht unwegsamem Gelände gedeiht. Aus der heimischen Sorte werden einige Spitzenweine gekeltert, die jedoch unter verschiedenen Etiketten auf den Markt kommen: Dingač heißt nicht nur die Top-Südwestlage auf Pelješac, sondern auch der Spitzenwein; unweit davon entfernt wird Postup angebaut – beide Sorten sind schon seit den 1960er-Jahren geschützt. Und Faros, der kräftige, körperreiche Rotwein von der Insel Hvar wird ebenfalls aus der Traubensorte Plavac mali gekeltert. Diese ist übrigens mit dem kalifornischen Zinfandel und dem apulischen Primitivo eng verwandt.

Kroatischer Weinbaupionier in Napa Valley

Die Verwandtschaft zwischen Zinfandel und Plavac mali bemerkte Mike Grgich bereits vor einigen Jahrzehnten. Der Winzer verließ 1954, damals noch als Miljenko Grgić, seine Heimat Kroatien und ließ sich im weltbekannten Napa Valley in Kalifornien nieder. Dort galt er als einer der Weinbaupioniere. Seine These, dass Plavac mali, Zinfandel und Primitivo identisch seien, wurde später zwar widerlegt – doch steigerte Grgić den Bekanntheitsgrad der kroatischen Rebsorte in der internationalen Fachwelt enorm. Grgić kehrte 1996 kurzzeitig zurück und richtete in Trstenik auf Pelješac eine moderne Kelterei ein. Die Edelstahltanks für die Fermentation wurden aus Kalifornien importiert. Sein kräftiger, rassiger Plavac gehört heute zu den Spitzenweinen in Kroatien.

Mal Rotwein, mal Dessertwein

Die Rebsorte Plavac mali ist eine Verwandlungskünstlerin: Aus dessen späten Trauben wird sogar Dessertwein, **Prošek**, gekeltert. Dazu werden die Trauben auf Strohmatten, ähnlich wie Feigen, bis in den Februar getrocknet.

Die Genossenschaft Pelješki vrhovi, die einen durchaus respektablen Prošek hervorbringt, lässt die Trauben 40 Tage auf dem Dach der Kelterei trocknen. Außerhalb Kroatiens sucht man Prošek übrigens unter diesem Namen vergeblich. Dafür sorgten italienische Erzeuger, die kurz vor dem EU-Beitritt Kroatiens vor dem Europäischen Gerichtshof klagten, dass der Name Prošek zu ähnlich klinge wie Prosecco – auch wenn letzterer nicht das Geringste mit dem Likörwein aus dem vielseitigen Plavac mali zu tun hat.

Wo zu bekommen?

Eine Weinstraße, die kurvenreich über die Halbinsel Pelješac führt, vermittelt einen schönen Eindruck von den Weinbergen, zudem kann man unterwegs direkt beim Weingut einkaufen (entsprechendes Kartenmaterial ist bei der Touristeninformation in Ston erhältlich). Einige Onlineshops vertreiben Pelješac-Weine auch im Ausland: www.kroatische-feinkost.de oder www.jadrovino.de.

Die Weine von Pelješac genießen nicht ohne Grund einen guten Ruf. Am besten überzeugt man sich direkt bei einem Winzerbesuch davon.

BAEDEKER ÜBERRASCHENDES

6X UNTERSCHÄTZT

Genau hinsehen, nicht dran vorbeigehen, einfach probieren!

1. KONKURRENZ

Die Wehrmauer von **Ston** gilt als eine der größten Wehranlagen, nicht nur in der Region, sondern sogar weltweit! Einst umfasste sie 41 Türme, 7 Bastionen und 2 Festungen – und wird viel seltener besucht als die Stadtmauer von Dubrovnik. Eigentlich unfair! (▶ **S. 153**)

2. KAUM BEKANNTER VORFAHRE

Den Rotwein Zinfandel aus Kalifornien kennt jeder. Einen seiner Vorfahren, den auf **Šolta** angestammten Dobrišić hingegen nur wenige. Beim Agroturizam Kaštelanac erfährt man mehr über die seltene Rebe. (▶ **S. 194**)

3. FALLSCHIRM UND CO.

Das Universalgenie **Faust Vrančić** ließ sich von den technischen Zeichnungen Leonardo da Vincis inspirieren und konstruierte danach im 17. Jh. einen Fallschirm. Ein Museum auf der Insel Prvić erinnert an ihn. (▶ **S. 174**)

4. WUNDERBARE FABELWELT

Das idyllisch auf einem Eiland gelegene **Kloster Visovac** bewahrt eine bebilderte Ausgabe von Aesops Fabeln aus dem 15. Jh. – eines von weltweit nur noch drei erhaltenen Exemplaren! (▶ **S. 114**)

5. TRUTZIGE WEHRKIRCHE

In dem beschaulichen Fischerdorf **Vrboska** auf Havar ragt eine Wehrkirche heraus, die fast keine Fenster hat, dafür ein kleinen Schatz hütet: Werke von Tizian und Bassano. (▶ **S. 94**)

6. IM SCHATTEN DER BLAUEN GROTTE

Das Farbspiel der Grünen Grotte auf **Ravnik** ist mindestens genauso schön wie das in der bekannteren Blauen Grotte auf der Nachbarinsel Biševo – hat jedoch einen Vorteil: Hier darf (noch) gebadet werden. (▶ **S. 211**)

Wohin auf Pelješac?

Die Austernhochburg

Mali Ston

Ein Schälchen Zitronenwasser für die Hände und eine Austerngabel gehören zum Gedeck, falls Sie sich für ein kulinarisches Rendezvous mit der »Ostrea edulis« entscheiden. Das tun zumindest viele Gäste, die das ruhige Mali Ston ansteuern. Die Delikatesse wird hier das ganze Jahr zu moderaten Preisen frisch aus dem Meer angeboten. Falls Sie noch zögern: Die Restaurants lassen Sie auch einzelne Austern probieren. In der ruhigen Bucht vor Ston zwischen Festland und Halbinsel vermengt sich Quellwasser aus den Bergen mit Salzwasser, bei konstantem Salzgehalt – ideale Bedingungen für Austern. Das ist der Grund für die vielen Körbe, die bei Ston in der Adria schwimmen.

Das weiße Gold

Salz aus Ston

In den Salzgärten von Ston beginnt die Arbeit bereits morgens um 6 Uhr: Männer in weißen T-Shirts und Schirmmützen ernten das »weiße Gold« aus dem Meer traditionell mit einem Holzrechen, bis zu 2000 kg pro Jahr. Dies zeigt auch ein kurzer Film im Museum der Solana Ston, ehe sich die Besucher zum Spaziergang entlang der quadratischen Salinenfelder im Meer aufmachen. Im Sommer helfen Freiwillige aus aller Welt im Rahmen von Workcamps mit, als Dank gibt es selbst geerntetes Salz. Man kann sich auch im Museumsladen belohnen: Feinste Salzblüte, Fleur de sel, wird hier ohne lange Transportwege angeboten.

Sommer: 7–19, Winter: 7–14 Uhr | Eintritt: 15 Kuna
www.solanaston.hr

Fast eine Chinesische Mauer

★ Europas längste Wehrmauer

Die Salzvorkommen von Ston hatten schon früh große wirtschaftliche Bedeutung. Deshalb sicherte die unabhängige Republik Dubrovnik, zu der Pelješac gehörte, schon im 14. Jh. den Ort mit einer trutzigen Wehrmauer mit runden und eckigen Türmen, einem Kastell und zwei großen Bastionen. Zwar konnte sich der Slogan »Europäische Chinesische Mauer« nicht wirklich durchsetzen, aber immerhin gilt die 5,5 km lange Mauer heute als die längste erhaltene Wehrmauer in Europa. Stellenweise ist sie gerade mal einen halben Meter breit.

Beachtliche Kirchenschätze

Veliki Ston

Steigt man die Wehrmauer hinauf, erkennt man den Grundriss von Ston: ein unregelmäßiges Fünfeck mit rechtwinkliger Straßenanordnung. Am zentralen Platz sind der Rektorenpalast, der gotische Palast Sorkočević und der Bischofspalast (1573, mit einem Lapidarium) die vornehmsten Gebäude. Unter den Kirchen verdienen vor allem das Gotteshaus des Franziskanerklosters sowie die spätromanische Kirche Sveti Nikola Beachtung. Im Besitz der Nikolauskirche befindet

PELJEŠAC ERLEBEN

TOURISTINFORMATION
Zrinsko-Frankopanska Ulica 2
20250 Orebić
Tel. 020 71 37 18
www.visitorebic-croatia.hr
www.visitpeljesac.hr

Pelješki put 1, 20230 Ston
Tel. 020 75 44 52
www.ston.hr

ANREISE
Bei Ston ist die Halbinsel Pelješac auf dem Landweg zu erreichen. Autofähren ab Ploče (Festland) nach Trpanj im Norden von Pelješac (1 Std.).

RESTORAN KAPETANOVA KUĆA €€€€
Das Hafenrestaurant im Hotel Ostrea (14 Zi.) gilt als eine der Top-Adressen für frische Austern und Muscheln in Kroatien. Das hat natürlich seinen Preis.
20230 Mali Ston
Tel. 020 75 45 55
www.ostrea.hr

RESTORAN VILA KORUNA €€€€
Hier kommen auch frische Meeresfrüchte aus eigener Zucht in zahlreichen Variationen auf den Tisch. Mehr noch: Jeder Gast erhält zum Abschied ein kleines Säckchen Salzblüte, dass die Wirtsfamilie vor Ort in der Saline erntet.
20230 Mali Ston
Tel. 020 75 49 99
www.vila-koruna.hr

RESTORAN STARI KAPETAN €€€
Das Interieur im »Alten Kapitän« ist einem Schiffssalon nachempfunden. Was liegt hier näher, als – vom Inhaber oftmals sogar selbst gefangenen – Fisch zu servieren? Das Restaurant gehört zum Boutiquehotel Adriatic (6 Zi.), das in einer umgebauten Kirche untergebracht ist.
Šetalište kneza Domagoja 8
20250 Orebić
Tel. 020 71 44 88
www.hoteladriaticorebic.com

sich eine beachtliche Sammlung sakraler Kunst, darunter auch ein bemaltes Kruzifix von Blaž Trogiranin (Blasius von Trogir). Außerhalb der Stadt, auf dem Berg Gradac, liegt die vorromanische Michaelskirche (Sveti Mihovil) mit bedeutenden Überresten einer romanischen Wandbemalung.

Ins Königreich des Weins

Weinstraße

Eine Weinstraße mit dem verlockenden Namen »Königreich des Weins« (Vinsko carstvo) verbindet ab Ston 100 Winzer, Weinstuben und Restaurants miteinander. Darunter sind Top-Weingüter wie das des legendären Exil-Kroaten Miljenko Grgić, der nach Amerika auswanderte und dort als »Mike« Grgich zu den Pionieren des Weinbaus zählte – ehe er ins neue Kroatien zurückkehrte, um in seiner Heimat ebenfalls Spitzen-Rotweine anzubauen (www.grgic-vina.com). Korta

Katarina in Orebić hat sich in den vergangenen Jahren ebenfalls ein veritables Ansehen geschaffen: Hier keltert der US-Milliardär Lee Anderson Wein und beherbergt Gäste auf gehobenem Niveau (www.kortakatarinawinery.com). Frano Miloš in Ston hat sich hingegen auf Plavac mali spezialisiert (www.milos.hr). In der Kellerei Dingač in Potomje kann man ebenfalls sehr gute Weine probieren und kaufen. Eine Karte der Weinstraße hält die Touristinformation in Ston bereit.

Nachlass der Seefahrer

Der Kapitänsfamilie Orebić, die im 16. Jh. hier ansässig war, verdankt die Stadt ihren Namen. Der lang gestreckte Ort (1500 Einw.) zu Füßen des 961 m hohen Sveti Ilija hat sich zu einem lebendigen Touristen- und Hafenstädtchen mit Cafés, Restaurants und kleinen Kunsthandwerksläden gemausert. Nicht nur besagte Kapitänsfamilie, auch Orebić

BAEDEKER MAGISCHE MOMENTE

HINAUF ZUM SVETI ILIJA

Wer eine grandiose Aussicht über Pelješac und auf die Nachbarinsel Korčula genießen möchte, wandert auf den höchsten Gipfel der Halbinsel, den 961 m hohen Sveti Ilija. Die Italiener tauften den Berg »Monte Vipera«, da es dort früher Sandvipern gab. Der Weg beginnt beim Franziskanerkloster in Orebić, die gesamte Tour dauert etwa 5 Stunden. Am 1. Mai trifft sich ganz Orebić auf dem Gipfel zum traditionellen Linsensuppenessen.

zahlreiche andere Seebären ließen sich, von dem milden Klima in der geschützten Bucht angezogen, in Orebić nieder und bauten hübsche Villen mit Gärten. Gleich am Ortseingang liegt der lange Sandstrand Trstenica; die Anlegestelle der Fähren nach Korčula befindet sich dagegen am anderen Ende der Stadt. Einblicke in die Seemannsvergangenheit von Orebić gewährt das **Marinemuseum** (Pomorski muzej) am Trg Mimbelli. Sehenswert ist aber auch das etwa 2 km westlich des Orts, aussichtsreich über dem Meer gelegene **Franziskanerkloster** mit einer schönen Sammlung sakraler Kunst und einigen volkskundlichen Exponaten.
Marinemuseum: Juni–Okt. tgl. 7 – 20, Sa–So. 18–20 Uhr, übrige Zeit 7–14.30 Uhr | Eintritt: 15 Kuna

★★ PLITVIČKA JEZERA (PLITWITZER SEEN)

Fläche: 266 km² | **Höhe:** 503–639 m ü. d. M.

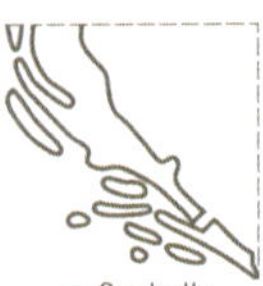

außerhalb

Jeder, der schon einmal Karl-May-Filme gesehen hat, kennt die Plitwitzer Seen zumindest als grandiose Kulisse für Winnetou und seine Begleiter: Die Plitvička jezera sind eines der schönsten Naturschauspiele im Südosten Europas, mit rauschenden Wasserfällen, die über Kalksteinfelsen stürzen und sich in Schluchten ergießen. In den smaragdgrünen Seen soll sogar ein Schatz versunken sein – zumindest auf der Leinwand.

Immer wieder Winnetou

Der 1962 in deutsch-jugoslawischer Kooperation gedrehte Film »Schatz im Silbersee« wurde zum Kassenschlager und löste die schwärmerische Winnetou-Welle aus. Ein Grund war die fantastische Silbersee-Kulisse, der Kaluđerovac – der letzte See im Nationalpark Plitvička jezera, bevor sich das kristallklare Nass aller Seen und des großen Wasserfalls im Fluss Korana vereinen. Im Film wirken der tiefblaue See und die grünen Berghänge besonders effektvoll, eine Steintreppe führt bis heute in die berühmte »Schatzhöhle« hinauf. Der Ort ist **ein Muss für Winnetou-Fans!**
Auf der Landkarte reihen sich die 16 Seen, die sich auf einer Länge von 8 km im Nationalpark Plitwitzer Seen erstrecken, wie Perlen an einer Schnur aneinander. Sie bilden den Oberlauf des Flüsschens Korana, das bei einem Gesamtgefälle von rund 120 m an über drei Dutzend Stellen durch natürliche Barrieren und Terrassen aufgestaut ist. Das Wasser stürzt an diesen Wehren in bis zu 78 m hohen

Kaskaden zu Tal. Die Seen im bekanntesten Nationalpark des Landes, der diesen Status schon seit 1949 hat, sind stellenweise glasklar. Die faszinierende Landschaft kürte die UNESCO 1979 zum Weltnaturerbe.

Vom Krieg nicht verschont

Etwas Geschichte

Der nächste Grenzübergang nach Bosnien ist nur knapp 20 km entfernt In Grenznähe liegen die Plitwitzer Seen nicht erst heute. Über Jahrhunderte hinweg verlief hier die unruhige Militärgrenze zwischen dem Habsburgischen und dem Osmanischen Reich. Im 16. und 17. Jh. siedelten die Habsburger vor allem serbische Wehrbauern an. An Ostern 1991 war die Region um die Plitwitzer Seen Schauplatz blutiger Gefechte zwischen Kroaten und Serben. Die Krajina-Serben, unterstützt von der damaligen Jugoslawischen Volksarmee, siegten und besetzten das Gebiet, der Park wurde geschlossen. Im Sommer 1995 eroberten kroatische Truppen die Region zurück. Heute verzeichnet der Park mehr als 1 Mio. Besucher pro Jahr – da kann es an Sommertagen schon mal wie im Taubenschlag zugehen.

Wohin an den Plitwitzer Seen?

Kleine oder große Tour

Eingänge

Der Nationalpark hat zwei Eingänge: Wer von der Adriaküste (Zadar) zu den Plitwitzer Seen kommt, erreicht zunächst den südlichen Eingang (Ulaz 2), im Bereich der Oberen Seen und Wasserfälle. Etwa 5 km weiter folgt Eingang 1 (Ulaz 1), nahe dem Veliki slap (Großer Wasserfall). Für einen Rundgang sollte man, je nach Strecke, mindestens zwei bis acht Stunden einplanen. Die Tour lässt sich mit einer Bootsfahrt über den Kozjak-See abkürzen. Zudem verkehren kleine Busse zu den Ausgängen. Der Preis für Boot und Bus ist im Eintrittspreis bereits enthalten.

Faszinierendes Naturschauspiel

Seen und Wasserfälle

Die oberen zwölf Seen breiten sich in Höhen zwischen 639 m und 534 m aus. Der größte, der Kozjak-See (Kozjak jezero), ist 2 km lang und 46 m tief, seine Ufer sind von dichten Buchenwäldern umgeben. Die vier kleinen unteren Seen liegen in einem 70 – 80 m tiefen, felsigen Canyon, den das Flusswasser in den verkarsteten Kalkstein geschnitten hat. Die Verbindung zwischen den Seen bilden nicht nur herrliche Wasserfälle, sondern auch unterirdische Wasserläufe und Hohlräume, von denen etwa ein Dutzend begehbar sind. Am eindrucksvollsten ist der Veliki slap nahe dem Eingang 1, wo das Wasser des kleinen Nebenflüsschens aus einem Seitental 78 m tief in die wilde Korana-Schlucht stürzt. Hier, am Sastavci Punkt, treffen nahezu alle über- und unterirdischen Wasserläufe des gesamten Seengebiets zusammen.

Auf den Spuren von Winnetou und Old Shatterhand durch das smaragdgrüne Paradies der Plitwitzer Seen.

PLITVIČKA JEZERA ERLEBEN

NATIONALPARK PLITWITZER SEEN
53231 Plitvička jezera
Tel. 053 75 10 14
www.np-plitvicka-jezera.hr

ANREISE
Über die Landstraße E 71, der Verbindung der Hauptstadt Zagreb mit der dalmatinischen Küste. Kleinere Straßen von den Küstenorten Senj (90 km) und Karlobag (110 km).

RESTORAN PETAR €€€
Müde Wanderer kehren gerne hier ein und stärken sich bei lokalem Käse und Rohschinken aus der Bergregion Lika oder probieren den Käsestrudel (Lička masnica) – alles hausgemacht.
Rastovača 4, Plitvička jezera
Tel. mobil 092 285 69 66
http://plitvicelakes-petar.com

RESTORAN DEGENIJA €€
Die bürgerliche Küche, üppigen Portionen und fairen Preise haben sich längst schon herumgesprochen. Das Beste ist die Kuchenvitrine: Kremšnite (Cremeschnitten) in schönster k.u.k. Tradition – himmlisch!
Selište Drežničko 59,
47245 Rakovica
Tel. 047 78 20 60
www.hotel-degenija.com

BISTRO VILA VELEBITA €€
Ein Muss für Nostalgiker, die noch vor dem Bau der Autobahn hier entlang ans Meer gefahren sind! Vor dem Gasthaus drehen sich rauchend Spanferkel und Lamm am Spieß.
Rudanovac 12a, 53230 Korenica
Tel. mobil 091 537 53 18
www.vila-velebita.com

★★ ŠIBENIK

Höhe: 5 m ü. d. M. | **Einwohnerzahl:** 46 400

Fast wie im Freilicht-museum

Die Einwohner von Šibenik sind es längst gewohnt, ganz unverblümt angestarrt zu werden: Offene Münder, aufgepustete Backen und starre Blicke folgen ihnen, sobald sie den Domplatz passieren. Da kommt unweigerlich die Frage auf, wer die 71 Bürger eigentlich sind, die am Fries der Kathedrale Sveti Jakov recht realistisch in Stein gemeiselt wurden. Es heißt, dass dies das Abbild allzu geiziger Bürger sei, die sich finanziell nicht am Bau der Kathedrale beteiligen wollten. Am Bauwerk wie in der ganzen Stadt gibt es jedoch weitere schöne Details zu entdecken.

Šibenik, die viertgrößte Stadt Dalmatiens, ist zweifelsohne eine der schönsten Städte im gesamten östlichen Adriaraum – nicht nur dank

der Kathedrale Sveti Jakov. Schon die Lage an der Mündung des Krka-Flusses in der fjordartigen Šibeniker Bucht ist etwas Besonderes. Die gesamte, mit Steinen gepflasterte Altstadt erinnert an ein großes Freilichtmuseum. Hoch über der Stadt thronen gleich **vier Festungen**, die Angreifer abwehren sollten und als Bollwerk gegen die Türken errichtet worden waren. Zwei davon wurden bereits aufwändig saniert und werden nun als Schauplatz für Open-Air-Konzerte genutzt. Überhaupt hat sich in den vergangenen Jahren einiges im Stadtbild verändert: Radwege wurden geschaffen, eine brachliegende Militärfläche zu einer Flaniermeile ausgebaut, ein Stadtstrand angelegt – der Aufschwung ist vielerorts spürbar.
Noch vor wenigen Jahren hatte niemand so recht daran geglaubt, dass es mit Šibenik recht bald wieder bergauf gehen würde. Die Bürger trugen ihre Stadt symbolisch zu Grabe: In Schwarz gekleidet, folgte der Trauerzug mit gut 300 Menschen einem Holzkreuz mit der Aufschrift »Šibenik«. Darauf waren zwei Zahlen eingraviert: 1066, das Gründungsjahr der für dalmatinische Verhältnisse recht jungen Stadt, und 2012 – ihr Todesjahr. Zum symbolischen Trauermarsch hatte ein örtliches Bürgerforum aufgerufen, um auf die »sterbende« Stadt aufmerksam zu machen: Der Hafen war praktisch bedeutungslos, die großen Arbeitgeber längst insolvent. Nachdem die Jugoslawische Volksarmee die Stadt 1991 beschossen hatte, mussten die Bürger auf vieles verzichten. Inzwischen gibt es das moderne Einkaufszentrum Dalmata – und mehr noch: Das örtliche Bürgerforum plant schon das nächste Projekt: Eine Beleuchtung der Altstadt und der Festungshügel vom Meer aus mit Solarlicht.

Mehrere Kilometer Strand

Strandleben

Baden mit schöner Aussicht ist westlich der Altstadt, am Stadtstrand Banj möglich – hier gibt es einen flachen Kieselstrand, Duschen und eine gemütliche Strandbar. Der Strand Jadrija ist etwa 15 Autominuten von Šibenik entfernt, er erstreckt sich westlich der Festung Sveti Nikola, am neu gestalteten Freizeitareal rund um den Sveti Ante-Kanal. Vorher war die Halbinsel Zablaće mit der weitläufigen Hotelsiedlung Solaris Beach Resort liebster Badeplatz der Šibeniker: Über 4 km wunderschöne Strände, dazu der moderne Aquapark Solaris. In der näheren Umgebung bieten vor allem der 800 m lange Kiesstrand Raduca in Primošten, der Kiesstrand Plava in Vodice sowie die Strände um Pirovac gute Bademöglichkeiten, ebenso die Inseln im Archipel von Šibenik.

Rund um den Domplatz

Meisterstück der Stadtbaukunst

★ Domplatz

Der Trg Republike Hrvatske (Platz der Republik Kroatien) an der nordöstlichen Seite der Kathedrale, auch Domplatz genannt, ist ein Meisterstück der Stadtbaukunst. Der mächtigen Flanke des Doms, die den Platz nach Westen abschließt, antwortet die elegante Fassade der Stadtloggia. Der Boden aus glänzenden Steinplatten unterstreicht den repräsentativen Charakter. Am nördlichen Ende des Platzes wurde 1961 dem Šibeniker Bildhauer und Architekten Juraj Dalmatinac (Giorgio da Sebenico, 1410–1473/75) ein Denkmal gesetzt.

Das schönste Gotteshaus Kroatiens

★★ Sveti Jakov

Die Kathedrale Sveti Jakov (Hl. Jakob) ist nicht nur Šibeniks überragendes Baudenkmal, sondern in der gesamten dalmatinischen Küstenregion eines der bedeutendsten Sakralbauten am Übergang von der Spätgotik zur Renaissance. Seit 2000 gehört sie zum Weltkulturerbe der UNESCO (▶ Baedeker Wissen S. 164).

Sommer 8.30 – 20 Uhr, im Winter verkürzt | Eintritt: 15 Kuna

Ehrwürdige Paläste

Bischofspalast und Rektorenpalast

An die Südseite der Kathedrale schließt sich der Bischofspalast aus dem 15. Jh. an, direkt neben dem alten Meerestor, das den Zugang von der Adria in die Stadt ermöglicht hat. Beachtenswert sind die schön gestalteten Portale. Das spätgotische Portal führt in den Innenhof, das Renaissanceportal in den Palast. In der Palastkapelle finden sich zwei außergewöhnliche Altarbilder (15. Jh.) und eine »Muttergottes mit vier Heiligen« aus dem Umkreis des Trogirer Künstlers Blaž Trogiranin (Blasius von Trogir).

Direkt gegenüber liegt der ehemalige **Rektorenpalast** aus venezianischer Zeit. Seine Hauptfassade mit spätgotischen Fenstern und Balkonen ist der Uferseite zugewandt. Heute beherbergt der Palast das Stadtmuseum (Gradski muzej) mit Ausgrabungsfunden, Skulpturen, folkloristischer Kunst und Volkstrachten.

Stadtmuseum: Sommer Di. – So. 10–13, 18–21 Uhr, im Winter verkürzt | Eintritt: 30 Kuna

Goldschmiedekunst

Sveta Barbara

Hinter dem Stadtmuseum steht die kleine, der hl. Barbara gewidmete gotische Kirche mit barockem Glockenturm. Die Lünette ihres Eingangsportals schmückt eine Statue des hl. Nikolaus (Sveti Nikola), eine Arbeit (um 1430) aus der Werkstatt des Bildhauers und Baumeisters Bonino aus Mailand. Die Seitenwand ziert ein spätgotisches Fenster ebenfalls von Bonino. Das Gotteshaus beherbergt ein **Museum sakraler Kunst** (Muzej crkvenih umjetnosti) mit Arbeiten des Šibeniker Goldschmieds Horacije Fortezza.

Sommer 10 – 13 Uhr, Eintritt: 10 Kuna

Duftender Klostergarten

Stadtloggia

Mit der Kathedrale im Rücken blickt man auf die zweigeschossige Stadtloggia (1533–1542). Sie wurde nach ihrer Zerstörung im Zwei-

Unter den Arkaden der Stadtloggia: Noch ist es am Morgen, aber die Tische bleiben nicht lange unbesetzt.

ten Weltkrieg wieder vollständig aufgebaut. Ihre Ausmaße geben eine Vorstellung von der einstigen Bedeutung Šibeniks. Auf dem Erdgeschoss mit weit gespannten Arkadenbögen ruht das durch neun rechteckige Fensterfelder gegliederte Obergeschoss. Der Balkon diente den Stadtvätern für Ansprachen an die Bürgerschaft.
Steigt man die Treppengasse neben der Stadtloggia bergauf, dann kommt man zum ehemaligen Foscolo-Palast, später Franziskanerkloster (15. Jh.). Gegenüber steht die **Klosterkirche Sveti Lovro** (Hl. Laurentius), an deren Frontseite in einem Felsspalt die Grotte der Muttergottes von Lourdes eingerichtet ist. Im Inneren überrascht ein schöner Klostergarten mit duftenden Kräutern und einem kleinen Café – der ideale Ort, um inne zu halten (Strme stube 1).
Tgl. 9–23 Uhr | Eintritt: 15 Kuna | www.spg.hr

Fast wie in Venedig

Zu einem Besuch von Šibenik gehört auch ein Bummel durch die hübsche Altstadt mit ihren venetianischen Palästen, Bürgerhäusern, den engen Gassen und Balkonen, an denen Wäsche über der Straße hängt. Vor allem in der Zagrebačka ulica und ihren Seitengassen gibt es hübsche Kirchen, unter anderem **Mariä Himmelfahrt** (Vaznese-

Zagrebačka ulica

KATHEDRALE SVETI JAKOV

Begonnen wurde die Kirche 1453, geweiht 1556. Der schlichte Sakralbau besticht durch die Schönheit der Steinmetzarbeiten, harmonische Formen und Ausgewogenheit. Geradezu einzigartig ist die Bauweise der Kuppel und des Gewölbes. Marmorplatten tragen sich selbst und die Baumeister kamen ohne Mörtel aus, denn die Steinblöcke sind miteinander verzapft.
Als Baumaterial wurden hauptsächlich Kalkstein und Marmor von der Insel Brač verwendet. Anfangs wirkten vor allem italienische Architekten; ab den 1440er-Jahren übernahm der einheimische Baumeister und Bildhauer Juraj Dalmatinac die Bauhüttenleitung. Auf ihn gehen der kreuzförmige Grundriss, Chor, Taufkapelle und Sakristei sowie das Konzept für die Vierungskuppel zurück.

1 Seitenportal
Von der ersten Kathedrale an dieser Stelle übernahmen die Baumeister das von Löwen flankierte Portal und setzten es an die östliche Längsseite.

2 Dach
Dalmatinac' Schüler und Nachfolger Niccolò Fiorentino vollendete den Bau. Das tonnengewölbte Dach besteht aus ineinandergreifenden Steinplatten ohne Verbindungsmaterialien.

3 Grabmal Bischof Juraj Šižgorić
Rechts neben dem Eingang im ersten Joch befindet sich das sehenswerte Grabmal des Bischofs und Humanisten Juraj Šižgorić. Es entstand 1454 nach Entwürfen von Juraj Dalmatinac (auch Giorgio da Sebenico genannt.

4 Dreikönigsaltar
Der Dreikönigsaltar im zweiten Joch links vom Eingang zeigt Marmorreliefs von Niccolò Fiorentino und ein Gemälde von Bernardo Rizzardi.

5 Heiligkreuzaltar
Den Heiligkreuzaltar rechts vor der Vierung schuf ein Künstler aus Split um die Mitte des 15. Jahrhunderts.

6 Hauptaltar
Hauptaltar und Holzkanzel stammen aus der Barockzeit.

7 Baptisterium
Eine schmale Treppe rechts von der Vierung führt ins Baptisterium mit vier gewölbten Apsiden und einem Taufbecken. Andrija Aleši vollendete das von Dalmatinac begonnene Werk.

BAEDEKER ÜBERRASCHENDES

6X ERSTAUNLICHES

Überraschen Sie Ihre Reisebegleitung: Hätten Sie das gewusst?

1. ARCHITEKTONISCHE MEISTERLEISTUNG

Die **Kathedrale von Šibenik** ist ein Bauwunder: Die mächtigen Steinplatten des Dachgewölbes wurden so behauen, dass sie freitragend sind und ganz ohne Mörtel auskommen! (► **S. 164**)

2. MONUMENTALE ZEILEN

Das Epos **»Reichtum und Armut«** des Dichters Jerolim Kavanjin ist wahrlich imposant: 32724 Verse umfasst das monumentale Werk aus dem 17. Jahrhundert! (► **S. 47**)

3. VERBUNDENHEIT

Im Dorf **Selca auf Brač** erinnern zwei Denkmäler an den deutschen Außenminister Hans-Dietrich Genscher und seinen österreichischen Amtskollegen Alois Mock, die sich 1991 für die Anerkennung Kroatiens stark machten. (► **S. 49**)

4. »MACHT DREI MARDER ...!«

Die Kroaten bezahlen mit Mardern und Linden! So heißt die offizielle Währung übersetzt: Die Banknoten sind **Kuna** (»Marder«) und die Münzwährung **Lipa** (»Linde»). Dies stammt noch aus der Zeit, als Marderfelle als Währung dienten.

5. UNGEWÖHNLICHER MÖRTEL

Der Leuchtturm Veli rat auf der Insel **Dugi otok** weist nicht nur Schiffen den Weg, sondern beherbergt auch Urlauber. Beim Bau wurde ein recht ungewöhnlicher »Mörtel« verwendet: 100.000 Eidotter sollen ihm Stabilität verleihen. (► **S. 80**)

6. HERZIGE INSEL

Das winzige Eiland **Galešnjak** vor der Küste von Pašman gilt als Insel der Verliebten: Aus der Vogelperspektive lässt sich nämlich die fast perfekte Herzform des Inselchens erkennen. (► **S. 206**)

nije Bogorodice/Uspenie Bogomatere), die im 16. Jh. in ein orthodoxes Gotteshaus umgewandelt wurde und einen barocken Glockengiebel besitzt. Mit seinen Zwillingsglocken und den beiden Austritten für den Glöckner zählt er zu den schönsten Glockentürmen Dalmatiens. Aus einer Seitengasse lugt die filigrane Kirchenrosette von **Sveti Duh** (Heilig-Geist-Kirche) hervor. Sie ist mit dem benachbarten Bruderschaftshaus durch einen mit gotischen Säulen verzierten Durchgang verbunden. Die im 15./16. Jh. im Renaissancestil erbaute **Sveti Ivan** besitzt schöne Reliefs an ihren Mauern, wie den hl. Johannes zwischen knienden Gläubigen.
Am südöstlichen Ende der Altstadt laufen die Zagrebačka und die Tomislava ulica zusammen und münden in die Poljana, den geschäftigen Platz vor dem **Nationaltheater** (Hrvatsko narodno kazalište, 1870). Dieses besticht mit prunkvoller Ausstattung und intimen Logen; gerne wird es auch für Konzerte genutzt (www.hnksi.hr).

Alte Schriften

An der Uferpromenade

Durch die nach Rosmarin und Salbei duftenden Grünanlagen an der Ulica Vladimira Nazora oder durch die Altstadtgassen erreicht man die Uferpromenade. Zwei Gebäude sind hier beachtenswert: In der gotischen **Franziskanerkirche** (Sveti Frane) faszinieren eine bemalte barocke Kassettendecke aus Lärchenholz und die Orgel aus dem 18. Jahrhundert. Auch ein Blick in das neu gestaltete, zum Teil interaktive **Klostermuseum** (Muzej Svetog Frane) lohnt sich. Glanzstück der Ausstellung ist das »Šibeniker Gebet« (Šibenksa molitva), eines der ältesten kroatischen Schriftdenkmäler in Lateinschrift (1375).
Klostermuseum: tgl. 9.30–13 Uhr | Eintritt: 20 Kuna

★★ Festungen

Game of Thrones

Festung Sveti Mihovil

Die Furcht vor den türkischen Angriffen war so groß, dass gleich vier Festungen gebaut wurden. Die Mächtigste und Älteste ist **Sveti Mihovil** (Hl. Michael), die 70 m hoch über der Altstadt thront: Mit ihr begann die Geschichte von Šibenik (1066). Die Festung hat den Grundriss eines verschobenen Rechtecks, ihr heutiges Aussehen stammt aus dem 16. Jahrhundert. Steile Gassen führen hinauf, vorbei am alten Friedhof Sveta Ana. Von ganz oben bietet sich ein wundervoller Rundblick auf die Altstadt, die Bucht und das Inselarchipel vor Šibenik. Im Sommer finden hier Konzerte und Festivals vor traumhafter Panorama-Kulisse statt. Auch die Macher der populären US-Fantasy-Serie »Game of Thrones« haben die Festung schon als Drehort entdeckt.
Juni – Aug. tgl. 8 – 22, Sept. tgl. 9 – 21, Okt., März – Mai tgl. 9 – 17 Uhr
Eintritt: 35 Kuna | http://svmihovil.sibenik.hr

Realitätserweiterung

Festung Subičevac

Die Festung Subičevac, häufiger Barone genannt, erstreckt sich sternförmig im östlichen Teil der Stadt. Sie wurde 1646 in nur zwei Monaten Bauzeit errichtet. Heute dient sie nicht nur als herrliche Aussichtsplattform, sondern auch als Schauplatz für Konzerte. Innovativ ist die Nutzung von Augmented reality mithilfe spezieller Brillen. Dabei erlebt der Besucher die Geschichte der Festung aus der Perspektive eines kleinen Jungen.

Juni–Aug. 9–22 Uhr, übrige Zeit verkürzt | 50 Kuna | www.barone.hr

Und noch zwei Bollwerke

Festungen Sveti Ivan und Sveti Nikola

Am höchsten Punkt der Stadt, 115 m über dem Meer, erhebt sich die sternförmige Festungsruine Sveti Ivan (Hl. Johannes). Sie wurde ebenfalls 1646 in nur zwei Monaten Bauzeit bei der gleichnamigen Kapelle emporgezogen; in den nächsten Jahren wird die Anlage umfangreich restauriert.

BAEDEKER ✦ MAGISCHE MOMENTE

NUR FÜR GANZ MUTIGE

Beim Bungee Jumping von der gut 40 m hohen Šibenik-Brücke, rund 4 km westlich der Stadt, ist Adrenalin garantiert. Auf Wunsch wird der Sprung auch auf DVD festgehalten. Saison ist von Anfang Juli bis Ende August, der Preis für einen Sprung beträgt 280 Kuna. Infos: www.bungee.com.hr.

Die einzige Verteidigungsanlage am Wasser ist die Festungsruine Sveti Nikola (Hl. Nikolaus)auf einer aufgeschütteten Halbinsel mitten in der engen Kanaleinfahrt vor Šibenik. Die elegante Militäranlage wurde von den Venezianern aus Furcht vor einem Seeangriff durch die Osmanen Mitte des 16. Jh.s errichtet, nachdem diese 1522 bereits das Städtchen Skradin im Hinterland eingenommen hatten. Der Anblick der mächtigen Ruine ist vor allem vom Wasser aus imposant.

Aus Alt mach Neu

Svetog Ante-Kanal

Ein ehemaliges Militärgelände, gegenüber der Altstadt, das lange Zeit brachlag, wurde mit EU-Fördermitteln neu gestaltet: Der Kanal Svetog Ante (Hl. Anton-Kanal) erhielt eine schöne Promenade mit Aussichtspunkten auf die Altstadt von Šibenik. Entlang der 4,4 km langen Trasse kann man Radfahren; ein Strand lädt zum Baden ein. Ein mehrere hundert Meter langer Marinebunker aus sozialistischen Tagen kann mit dem Boot oder zu Fuß, immer entlang an der Tunnelwand, erkundet werden. Die Umgestaltung des ehemaligen Militärgeländes konzipierte Architekt Nikola Bašić aus Zadar, der sich mit seinen Licht- und Klanginstallationen (Meeresorgel, Gruß an die Sonne) weit über seine Heimatstadt hinaus einen Namen gemacht hat.

ŠIBENIK ERLEBEN

TOURISTINFORMATION ŠIBENIK

Fausta Vraničića 18
22000 Šibenik
Tel. 022 21 20 75
www.sibenik-tourism.hr
www.sibenikregion.com

VERANSTALTUNGEN

Ab ca. 20 Juni (2 Wochen): Internationales Kinderfestival, http://mdf-sibenik.com
Mitte Juli–Ende Sept.: Festival des Meeres (Jezerski dani mora) mit Regatten, Folklore, Kunstausstellungen und »Big Game Fishing«, Jezera, Insel Murter, www.tzjezera.hr
Aug.: Sardellenfest auf der Insel Zlarin
1. Sonntag im Aug.: Eselsrennen, Tribunj und Pirovac
Anf. Sept.: Mittelalter-Festival, Šibenik

Die wichtigsten Einkaufsstraßen sind die **Zagrebačka ulica** und die **Ulica Kralja Tomislava,** genannt Kalelarga. Dort hat sich der Souvenirladen **Hrvatski otočni proizvodi** (Kroatische Inselprodukte) auf Fruchtliköre, Olivenholz-Souvenirs, Olivenöl und Naturkosmetik, die er von kleineren regionalen Erzeugern bezieht, spezialisiert (Trg Kralja Tomislava 9).
Käse, Feigen und Olivenöl findet man auf der Pijaca, dem **Bauernmarkt** (Stankovačka 9, Mo. – Sa. 6–13, So. bis 11 Uhr).
Auf ganz vorzügliches Olivenöl hat sich die **Oleoteka Uje** spezialisiert (Dragojevića Stube 1).
Der bekannte Feinkostladen **Delikatese Vukšić** hat mehrere kleine Verkaufsläden auf den Märkten von Šibenik, Murter und Vodice.

In der **Vintage Bar** werden Cocktails mit Rosmarin, Salbei oder frischer Minze dekoriert (Prolaz Bože Dulibića 4). Von der **Café Bar Makari Club** hat man einen wundervollen Blick auf die (beleuchtete) Altstadt.Seit Jahren populär sind die beiden Großraum-Discos **Hacienda,** an der Magistrale nach Vodice, und das **Aurora** in Primošten (www.auroraclub.hr).

❶ SOLARIS BEACH RESORT €€€–€€

Die moderne Anlage besteht aus fünf Hotels (insg. 1500 Zimmer), einer Villensiedlung mit Apartments und einem großen Campingplatz in einem Pinienwald am Meer.
Hotelsko naselje Solaris,
22000 Šibenik
Tel. 022 36 10 01
www.solaris.hr

❷ HOTEL JADRAN €€

Das Jadran ist das einzige Stadthotel in Šibenik; es liegt direkt unterhalb der Altstadt an der Uferstraße.
Obala dr. Franje Tuđmana 52,
22000 Šibenik
Tel. 022 24 20 00
www.rivijera.hr

❸ HOTEL TISNO €€€

Charmantes Boutique-Hotel, nahe der Festlandbrücke von Tisno. Bei der Sanierung des denkmalgeschützten Herrenhauses aus dem 19. Jh. wurde Wert auf stilvolle Details gelegt, etwa ein Fischgrätparkett und dunkle Holzmöbel.
Zapadna Gomilica 8
22240 Tisno
Tel. 022 43 81 82
www.hoteltisno.com

AGROTURIZAM KALIĆ €

Familie Kalpić gehört zu den Vorreitern des Agrotourismus in Dalmatien: Übernachtet wird in einer von zehn Bauernstuben in Holzbetten, in einem typischen Natursteinhaus an einem Bach. Gäste können selbstgemachten Wein und Schinken probieren oder dürften bei der Weinlese oder Obsternte mit anpacken. 19 km von Šibenik.
Kalpići 4
22221 Lozovac-Radonić
Tel. mobil 091 584 55 20
www.kalpic.com

❶ RESTORAN PELEGRINI €€€€

Das gehobene Restaurant gilt als eines der besten in der Region. In der Küche werden regionale Zutaten raffiniert verarbeitet – etwa zu Olivenöl-Mousse oder Johannisbrot-Törtchen.
Ulica Jurja Dalmatinca 1,
22000 Šibenik
Tel. 022 21 37 01
www.pelegrini.hr

❷ RESTORAN GRADSKA VIJEĆNICA €€€

Das charmante Interieur überrascht mit Stuck. Die Küche ist mediterran mit italienischer Note: Scampi, Pasta und Schwarzes Risotto.
Trg Republike Hrvatske 1,
22000 Šibenik
Tel. 022 21 36 05

❸ RESTORAN ZLATNA RIBICA €€€

Hier werden Sie mit feinstem Thunfisch-Aufstrich aus der Küche begrüßt. Das macht Lust auf noch mehr Fisch, etwa ein gegrilltes Thunfisch-Steak.
K. Spužvara 46
Šibenik-Brodarica
Tel. 022 35 06 95
www.zlatna-ribica.hr

❹ RESTORAN TIC TAC €€€
Wer mag, probiert auch mal Seeigel(!) oder frische Austern. Der ganze Fisch kommt in einer dicken Salzkruste auf den Tisch.
Hrokešina 5,
22243 Murter (Stadt)
Tel. 022 43 52 30
www.tictac-murter.com

❺ RESTORAN KAMENAR €€€
Probieren Sie unbedingt den kräftigen roten Primošten Babić zu Sardellen, Käse und Rohschinken. Grillfleisch und frischer Fisch, aber auch Spaghetti, werden sehr ansprechend angerichtet.
Rudina biskupa J. Arnerića 5,
22202 Primošten
Tel. 022 57 08 89
www.restaurant-kamenar.com

❻ RESTORAN TVRĐAVA €€
Das charmanteste Restaurant in Knin hoch oben auf der Festung gibt den Blick über die Stadt frei und ist vor allem für seine gegrillten Fleischgerichte bekannt.
Fra Luje Maruna 1 (Tvrđava/Festung), 22300 Knin
Tel. 022 33 51 92

❶ Restoran Pelegrini
❷ Restoran Gradska Vijećnica
❸ Restoran Zlatna ribica
❹ Restoran Tic Tac
❺ Restoran Kamenar
❻ Restoran Tvrdava

❶ Solaris
❷ Hotel Jadran
❸ Hotel Tisno

Rund um Šibenik

Im Grenzgebiet

Dirniš

Eingebettet in ein breites Tal, durch das der Krka-Nebenfluss Čikola fließt, liegt das Städtchen Drniš (2000 Einw.) 32 km östlich von Šibenik. Hier zogen die Türken 1520 eine Festung empor, deren Ruinen oberhalb des Flusses der Zeit trotzen; der Burghügel gewährt einen schönen Einblick in den Canyon der Čikola. Im Heimatmuseum am Ortsausgang, nahe der Čikola-Brücke, sind rund 50 Werke des Bildhauers Ivan Meštrović zu sehen, hauptsächlich Skulpturen, Reliefs und Porträts seiner weiblichen Familienmitglieder. Während des Serbisch-Kroatischen Kriegs wurde die Stadt vor allem durch serbische Granaten in Mitleidenschaft gezogen, da sie am Übergang zur Krajina liegt. Heute leben in dem Grenzgebiet viele bosnische Kroaten.

Heimatmuseum: Mo.–Fr. 8–14.30 Uhr | Eintritt: frei

Alles dreht sich um Meštrović

★ Otavice

Der kleine Ort Otavice, 9 km östlich von Drniš, wird hauptsächlich wegen des dortigen **Meštrović-Mausoleums** besucht, in dem der in Otavice geborene und aufgewachsene Bildhauer beigesetzt ist. Meštrović lieferte den architektonischen und künstlerischen Entwurf für seine Grabstätte, ausgeführt wurde das Projekt von seinen Schülern. 1991 wurde das Mausoleum durch serbische Truppen schwer beschädigt, mittlerweile ist es wieder saniert. Die ursprüngliche Eingangstür, auf der fast alle Familienmitglieder abgebildet waren, und die Glocke über der Tür wurden allerdings gestohlen. In Otavice stehen auch das Haus der Familie des Künstlers sowie das von ihm entworfene Schulgebäude.

Meštrović-Mausoleum: Mai – Sept. Di. – So. 9 – 19, übrige Zeit Di. bis Sa. 10 – 16, So. 10 – 15 Uhr | Eintritt: 15 Kuna | www.mestrovic.hr

Knin

Zentrum der Macht

★ Festung von Knin

Beherrscht wird Knin von einer gewaltigen Festung auf dem Berg Spas, die im frühen Mittelalter erbaut und im 15. und 18. Jh. erweitert wurde. Ihre heutige Gestalt erhielt sie durch die Truppen Napoleons und die Österreicher. Die obere Burg war das administrative und militärische Zentrum des altkroatischen Staats. Hier residierten im Mittelalter die kroatischen Könige. Die steinerne Tafel mit dem Markuslöwen über dem Festungstor verrät, dass sich die Venezianer, die bis 1797 hier ansässig waren, mit Kriegslist zu helfen wussten: Die Steintafel war beweglich und konnte in Kriegszeiten umgeklappt werden, sodass der Feind nicht sehen konnte, welcher Macht die Fetungsherren folgten.

Die Wohnung des Burgwarts ist heute Ruine, Reste einer Zisterne und von Latrinen sind noch erhalten. Auf dem Weg zur mittleren und unteren Burg findet man alles, was eine Festung brauchte: Kerker, Kasernengebäude, Pulverlager, Bastionen, Festungsplatz, Lazarett, Schmiede, Aussichtspunkte, Bollwerke und Verteidigungsmauern. In einigen Gebäuden hat sich das Museum der Stadt Knin einquartiert.

Festung: Mitte März – Ende Okt. tgl. 7 – 18, im Winter bis 15 Uhr
www.kninskimuzej.hr | Eintritt: 20 Kuna

Altkroatische Kleinode

Biskupija, 4 km südöstlich von Knin, war – wie der Name schon zu erkennen gibt – bis ins 13. Jh. Bischofssitz. Es liegt im Zentrum der weiten Ebene Kosovo polje, in der noch Reste von **fünf altkroatischen Kirchen** aus dem 9.–11. Jh. erhalten sind. In der Siedlung Crkvina wurde die dreischiffige Basilika der hl. Maria (9. Jh.) ausgegraben, einst die größte und prachtvollste altkroatische Kirche und Bischofssitz. Im Bereich ihrer steinernen Chorschranke fanden Archäologen die älteste bekannte Muttergottesstatue Kroatiens. Biskupija

Die auf einer Insel gelegene Altstadt von Primošten (▶ nächste Seite) lädt zu einem gemütlichen Rundgang ein, gebadet wird an den Stränden am Festland.

An der Küste um Šibenik

Typischer dalmatinischer Ferienort

★ Primošten

Die malerische, von einem spitzen Kirchturm überragte Altstadt von Primošten (26 km südlich von Šibenik) breitet sich auf einem Inselchen aus, das durch einen Damm mit dem modernen Teil des Orts auf dem Festland verbunden ist – ein Postkartenmotiv, vor allem, wenn man von der Küstenmagistrale auf die Stadt blickt. Früher gab es hier lediglich eine Brücke (most), an diese erinnert jedoch nur noch der Name des Städtchens. Im alten Inselort blieben Teile der dicken Stadtmauern aus dem 17. Jh. und viele schlichte Bürgerhäuser erhalten, wie sie für dalmatinische Fischerorte typisch sind. Gemütlich sitzen kann man in den Cafés und Restaurants an der kleinen Uferpromenade. Die Hotelkomplexe und Campingplätze von Primošten liegen am Festland – gegenüber der Altstadt. An den dortigen Fels- und Kiesstränden kann man schön baden.
Primošten ist für seine **Weingärten bei Bucavac Veliki** bekannt, 3 km südlich der Altstadt. Hier gedeiht die autochtone rote Rebsorte Babić. In der Nähe der Marina Kremik führen einige Fuß- und Radwege zu den Weinbergen.

Kleine Schwester von Primošten

Rogoznica

Mit seiner entzückenden Palmenpromenade (Riva)und der auf einer kleinen Insel gelegenen Altstadt ist das ehemalige Fischerdorf Rogoznica (8 km südlich von Primošten) unterhalb der Küstenmagistrale ein ebenso schmucker Ort. Er ist bei Skippern aufgrund seiner erst

BAEDEKER MAGISCHE MOMENTE

RESTAURANT ODER TRÖDELMARKT?

Man öffnet die alte Holztür der Gaststätte Santa Maria und glaubt, in einer Vogelvoliere gelandet zu sein: Im Foyer wird man von zwei Aras empfangen, im Restaurant stolziert ein Hahn herum. Ansonsten gleichen die Räumlichkeiten eher einem Trödelmarkt bzw. einer Galerie. In dem Kult-Restaurant werden vorzügliche mexikanische und italienische Spezialitäten serviert (Restoran Santa Maria, Kamila Pamukovića 9, Vodice, www.santamaria-vodice.com).

vor wenigen Jahren fertig gestellten Marina Frapa beliebt. Oberhalb der Marina breitet sich der kleine **Drachenaugen-See** (Zmajevo oko) aus, ein kleiner, smaragdgrüner Salzwassersee, der sich von den grauen Felswänden kontrastreich abhebt.

Ziel für Nachtschwärmer

Vodice (4000 Einw.), 11 km nordwestlich von Šibenik an einer breiten Bucht gelegen, ist ein bekannter Badeort mit vielen Hotels, Privatunterkünften, einem Campingplatz und einer Marina. Es ist bei jugendlichen Urlaubern sehr angesagt, nicht zuletzt wegen der Großraumdisco Hacienda an der Magistrale (www.hacienda.hr). Am südlichen Ende des Orts findet man schöne Naturbadestrände. Vodice

Inseln im Archipel von Šibenik

Oasen der Entschleunigung

Zu den vorgelagerten kleinen Inseln Krapanj, Prvić, Zlarin, Kaprije und Žirje kommen die Städter vom Festland, wenn sie einen Gang zurückschalten möchten. Mancherorts wirken die Inseln wie aus einer anderen Zeit, das mag daran liegen, dass sie allesamt autofrei sind. Für wenige Kuna kann man im Rahmen eines Tagesausflugs oder auf eigene Faust mit der Jadrolinija-Fähre ein oder zwei Inseln besuchen, an einsamen Stränden baden oder eine Wanderung unternehmen. Auf fast allen Inseln bietet eine romantische Fischkonoba gutes Essen an. Krapanj, Prvić, Zlarin, Kaprije und Žirje

Kleinste bewohnte Insel

Die winzige Insel Krapanj misst gerade mal 36 ha und ist nur 300 m vom Festland entfernt. Von Brodarica, wenige Kilometer südlich von Šibenik, legt das kleine Motorschiff unweit des Traditionsrestaurants Zlatna Ribica (www.zlatna-ribica.hr) stündlich ab. An Bord wird alles geladen, was die Inselbewohner benötigen. Der einzige Ort der Insel mit seinen bunten Hausfassaden zieht sich an der dem Festland zugewandten Seite entlang, sodass man ihn schon am Fischerkai von Brodarica gut überblicken kann. Mit 1,5 m über dem Meeresspiegel weist Krapanj die niedrigste Seehöhe aller Adriainseln auf. Hinter den Häusern sprießen üppige Gemüsegärten, der übrige Teil des Inselzwergs ist mit schattigen Pinien bewachsen. Krapanj

Die **Schwammzucht**, die einst 400 Menschen auf Krapanj ein Auskommen bot, bringt schon lange nicht mehr viel Geld, auch wenn die gelben Meeresschwämme als Souvenir in einem kleinen Laden am Hafen verkauft werden. 1435 kaufte die Fürstenfamilie Juri aus Šibenik das damals unbewohnte Krapanj der Kirche ab und schenkte es den bosnischen Franziskanern, die hier ein Kloster errichteten. Es zeigt heute eine Ausstellung über die **Schwamm- und Korallenfi-**

Vom Schwammtauchen kann auf Krapanj kaum jemand mehr leben.

scherei. Das Wandgemälde »Das letzte Abendmahl« im Refektorium stammt vom italienischen Maler Francesco da Santacroce. Er malte es im 16. Jh., als er auf dem Weg von Dubrovnik nach Venedig krank wurde und sich hier kurierte.

Kloster, Schwamm-Museum: Mo. – Sa. 9 – 12 Uhr | Eintritt: 15 Kuna

Witwenbalkone und Patriziervillen

Prvić

Die malerische Insel Prvić hat zwei Anlegestellen: eine in Prvić Šepurine, eine zweite in Prvić Luka. Die Kirche von **Prvić Šepurine** mit ihren Zwiebeltürmen überragt die grauen, mit kleinen Natursteinen gepflasterten Gassen. Verschlungene, verwunschene Wege führen auf den Inselhügel hinauf; oben genießt man einen reizenden Blick auf die roten Dächer des Fischerorts. Besonders schön sind in Prvić Šepurine die »Witwenbalkone« – eine Art Zwillingsdachgauben, von denen aus die Frauen einst nach den Schiffen ihrer Männer Ausschau hielten – und dies bisweilen heute noch tun.
Bis zum anderen Inselhafen, **Prvić Luka,** ist es ein Katzensprung. Auf dem Weg dorthin duftet es nach Rosmarin und Lavendel, Efeu rankt sich üppig über die hohen Mauern. Alte Villen reihen sich am Meer, das von flachen Sandstränden gesäumt ist: Wohlhabende Patrizier aus Šibenik kauften sich hier in der Vergangenheit Landsitze. Einer von ihnen war der 1551 geborene Faust Vrančić – Historiker,

Schriftsteller, Philosoph, Philologe, Mathematiker und Physiker. Als seine bekannteste Erfindung gilt ein eigener Fallschirm, den er nach einem Entwurf von Leonardo da Vinci baute. Unter anderem verfasste der kroatische Gelehrte auch ein Wörterbuch der »fünf edelsten Sprachen«, in die er selbstverständlich seine Muttersprache einbezog. Vrančić starb 1617 in Venedig und wurde auf eigenen Wunsch in der Pfarrkirche in Prvić Luka beigesetzt. Ihm zu Ehren wurde in Prvić Luka ein modernes **Faust-Vrančić-Museum** errichtet, das Skizzen, Ideen und Nachbildungen des großen Erfinders ausstellt.

Memorijalni centar Faust Vrančić: Mitte Juni–Mitte Sept. Mo. 9–16, Di–So 9 bis 22 Uhr, übrige Zeit Mo–Fr/Sa 8–16 Uhr | Eintritt: 30 Kuna | www.mc-faustvrancic.com

Goldene Insel

Zlarin

Zlarin rühmt sich ihrer Korallen und des Schmucks, den die Einheimischen daraus herstellen. Teils werden die Schmuckstücke mit Gold und Silber eingefasst, weshalb Zlarin nicht nur als »Koralleninsel«, sondern auch als »Goldene Insel« bezeichnet wird. Die Bestände sind jedoch erschöpft. Dennoch existieren im Ort Zlarin noch zwei kleine Schauwerkstätten, in denen Schmuck aus roten oder weißen Korallen zum Kauf angeboten wird (knappe Ressourcen führen zu stattlichen Preisen!). Von Zlarin aus lohnt sich die nur wenige Kilometer lange Wanderung auf den **Gipfel des Klepac,** mit 170 m die höchste Erhebung der Insel. Auch Mountainbiker haben die autofreie Insel für sich entdeckt. Die schönsten Strände, mit weißem Kiesel, erstrecken sich links der Fähranlegestelle, rechterhand eher wilde, ursprüngliche Badeplätze.

Klein und unbewohnt

Obonjan

Zu jugoslawischen Zeiten schlugen auf der winzigen Insel Obonjan Pfadfinder ihre Zelte auf, nun wird sie von britischen Visionären als eine Party-, Yoga- und Kunst-Location genutzt. Bislang gibt es eine Bühne, Waschräume und Zeltmöglichkeiten. Die Anreise erfolgt im Taxi-Boot, das Mindestalter für Besucher beträgt 18 Jahre. Derzeit geht die Festival-Saison von Ende Juni bis Anfang September (www.obonjan-island.com).

Murter

Nach Murter kommt man des Wassers wegen. Nautiker schätzen die gut ausgebauten Marinas, Familien breiten ihre Badetücher an flach abfallenden Stränden aus, Taucher schwärmen von zerklüfteten Felsbuchten und Feinschmecker empfehlen die – eher hochpreisigen – Fischlokale auf der Insel.

In kleinen Familienwerften auf Murter wird die Gajeta, das typisch kroatische Fischerboot, noch in Handarbeit gebaut.

Tisno

Hier geht es eng zu

Die Straße, die vom Festland auf die größte Insel (19 km²) im Archipel von Šibenik führt, ist kurz. Sie misst gerade mal 30 m und überquert eine winzige Drehbrücke, die sich schon seit 1832 über den engen Meerkanal spannt. Dann findet sich der Besucher im ersten Inselort wieder, der seinem Namen alle Ehre macht: Tisno, was im Dialekt Dalmatiens »eng« bedeutet. So präsentiert sich nicht nur die Meeresenge, sondern auch das Örtchen: Ein paar Cafés und Restaurants drängen sich an der Uferpromenade (Riva), hier treffen sich Fischer, Arbeiter und Urlauber auf einen Espresso. Beschaulicher ist es auf dem 1 km langen Spazierweg vom Autokamp Jazina (www.campjazina.com) zu den kleinen Siedlungen Kapovi und Girin. Tisno ist ein bedeutender Mittelpunkt im katholischen Bistum Šibenik. Während der großen **Wallfahrt der Madonna von Caravaggio** pilgern die Gläubigen aus den Bistümern Šibenik und Zadar zu der 1792 errichteten Kirche oberhalb von Tisno. Das Bild der Mutter Gottes an der Seitenwand der Kirche zeigt die wundertätige Madonna, die der Überlieferung nach 1342 in der Nähe von Caravaggio bei Mailand erschienen sein soll.

Segeln oder fischen?

Jezera

Seit dem Bau eines ACI-Jachthafens und der Einrichtung einer Segelschule ist es in Jezera im Sommer recht lebhaft geworden. Am Ende der Marina locken sehr schöne, flache Kieselstrände zum Baden im glasklaren Wasser. Auf der anderen Seite der Bucht findet man zerklüftete Felsenstrände unter schattigen Pinien. International geht es Ende September in Jezera zu, wenn beim Big Game Fishing der größte gefangene Fisch prämiert und dazu gefeiert wird.
In der Hafenbucht ankert der Fischkutter **»Tomiša«** der Fischerfamilie Tomislav Klarin, die auf eine 100-jährige Tradition des Fischfangs zurückblickt. Sie bietet Fischfangtouren für Touristen an (Tomislav Klarin, Obala Svetog Ivana 2, 22242 Jezera, Tel. 022 43 92 28, www.tomisa-jezera.com).

Beliebte Badebucht

Murter (Ort)

Der Hauptort der Insel, mit der er den Namen Murter gemeinsam hat, teilt sich in eine Oberstadt und in die in einer weiten Bucht liegende Unterstadt Hramina mit einem großen Jachthafen. Dort befinden sich die Touristinformation (www.tzo-murter.hr), die meisten Geschäfte sowie Cafés und Restaurants. Unterhalb des einzigen Hotels liegt einer der beliebtesten Badeplätze der Insel in der bewaldeten Bucht Slanica. Der kleine, flache Sandstrand zwischen Felsen ist daher in der Regel gut besucht, insbesondere von Familien mit Kindern.

Römisches Luxus-Resort

Colentum

Der römische Schriftsteller Plinius und der griechische Philosoph Ptolemäus erwähnten im 1. und 2. Jh. die Siedlung Colentum. Sie erlebte ihre Blütezeit unter den Kaisern Nero (54 – 68) und Vespasian (69 – 79). Die Ausgrabungen am Fuß des Bergs Gradina auf der Landzunge zwischen Murter und Betina zeugen von ausgesprochen luxuriösen Sommervillen römischer Patrizier aus den damaligen Metropolen Skardona (Skradin) und Zadar. Die gepflasterten Straßen verfügten über ein ausgeklügeltes Abwassersystem und ähnelten den heutigen Gassen dalmatinischer Altstädte. Die größte Villa erstreckte sich 50 m am Meer entlang. Die Überreste der gemauerten Uferpromenade (Riva) sind noch heute im Meer sichtbar.

Heimat der Gajeta

Betina

In östlicher Richtung geht Murter fast nahtlos in den Nachbarort Betina über, der noch weitgehend dörflichen Charakter bewahrt hat. In mehreren kleinen Familienwerften wird hier die Gajeta gebaut, ein traditionelles kleines Fischerboot mit Segel. Es misst gewöhnlich bis zu 12 m. Ein kleines Museum zeigt Schiffsmodelle und Gerätschaften.

Schiffsbaumuseum: Juli–Aug. tgl. 10–22 Uhr, Juni/Sept. Mo.–Sa. 9–12, 18–22 Uhr, Okt.–Mai: Mo.–Fr. 9–15, Sa. 9–12 Uhr
Eintritt: 25 Kuna, Audio-Guide auch auf Deutsch | www.mbdb.hr.

★★ SPLIT

Höhe: 5 m ü. d. M. | **Einwohnerzahl:** 178 200

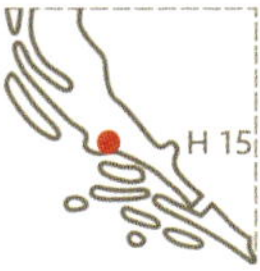

So könnte der perfekte Altersruhesitz aussehen: Der Gewölbekeller führt direkt zum Meer, den Innenhof verzieren eigens aus Ägypten importierte Sphinx-Statuen, die auf marmorähnlichen Kalksteinblöcken thronen. Eine architektonische Vision? Keinesfalls. Mit solch einem Bauwerk hat sich der römische Kaiser Diokletian seinen Lebensabend vor 1700 Jahren in Split versüßt.

Stadt mit vielen Gesichtern

Wie fast alle Großstädte hat auch Split viele Gesichter. Der erste Eindruck der, nach Zagreb, zweitgrößten Stadt Kroatiens, wird von großen Wohnblöcken bestimmt. Umso mehr erstaunt, dass der mittelalterliche Kern um den Diokletianpalast so unversehrt erhalten und von größeren Bausünden verschont blieb. Geschäftig geht es auch im Fährhafen, unmittelbar vor den Palastmauern, zu: Urlauber klettern aus Fernbussen, gegenüber reihen sich Autoschlangen vor die großen Fährschiffe, die auf die Inselwelt ablegen. Und nur wenige Meter entfernt beginnt die palmengesäumte Riva mit ihren strahlendweißen Bodenplatten.

Lange Zeit war Split nur ein Sprungbrett auf die Inselwelt Mitteldalmatiens. Nun kommen viele Gäste, um länger zu bleiben, in charmante Boutique-Hotels oder neu sanierte Appartements, die überall in der Stadt entstanden sind. Zudem haben die großen Kreuzfahrtschiffe Split entdeckt und bringen im Sommer viele Tagestouristen an Land. Für die Bewohner von Split ist der erstarkte **Tourismus** Fluch und Segen zugleich: Die Mietpreise sind rasant angezogen, der Preis für eine Drei-Zimmer-Wohnung in der Innenstadt verzehrt ein komplettes Durchschnittsgehalt. Arbeit hat jedoch längst nicht jeder, da seit dem Ende des Sozialismus rund 40 größere Produktionsbetriebe geschlossen wurden. Selbst der Hafen und die große Werft, einst Zugpferde der Wirtschaft, arbeiten unter ihrer Kapazität. An der Hafentradition hält auch die Universität mit ihren 22 000 Studierenden fest: Diese können hier Fächer wie Schiffsbau studieren.

Eine merkwürdige Sportart

Aktiv sein

Die grüne Lunge der Stadt heißt Marjan: Dicht bewaldet ragt der Berg über der Halbinsel in der Bucht von Split auf. Hier erholen sich die Bewohner gerne beim Spaziergang. Viel besucht wird auch das Fußballstadion, denn Hajduk Split ist eines der besten Teams im Land. Der lebhafte Stadtstrand von Split, Bačvice, fällt sehr flach ins Meer ab – ideale Bedingungen, um **Picigin,** die berühmte lokale Wasserball-Variante zu spielen. Bei der Sportart gibt es eigentlich keine Regeln, nur muss der Ball so lange wie möglichst lange in der Luft

Die Altstadt von Split ist ein Palast – und der Palast ist die Altstadt.

bleiben. Die Picigin-Spieler hüpfen dem Plastikball sogar im Winter am Bačvice-Strand hinterher und haben nun eine Weltmeisterschaft alljährlich im Juni ins Leben gerufen. Ruhiger geht es am ebenfalls sehr flachen Kiesstrand Kašuni zu, unterhalb des Marjan, wo Loungepolster zum Sonnenuntergang-Beobachten einladen.

Stadt des Diokletian

Etwas Geschichte

Aus einfachen Verhältnissen stammend, gelangte er zu großer Macht: der römische **Kaiser Diokletian** (ca. 236/245–312 n. Chr.), der in der Nähe von Split geboren wurde (▶ 261). Die letzten sieben Lebensjahre verbrachte der Imperator a.D. in seinem Altersruhesitz, dem Diokletianpalast: Erst mit dessen Bau hatte Split so richtig Kontur angenommen, auch wenn zuvor schon Illyrer, Griechen und Römer hier siedelten. Im Mittelalter bildete sich ab dem 10. Jh. eine autonome Stadtverwaltung heraus, die auch noch im kroatisch-ungarischen Königreich Bestand hatte. Die Venezianer (1420–1797) versuchten den politischen Spielraum von Split allerdings immer wieder einzuschränken, was auch den wirtschaftlichen Aufschwung bremste. Hinzu kam, dass immer wieder Angriffe der Türken drohten. Dagegen wollte man sich mit dem Bau einer Befestigungsanlage schützen. Der Großteil der Stadtmauern wurde allerdings unter Napoleon im frühen 19. Jh. wieder entfernt. Damals wurde auch die Riva vor dem Diokletianpalast befestigt und es entstanden zahlreiche neue Straßen. Damit war der Grundstein für die Entwicklung zu einer Großstadt gelegt.

★★ Altstadt · Diokletianpalast

Berühmtestes Bauwerk von Split

Römische Architektur

Ein kleines Palais, irgendwo in der Altstadt versteckt? So sollte man sich den Diokletianpalast eher nicht vorstellen, denn der Palast ist vielmehr die Altstadt: Innerhalb des Mauerwerks wohnen die Menschen in ihren Häusern, flanieren, leben und leiden. Einiges ist nicht mehr vorhanden, einiges wurde umgewandelt: Tempel wurden zu Kirchen, Bürgerhäuser kamen hinzu. Was heute noch steht, ist jedoch mehr als imposant: Der spätantike Bau gilt zweifelsohne als das eindrucksvollste Denkmal der römischen Architektur in Dalmatien – und steht seit 1979 auf der Liste des UNESCO-Weltkulturerbes.
Eigentlich wäre ein Blick aus der Vogelperspektive auf die Altstadt ideal: So würde der **rechteckige Grundriss** des Palastes (180 x 215 m) gut sichtbar werden. Die gesamte Fläche umfasst 30 000 m², das entspricht gut vier Fußballfeldern. Das mächtige Mauerwerk ist bis zu 18 m hoch und wurde einst von 16 Türmen bewacht. Drei große Tore, die bis heute gut erhalten sind, führten aus dem Komplex hinaus (▶ Baedeker Wissen S. 184).
Der Palast war durch zwei rechtwinklig verlaufende Straßen, Decumanus und Cardo, in vier gleich große Abschnitte unterteilt. Der Südflügel mit seiner eleganten Fassade zur heutigen Uferpromenade hin war dem Kaiser vorbehalten. In der Antike grenzte der Palast hier unmittelbar ans Meer, sodass die großen kaiserlichen Galeeren an der Palastmauer anlegen konnten.

Schmuck statt Gefängnis

Gewölbekeller

Das **Bronzene Tor** (Porta aenea) an der Riva, die erst im 19. Jh. aufgeschüttet wurde, führt in den Gewölbekeller (podrumi), der das Gefälle zum Meer hin ausgleichen sollte und vermutlich als Lagerstätte, aber auch als Verlies diente. In einem Abschnitt werden Schmuck und Kunsthandwerk verkauft, in einem anderen erfahren die Besucher in einer Ausstellung etwas über die Geschichte von Split.

Podrumi: Sommer Mo.– Sa. 9–21, So. bis 18 Uhr, im Winter verkürzt | Eintritt: 50 Kuna

Privatgemächer

Der Kaiser privat

Unmittelbar über den Gewölberäumen befanden sich die kaiserlichen Privatgemächer. Die »Eingangshalle« war gewissermaßen das

bis heute vorhandene Vestibül mit seiner großen Lichtöffnung, das im Lauf der Zeit allerdings seine reichen Verzierungen eingebüßt hat. Das Vestibül verband die Privatgemächer mit dem Peristyl, dem zentralen Innenhof mit Säulen, der dem Kaiser zu Repräsentationszwecken diente. Heute wird hier, im stimmungsvollen Café Luxor, Espresso getrunken.
An die innere Südmauer des Diokletianpalastes, auf der Ebene des Vestibüls (Iza Vestibula 4), schmiegt sich das **Ethnografische Museum** (Etnografski muzej). Es hütet eine reichhaltige Sammlung von Volkstrachten, Stickereien, Musikinstrumente und Schmuck aus ganz Dalmatien in den einstigen Privatgemächern des Kaisers. Von der Dachterrasse fällt der Blick auf die roten Ziegeldächer.
Juni–Sept. Mo.–Sa. 9.30 – 20, So. 9.30 – 13 Uhr, Okt.– Mai Mo.– Fr. 10–15, Sa. 9–13 Uhr | Eintritt: 15 Kuna | www.etnografski-muzej-split.hr

Vom Mausoleum zur Kathedrale

★ Kathedrale Sveti Duje

Über dem Peristyl wacht eine mächtige, schwarze Sphinx aus Granit. Es ist eine von einst zwölf Sphingen aus Ägypten. An der Statue vorbei führen Stufen in die Domniuskathedrale (Sveti Duje) hinauf. Früher befand sich hier das Mausoleum von Kaiser Diokletian, ein achteckiger Bau mit offenem Säulengang. Das Gebäude wurde jedoch im 8. Jh. zu einer Kirche umgebaut. Als Split im 10. Jh. Bischofssitz wurde, erhielt das Gotteshaus den Status einer Kathedrale. 28 Türfelder in der **Domtür** erzählen Szenen aus dem Leben Christi. Sie gehören

Der hl. Dominus, einer der beiden Stadtpatrone von Split, starb unter Kaiser Diokletian den Märtyrertod. Sein Sarkophag steht in der Kathedrale.

DIOKLETIANPALAST (REKONSTRUKTION)

Im Diokletianpalast begann Splits Geschichte. Um 300 ließ Kaiser Diokletian hier, in seiner Heimat, seinen Alterssitz errichten. Der riesige Palast ist heute in die Altstadt integriert. Große Teile sind erhalten und belegen das hohe Niveau römischer Baukunst. Der in nachantiker Zeit verlassene Palast wurde später von den Einwohnern des zerstörten Salona (Solin) genutzt, die auf der Flucht vor den Awaren waren. Über und in den römischen Bauten entstand eine Stadt, die bis heute fast unverändert erhalten ist.

❶ Seetor
Von der Uferpromenade betritt man den Palast durch das Seetor. Dahinter liegt ein Labyrinth von Räumen, deren Ausstattung leider nicht erhalten ist.

❷ Gewölberäume
Die einstigen Festsäle werden heute für Ausstellungen genutzt.

❸ Kathedrale Sveti Duje
Das antike Bauwerk, ein von einem Säulengang umgebenes Oktogon, wurde im 8. Jh. als christliche Kirche geweiht und Mitte des 10. Jh.s zur Kathedrale des Bistums Split erhoben.

❹ Sveti Rok
An der Ostseite des Peristyls steht die Rochuskirche aus dem 16. Jh. mit schöner Renaissancefassade (heute Tourismusbüro und Souvenirshop).

❺ Sveti Filip
Die Philippus-Neri-Kirche am Kraljice-Platz wurde 1735 vom venezianischen Architekten Franceso Melchiori erbaut.

❻ Peristyl
Der längliche Platz wird an beiden Längsseiten von Arkaden über Säulen mit korinthischen Kapitellen gefasst.

Hinter den Säulen der südlichen Schmalseite lagen die kaiserlichen Privatgemächer. Hier fügte man in der Renaissance- und der Barockzeit zwei Kapellen ein.

7 Papalić-Palast
Der Stadtwohnsitz der Familie Papalić beherbergt heute das Städtische Museum. Der romanische Palast wurde im 15. Jh. durch Juraj Dalmatinac im Stil der venezianischen Gotik erneuert.

8 Agubio- und Cindro-Palast
Stilmerkmale von Gotik und Renaissance finden sich an diesen Patrizierpalästen in der Krešimirova und der Dioklecijanova ulica.

9 Porta aurea
In den äußeren Gang über dem Goldenen Tor, dem nördlichen Stadteingang, wurde im frühen Mittelalter die altkroatische Martinskapelle eingefügt.

10 Porta ferrea
Durch das Eiserne Tor gelangt man in die Altstadt westlich des Diokletianpalasts. Der Campanile stammt aus dem 11. Jahrhundert.

11 Ninski-Denkmal
In der Achse der Porta aurea steht das von Ivan Meštrović gefertigte Standbild des Bischofs Grgur Ninski (Gregor von Nin).

zu den wertvollsten Werken romanischer Kunst in Dalmatien. Die mächtige Flügeltür wurde von Andrija Buvina geschnitzt (1214).
Innen verschmelzen mehrere Baustile perfekt miteinander. Der 25 m hohe, überkuppelte Zentralraum ist durch zwei Reihen korinthische Marmorsäulen mit reicher Verzierung gegliedert. Das Relieffries unter dem Gebälk der oberen Säulenreihe bildet Eros auf der Jagd ab, ein Porträt zeigt Kaiser Diokletian und seine Frau Prisca. Ursprünglich war die gesamte Kuppel mit Mosaiken ausgekleidet.
Der Hauptaltar wird von zwei Seitenaltären flankiert: Diese wurden über den Sarkophagen der beiden Stadtpatrone, hl. Domnius und Anastasius, errichtet. Die beiden Heiligen gelten als Märtyrer, die unter Kaiser Diokletian umgekommen waren. Die liegende Figur des hl. Domnius auf dem Sarkophag entwarf Bonino da Milano (1427). Der Altar des hl. Anastasius (1448) auf der anderen Seite stammt von Juraj Dalmatinac (►S. 261), dem Baumeister der Kathedrale von Šibenik. Das Altarrelief der »Geißelung Christi« wurde ebenfalls von diesem herausragenden Renaissance-Bildhauer gefertigt. Das hölzerne Chorgestühl aus dem 13. Jh. soll das älteste in ganz Dalmatien sein.
Der Aufstieg auf den Glockenturm der Kathedrale lohnt sich: Ein herrlicher Rundumblick auf Split und die Umgebung ist garantiert!
Kathedrale: Sommer 9 – 20 Uhr, im Winter verkürzt | Eintritt: 20 Kuna

Kleine Taufkapelle

Baptisterium

Gegenüber der Kathedrale führt eine Gasse westwärts zum ehemaligen Jupitertempel, der später zu einem Baptisterium umgestaltet wurde. Eine kopflose Sphinx wacht über den Eingang. Die ägyptischen Statuen wurden von Christen enthauptet. Ein reich verziertes Steinportal führt in den winzigen Tempel, der mit einer Kassettendecke und einem Taufbecken (12. Jh.) ausgestattet ist. Der Schutzpatron der Kirche, Johannes der Täufer (Sveti Ivan Krstitelj) thront hier als Statue, gefertigt von Ivan Meštrović.
Sommer tgl. 8.30–19.30 Uhr | Eintritt: 15 Kuna

BAEDEKER MAGISCHE MOMENTE

RÖMISCHER ALLTAG LIVE

Der Diokletianpalast atmet Geschichte. Geht man einige Schritte weiter nördlich der Anlage, dann bewegt sich die Antike auch: Im Livemuseum im Strossmajerov-Park stellen etwa 50 Akteure römische Alltagsszenen nach.

1 Adriatic Sushi & Oyster Bar
2 Adriatic Grašo
3 Boban
4 Stellon
5 Bepa

1 Le Méridien Lav
2 Hotel Bellevue
3 Hotel Park
4 Hotel Slavija
5 Villa Varoš

Außerhalb des Diokletianpalasts

Streicheln bringt Glück

Silbernes Tor und Goldenes Tor

Nach Osten führt das Silberne Tor (Porta argenta) aus dem Diokletianpalast hinaus: Dort schließen, an der Hrvojeva ulica, direkt Kirche und Kloster des Hl. Dominik (Sveti Dominik) an. Südlich davon erstreckt sich der bunte Markt (Stari Pazar) von Split – wo es so ziemlich alles zu kaufen gibt, von billigen Sonnenbrillen bis hin zu hausgemachtem Likör.
Die Nord-Süd-Achse Cardo führt hingegen durch das Goldene Tor (Porta aurea) hinaus aus dem Palast. Man erreicht es über den Car-

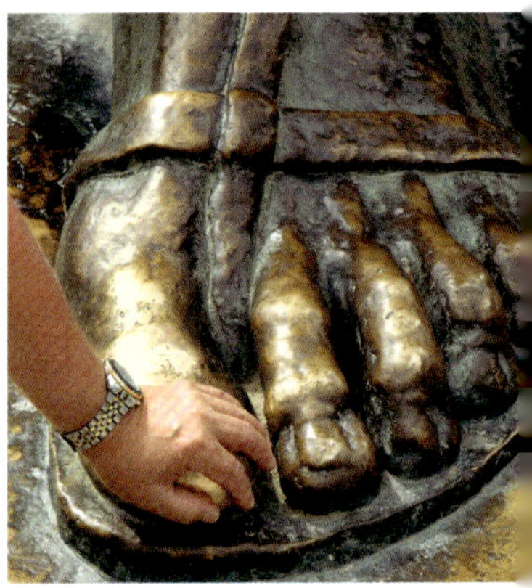

OBEN: Nach so viel Kultur kann man in den autofreien Altstadtgassen einen Drink genießen.
UNTEN: Das Streicheln über den großen linken Zeh der Statue von Bischof Gregor von Nin soll Glück bringen.

do, der heute Dioklecijanova ulica heißt. Direkt vor dem ehemals wichtigsten Ausgang des Palastes thront die 8 m hohe, monumentale **Statue des Bischofs Gregor von Nin** (Grgur Ninski; ? – 929), die Ivan Meštrović geschaffen hat. Es soll Glück und Gesundheit bringen, wenn man über den linken großen Zeh der Statue streichelt.

Beliebte Treffpunkte

Pjaca (Narodni trg)

An der Westseite des Diokletianpalastes schließen zwei der schönsten Plätze der Stadt an: Die Pjaca, die in Split eigentlich niemand bei ihrem offiziellen Namen, Narodni trg (Volksplatz), nennt. Hier treffen sich die Bewohner von Split traditionell zum Bummeln oder auf einen Kaffee. Der Platz entstand ab dem 13. Jh., als sich die Stadt allmählich auch außerhalb des Diokletianpalastes aus zu dehnte. Im Lauf der Jahrhunderte bauten die adeligen Familien aus Split ihre wunderschönen Paläste hier, mit Rundbogenfenstern, Nischenfiguren und kleinen Balkonen – ein eleganter Mix verschiedener Architekturstile. Das Alte Rathaus (Stara gradska vijećnica) beherbergt eine zeitgenössische Kunstgalerie mit Wechselausstellungen. Auffällig ist die Stadtuhr an einem Wehrtürmchen: Deren Ziffernblatt prägen 24 statt 12 Ziffern!
Mindestens ebenso charmant wie die Pjaca ist der lebhafte **Voćni trg (Obstplatz),** hier fand früher der bunte Obstmarkt statt. Den Trg Braće Radića (Gebrüder Radić-Platz), so sein offizieller Name, ziert in der Mitte ein Denkmal für Marko Marulić, den in Split geborenen Humanisten und »Vater« der kroatischen Literatur von Ivan Meštrović (►S. 264). An der dem Meer zugewandten Seite des Platzes erhebt sich ein mächtiger, achteckiger Wehrturm, das Überbleibsel eines ehemaligen Kastells aus dem 15. Jahrhundert. Der Milešić-Palast gegenüber besticht mit seiner herrlichen Barockfassade (17. Jh.).

Pause an der Riva

★ Uferpromenade

Den Obstplatz trennen nur ein paar Schritte von der Riva, der breiten Uferpromenade mit Grünanlagen, Palmen, Straßencafés und Sitzbänken: Hier schlägt das Herz der Stadt! Der in Sichtweite liegende Hafen mit den großen Kreuzfahrtschiffen und der Südfassade des Diokletianpalastes geben eine prächtige Kulisse ab.
Der dritte größere Platz in der Innenstadt, der **Platz der Republik (Trg Republike),** auch Prokurature genannt, erstreckt sich am westlichen Ende der Uferpromenade. Er ist an drei Seiten von einem Gebäudekomplex im Stil der Neorenaissance eingerahmt und wurde nach dem Vorbild der Prokuratorenpaläste in Venedig errichtet (19. Jh.). Der am Abend stimmungsvoll beleuchtete Platz wird gerne für Konzerte genutzt, auch während des Spliter Sommerfestivals.

SPLIT ERLEBEN

TOURISTINFORMATION SPLIT
Peristil bb (im Diokletianpalast)
21000 Split
Tel. 021 34 56 06
www.visitsplit.com

TOURISTINFORMATION (REGION)
Prilaz braće Kaliterna 10/I
21000 Split
Tel. 021 49 00 32
www.dalmatia.hr

SPLITCARD
Gewährt kostenlosen oder reduzierten Eintritt in zahlreiche Museen und Galerien, Rabatt beim Kauf von Theaterkarten, in einigen Restaurants und Hotels sowie bei Mietwagenfirmen. Erhältlich in der Touristinformation, in Reisebüros oder Hotels, 10 €, gilt 72 Std.
www.splitcard.com

7. Mai: Fest des Schutzpatrons der Stadt Split
Juni: Weltmeisterschaft im Picigin-Spiel
14. Juli–14. Aug.: Spliter Sommer (Splitsko ljeto) mit Oper, Theater, Ballett und Konzerten, www.splitsko-ljeto.hr
1. Sonntag im Aug. (Fr./Sa. Generalproben): Sinjska alka – Reiterwettstreit in historischen Kostümen, Sinj, www.alka.hr
15. Aug.: Große Marienwallfahrt, Sinj

Hajduk Split heißt der international bekannte Fußballklub der Stadt. Sein Stadion ist sogar geschütztes Kulturgut.

Wer Handwerkskunst mag, wird an den Ständen im **Kellergewölbe** zwischen der Flaniermeile Riva und dem Peristyl fündig. Selbstgemachter Schnaps, getrocknete Feigen, Käse, Früchte, Kleidung, Haushaltswaren und Schuhe werden auf dem **Bauernmarkt (Pazar)** vor dem östlichen Palasttor verkauft. Die legendären kroatischen Nougatpralinen Bajadera bietet Süßwarenhersteller **Kraš** an (Narodni trg 6, www.kras). Eine gute Auswahl Olivenöle und Produkte aus Olivenbaumholz findet man in der **Oleoteka Uje** (Marulićeva 1, www.uje.hr). Spitzenweine verkauft die **Vinoteka Viola** (Ulica Ivana Gundulića 36, www.vinoteka-viola.com). Kroatien gilt als Heimat der Krawatte: Qualitativ hochwertige Exemplare aus feinster Seide bietet die Kette **Croata im Peristyl** an (Krešimirova 11, www.croata.hr). Designerkleidung und -schuhe bietet das **Think Pink** (Zadarska 8). Die größte Einkaufsmall der Stadt ist das **City Center One** (Vukovarska 207).

Stimmungsvoll ist es abends im **Café Luxor**, mitten im Peristyl. Gediegene Musik und viele Bücher prägen die gemütliche kleine Kneipe **Marvlvs Library Jazz Bar** in der Altstadt (Papalićeva 4). In die **Jazzbina** (Sinjska 5) in einer ehemaligen Druckerei aus dem 19. Jh. treffen sich Liebhaber von Rock`n`Roll, Jazz oder Blues. Mehr als 50 Biersorten gibt es im urigen **Pub Fabrique** (Trg Franje Tudjmana 3). Nachtschwärmer schätzen die Gegend um den **Bačvice-Strand** zum Ausgehen.

1 LE MÉRIDIEN LAV €€€€
Das weitläufige Luxushotel (381 Zi.), 10 km südlich von Split, lässt keine Wünsche offen: stilvolle, großzügig geschnittene Zimmer, Pools, ein Wellnesszentrum, ein Design-Garten, Strände und mehrere Restaurants.
Grljevačka 2a, 21312 Podstrana
Tel. 021 50 05 00
www.starwoodhotels.com

2 HOTEL BELLEVUE €€€
Das Hotel besticht mit seiner prächtigen Außenfassade und der guten Lage nahe der Altstadt und der Uferpromenade.
Bana Josipa Jelačića, 21000 Split
Tel. 021 43 56 44
www.hotel-bellevue-split.hr

3 HOTEL PARK €€€
Das Traditionshaus besteht seit 1921. Neben komfortablen Zimmern bietet es erstklassige Restaurants und Bars sowie einen Health Club mit Sauna, Fitness und Massage.
Hatzeov perivoj 3, 21000 Split
Tel. 021 40 64 00
www.hotelpark-split.hr

4 HOTEL SLAVIJA €€€
Das gemütliche kleine Hotel (25 Zi.) liegt innerhalb des Diokletianpalastes. Aus den komfortablen, jedoch nicht allzu großen Zimmern, fällt der Blick auf das umliegende Häusermeer und die engen Gassen.
Ulica Andrije Buvine 2
21000 Split
Tel. 021 32 38 40
www.hotelslavija.hr

5 VILLA VAROŠ €€
Die renovierte Villa mit ihren geschmackvollen Zimmern liegt zentral im Stadtteil Varoš.
Miljenka Smoje, 21000 Split
Tel. 021 483469, www.villavaros.hr

❶ **ADRIATIC SUSHI & OYSTER BAR €€€€**
Hier treffen sich Geschäftsleute und Urlauber, die Lust auf Sushi von regionalem Fisch und frische Austern haben.
Carrarina poljana 4, 21000 Split
Tel. 020 610 644

❷ **RESTORAN ADRIATIC GRAŠO €€€**
Zum maritimen Ambiente passt eine Fischplatte als Vorspeise, ein saftiges Thunfischsteak oder eine Gregada, ein für Hvar typischer Fischtopf.
Uvala Baluni, 21000 Split
Tel. mobil 099 3 39 85 60
www.adriaticgraso.com

❸ **RESTORAN BOBAN €€€**
Das Restaurant Boban kennt jeder in Split: Wer gerne Fisch, Fleisch oder gar Frösche isst, findet hier ein stilvolles Ambiente, vor allem abends im Innenhof.
Hektorovićeva 9, Split
Tel. 021 54 33 00
www.restaurant-boban.com

❹ **RESTORAN STELLON €€€**
So schön kann ein Tag am Meer ausklingen: Eine Terrasse direkt am beliebten Stadtstrand Bačvice, ein leckeres Risotto mit Scampi auf dem Tisch, dazu ein Glas Wein.
Stadtstrand Bačvice, 21000 Split
Tel. 021 49 82 00

❺ **BEPA! €**
Fast Food mit mediterraner Note: Die Scampi für die hausgemachten Burger wurden vor der Insel Lastovo gefischt, als Beilage gibt es Blattsalate und Grillgemüse aus der Region. Ein heißer Tipp ist der Lava-Kuchen, in dem ein Schokoladen-Kern brodelt.
Narodni trg 1, 21000 Split
Tel. 021 35 55 46
www.facebook.com/BepaSplit

Außerhalb der Altstadt

Grüne Lunge der Stadt

★ Marjan

Auf den 178 m hohen, mit Aleppokiefern bewachsenen Marjan-Hügel kommen die Bewohner von Split gerne, um sich zu erholen. Man erreicht ihn zu Fuß durch den alten Stadtteil Veli Varoš mit windschiefen, typisch dalmatinischen alten Häusern oder mit dem Auto durch einen Tunnel. Geteerte Spazierwege durchziehen den schattigen Marjan-Park, der sich am frühen Abend mit Joggern, Radfahrern und Pärchen füllt. Etwa auf halber Höhe liegt das Terrassencafé Vidilica. Der Panoramablick auf Split und den Hafen ist fantastisch! Bei klarem Wetter kann man von ganz oben sogar die Inseln Hvar, Brač und Šolta sehen.

Für Archäologieliebhaber

Museum Kroatischer Archäologischer Denkmäler

Das Museum (Gunjačina ulica) beherbergt eine umfassende Sammlung von Gegenständen aus der frühen kroatischen Geschichte vom 8.–12. Jh.: Münzen, Waffen, Schmuck, Keramik, Skulpturen und Gebrauchsgegenstände wie auch das Višeslav-Taufbecken aus Nin (9. Jh.) und den Sarkophag von Königin Jelena von Solin (10. Jh.).
Mo.–Fr. 9–13, 17–20, Sa. 9–14 Uhr | Eintritt: frei | www.mhas-split.hr

Kroatiens berühmtester Bildhauer

In der Marmorvilla, in der einst der Bildhauer Ivan Meštrović (Šetalište Ivana Meštrovića 46) lebte, ist heute eine Galerie mit Werken aus nahezu all seinen Schaffensperioden untergebracht. Schon der Anblick des Gebäudes, das in den 1930er-Jahren nach Plänen von Meštrović entstanden ist, lässt auf dessen Begabung schließen. Die Villa umgibt ein parkartiger Garten mit Skulpturen des Meisters, in dem Sie die ganz besondere Atmosphäre genießen können.

★ Galerie Meštrović und Meštrović-Kaštell

Ungefähr 500 m nordwestlich der Galerie liegt das **Meštrović-Kaštell** (Crikvine-Kaštilac), eigentlich die Sommervilla einer Spliter Adelsfamilie aus dem 16. Jh., die von Meštrović umgebaut wurde. In der Kapelle, die der Künstler dem Gebäudekomplex hinzufügen ließ, ist ein Zyklus von 28 Holzreliefs mit Darstellungen aus dem Leben Christi zu sehen. Daran arbeitete Meštrović ganze 35 Jahre (Šetalište Ivana Meštrovića 46).

Galerie: Mai–Sept. Di. – So. 9 – 19 Uhr, im Winter verkürzt | Eintritt: 40 Kuna (gilt auch für das Kaštilac) | www.mestrovic.hr

Kastell: Mai–Sept. Di. – So. 9 – 19 Uhr, im Winter nach Anmeldung in der Galerie Meštrović | Eintritt: 40 Kuna (gilt auch für die Galerie) | www.mestrovic.hr

Der Kalydonische Eber

Im Archäologischen Museum an der Ulica Zrinsko-Frankopanska (Nr. 25) sind besonders der Sarkophag mit einer Darstellung der »Jagd auf den Kalydonischen Eber« (2./3. Jh.) und ein Sarkophag mit einer Darstellung des guten Hirten aus frühchristlicher Zeit (4. Jh.) sehenswert.

Archäologisches Museum

Mo.–Sa. 9–14, 16–20 Uhr, im Winter Sa. Nachm. geschl. | Eintritt: 30 Kuna | www.armus.hr

Kunst von gestern und heute

Nahe dem Archäologischen Museum, in der Ulica Kralja Tomislava (Nr. 15), zeigt die Kunstgalerie (Galerija umjetnina) Gemälde und Skulpturen vom 14. Jh. bis heute. Beachtlich ist auch die Ikonensammlung mit Exponaten aus Kreta, Korfu und dem montenegrinischen Kotor.

Kunstgalerie

Mitte Juni–Mitte Sept. Di.–Fr. 10–21, übrige Zeit: Di.–Fr. 10–18, Sa.–So. 10–14 Uhr | Eintritt: 40 Kuna | www.galum.hrv

Für Fußballfans

Das Stadion des populären Fußballklubs Hajduk Split, das 35 000 Zuschauern Platz bietet, gehört seit 2015 zu den geschützten Kulturdenkmälern. Der Komplex mit seiner außergewöhnlichen Dachkonstruktion, die an eine geöffnete Muschel erinnert, wurde 1979 anlässlich der Mittelmeerspiele von Tito eingeweiht. Der ehemalige Staatschef war ein großer Fan von Hajduk (www.hajduk.hr, engl.).

Stadion von Hajduk Split

Rund um Split

Bedeutendes römisches Zentrum

Solin

Der heutige Industrieort Solin 5 km nördlich von Split war in der Antike ein bedeutender Ort, davon zeugen noch zahlreiche Ruinen. Vor allem im Norden des Städtchens finden sich Reste von Mauern, Wehrtürmen, Basiliken und Thermen aus der Antike, als hier noch die Vorgängerstadt, das römische **Salona,** stand. In der Nähe wurde vermutlich Kaiser Diokletian geboren. An der Straße nach Trogir sind die Grundmauern eines römischen Amphitheaters zu sehen, in dem bis zu 18 000 Zuschauer Platz fanden. Der elliptische Bau (100 x 125 m) wurde im 17. Jh. zerstört. In Richtung Split sieht man ein römisches Aquädukt. Vieles, was die Archäologen in und um Solin zutage gefördert haben, kann vor allem im Archäologischen Museum sowie im Museum Kroatischer Archäologischer Denkmäler in Split besichtigt werden.

Fundstätte Salona: Juni–Aug. Mo.–Fr. 7–20, Sa. 8–20, So. 9–20 Uhr, übrige Zeit verkürzt | Eintritt: 30 Kuna

Bollwerk, Residenz und Drehort

★ Klis

Seit die Festung Klis Drehort der US-Fantasy-Saga »Game of Thrones« war, ist sie überaus populär geworden: 10 km nördlich von Split ragt die mächtige Burg empor. Ab1537 war sie 111 Jahre lang Zentrum eines türkischen Verwaltungsbezirks. Nachdem die Venezianer die Festung 1648 eingenommen hatten, erhielt die Burg ihr heutiges Aussehen. Drei Mauerringe und mehrere Wehrtürme schützen den inneren Burgbereich, in den man durch ein monumentales Tor gelangt.

Burg Klis: Juni - Sept. tgl. 9 - 19, Okt. - Mai Di. - So. 10 - 16 Uhr
Eintritt: 40 Kuna | www.tvrdavaklis.com

Hier beginnt der Urlaub

Insel Šolta

Wer Ruhe sucht und neben dem kulturellen Programm auch baden und Sport treiben will, hat dazu auf der Insel Šolta, etwa 15 km südwestlich von Split, Gelegenheit (www.visitsolta.com). Knapp 1500 Einwohner leben auf der hügeligen Insel, auf der Oliven, Wein, Feigen und Gemüse angebaut werden. Weinkenner schätzen den lokalen Rotwein Dobričić, der als ein Vorfahre des Zinfandel gilt – und fast ausschließlich auf Šolta angebaut wird. Auf dem familiären **Agroturizam Kaštelanac** wird die Geschichte des Weins erzählt, dazu gibt es hausgemachte Gerichte und Liköre aus Myrte oder Lorbeer.

Touristischer Mittelpunkt mit einer großen, neuen Bungalowsiedlung, diversen Sporteinrichtungen, einem Kiesstrand und Anlegeplätzen ist das Dörfchen **Nečujam** an einer tiefen Bucht an der Nordküste. Ein 500 Jahre altes Steinhaus, umgeben von Palmen, erinnert an

den kroatischen Renaissance-Dichter Marko Marulić, der hier seine Sommer verbrachte. In dem gleichen Haus ließ sich auch der Renaissance-Dichter Petar Hektorović (1487–1572) inspirieren.
Etwa 5 km westlich von Nečujam, liegt der größte Ort auf Šolta, **Grohote** (1200 Einw.). Das alte Dorf hat sein ursprüngliches Erscheinungsbild weitgehend bewahrt. So mag es auch der Maler Eugen Buktenice (1914–1997), ein Vertreter der naiven Malerei, noch erlebt haben, an den eine kleine Galerie in Grohote erinnert
Agroturizam Kaštelanac; Duga Gomila 7, Šolta | Tel. mobil 098 194 66 71 | www.agroturizam-kastelanac.com.

Wallfahrer und Ritter

Die beiden Bergmassive Dinara und Svilaja umrahmen das Städtchen Sinj, 37 km nordöstlich von Split. Über der Stadt thront die von den Venezianern errichtete Festung Kamičać auf einem steilen Felsen (Anf. 18. Jh.). Bei einem Besuch des unweit entfernten **Museums der Region Cetina** wird anhand zahlreicher archäologischer Funde deutlich, dass Sinj über eine reiche Vergangenheit verfügt. ★ Sinj

Zur Erinnerung an den Sieg über die Türken 1715 werden in Sinj im August traditionelle Ritterspiele veranstaltet.

An Mariä Himmelfahrt (15. August) verwandelt sich Sinj in eine Wallfahrtsstätte: Zehntausende Gläubige pilgern durchs halbe Land, um die wundertätige Muttergottes von Sinj (Gospa Sinjska) anzubeten. Nach den Gottesdiensten wird bis spät am Abend auf weltliche Art gefeiert. Zentraler Pilgerort ist das **Franziskanerkloster** aus osmanischen Zeiten (1516–1698). Es wurde von Mönchen aus dem bosnischen Rama errichtet. Sie brachten das venezianische Bildnis der wundertätigen Madonna von Sinj (16. Jh.) mit. 1715 brachten sich in der Festung etwa 700 Menschen mit dem Bildnis der Madonna vor der türkischen Armee in Sicherheit. Nach stundenlangen vergeblichen Angriffen zogen die Angreifer sich zurück. Auf dem Rückzug soll ihnen eine von hellem Licht umgebene weiße Figur erschienen sein. Sinj gilt daher heute als der wichtigste Marienwallfahrtsort im südlichen Kroatien.
In der ethnografischen und archäologischen Sammlung des Klostermuseums ist eine Abteilung den **traditionellen Ritterspielen Sinjska alka** gewidmet. Alljährlich am ersten Sonntag im August versuchen Reiter in historischem Gewand die Alka, einen Metallring, im Galopp mit der Lanze aufzuspießen. Zu den volksfestähnlichen Ritterspielen versammelt sich auch die politische Elite des Landes. Mit der Sinjska alka erinnert man daran, dass das 600 Mann umfassende Heer den Osmanen trotzen konnte.
Wer die tapferen Kämpfer hoch zu Ross nicht selbst miterleben kann, sollte das mit modernster Technik ausgestattete, interaktive **Museum der Ritterspiele** (Muzej Sinjske alke) besuchen. Mannshohe Ritter auf Pferden, in prächtigen Gewändern, Bilder, Flaggen und Lanzen geben Aufschluss über die 300-jährige Tradition. Das Museum ist in der restaurierten Residenz der Alka-Ritter (Alkarski dvori) untergebracht.

Muzej Cetinske Krajine: Mo.–Fr. 8–16, Sa. 8–13 Uhr
Eintritt: 10 Kuna | www.mck-sinj.hr
Muzej Sinskje alke: Put Petrovca 12, Di.–So. 9–17 Uhr
Eintritt: 40 Kuna | www.alka.hr

★★ TROGIR

Höhe: 5 m ü. d. M. | **Einwohnerzahl:** 8500

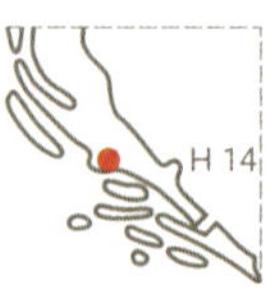

Kopfsteinpflaster, malerische Gassen, schmucke Fassaden, an denen es viel zu entdecken gibt: Dem Zauber der mittelalterlichen Altstadt wird man sich kaum entziehen können. Am besten lässt man in einem gemütlichen Café alles auf sich wirken.

Schon die Lage der Altstadt ist etwas Besonderes: Zwei Brücken führen vom Festland auf das winzige Inselchen, das wie ein bewohntes Freilichtmuseum wirkt; eine weitere verbindet das alte Trogir mit der neueren Hotel- und Badeinsel Čiovo. Das Herz von Trogir wird auch von den Resten einer Stadtmauer eingerahmt: Diese münden in eine mächtige Festungsruine, vor der palmenbestandenen Uferpromenade Riva, direkt davor schaukeln Boote auf den Wellen. See- und Landtor führen in ein Gassengewirr, in dem sich Kirchen, Paläste und schmucke Bürgerhäuser zu einem wunderschönen Altstadt-Ensemble gruppieren. Nicht verwunderlich, dass Trogir 1997 zum **Weltkulturerbe der UNESCO** erklärt wurde.

Zauberhaftes Mittelalter

So malerisch der Kanal von Trogir wirken mag, so wenig empfiehlt er sich zum Baden – zu viele Boote und Jachten sind hier unterwegs. Doch schöne Badeplätze liegen nicht weit weg: Die Insel Čiovo, auf der sich auch die meisten Hotels befinden, bietet viele Möglichkeiten, vor allem die Bucht Saldun. Von der Altstadt sind es nur wenige Autominuten dorthin. Beliebt sind auch die Strände um Donji Seget, westlich der Stadt, auf dem Festland.

TROGIR ERLEBEN

TOURISTINFORMATION

Trg Ivana Pavla II/1, 21220 Trogir
Tel. 021 88 56 28
www.tztrogir.hr

Direkt vor der Brücke am Landtor wird täglich Markt abgehalten, wo man u. a. Blumen, Obst und Gemüse, Schuhe, Kleider und Souvenirs erstehen kann.

Juli/Aug.: Kultursommer mit musikalischen Veranstaltungen, Trogir

❶ XII CENTURY HERITAGE HOTEL €€€

Die barocke Villa direkt an der Riva von Trogir wurde erst kürzlich sehr geschmackvoll restauriert: Jedes der 17 Zimmer hat seinen eigenen Charme, mit integriertem alten Mauerwerk oder verwinkelten Dachgiebeln.
Mornarska 23, 21220 Trogir
Tel. 021 88 28 35
www.heritagehoteltrogir.com

❶ RESTORAN ALKA €€€

Die dalmatinische Pašticada kommt nicht ohne Lorbeerblätter und Rosmarin aus. Hausgemacht ist auch der Rahm (Kajmak), mit dem das leckere Schweinefilet gefüllt ist.
Augustina Kažotića 15,
21220 Trogir | Tel. 021 88 18 56
www.restaurant-alka.hr

❷ RESTORAN MONIKA €€€

Hier gibt es gegrilltes Lamm in einem grünen Innenhof mit vielen Pflanzen und Brunnen.
Budislavićeva 12, 21220 Trogir
Tel. 021 88 48 08
www.restoran-monika.com

❶ Restoran Alka
❷ Restoran Monika
❸ Mlinice Pantan
❹ Pizzeria Kristian
❺ Restoran Kamerlengo

❶ XII Century Heritage Hotel

❸ MLINICE PANTAN €€

Romantik pur: Die alte Mühle von 1520 wurde aufwendig restauriert, ein Glasboden gibt den Blick auf den Bachlauf frei. Die Speisekarte ist traditionell.
Ul. kneza Trpimira 299,
21220 Trogir
3 km außerhalb, in Richtung Split
Tel. 021 89 50 95
www.pantan.net

❹ PIZZERIA KRISTIAN €€

Wirt Kristian und seine beiden Söhne sind für hausgemachte Pasta und knusprige Pizza bekannt. Der Service ist flott und das Lokal immer gut besucht, eine Reservierung empfiehlt sich am Abend.
Ulica Blaženog Augustina
Kaziotića 6 A, 21220 Trogir

❺ RESTORAN KAMERLENGO €€

Schon der Geruch macht Lust auf Fisch und Fleisch, die hier über dem offenen Holzfeuer gegrillt werden. Bis zur Riva sind es nur wenige Meter, doch in dem netten, ruhigen Innenhof merkt man nichts von der Betriebsamkeit der Altstadt.
Vukovarska 2, 21220 Trogir
Tel. 021 88 47 72
www.kamerlengo.hr

Ort am Ziegenberg

Etws Geschichte

Die alten Griechen nannten die Stadt Tragurion, was sich etwa mit »Ort am Ziegenberg« übersetzen lässt. Mit den Slawen kam ab dem 9. Jh. der Aufschwung durch Handel und Seefahrt. Im Mittelalter war Trogir Bischofssitz und hatte Stadtrecht. Die neuen Herren aus Venedig bauten ab dem späten 15. Jh. Bastionen und eine Festung – doch das konnte das allmähliche Ende der Blütezeit Trogirs nicht aufhalten. Die venezianische Fremdherrschaft haben die Bürger von Trogir auch Jahrhunderte später nicht vergessen. Als die Faschisten in Italien an die Macht kamen, und Parolen laut wurden wie: »Wo der Steinlöwe ist, ist auch Italien«, rissen die Trogirer 1932 aus Protest alle venezianischen Löwen an den Fassaden ab – bis auf einen, der heute noch die Kathedrale bewacht

Wohin in Trogir?

Es fängt schon gut an

Landtor

Wer mit dem Auto anreist, parkt ganz bequem auf dem Festland. Von dort gelangt man über eine Brücke direkt auf die Altstadtinsel. Vom Busbahnhof führt hingegen die südlicher gelegene Brücke durch das Landtor (17. Jh.) in die Altstadt. Über dem Tor wacht die Statue des Stadtpatrons und Johannes von Trogir (Ivan Ursini).
Auf dem Weg zum Hauptplatz lädt das **Stadtmuseum** (Gradski muzej) im ehemaligen Palais der Familie Gragnin-Fanfogna in der Gradska ulica zum Besuch ein. Im Adelssalon spiegelt sich das 19. Jh. mit typischen Möbeln aus dieser Zeit wieder, umrahmt von Gemälden einheimischer Künstler und einer Münzsammlung.

Stadtmuseum: Juli–Aug. tgl. 9–12, 18–21, Juni, Sept. Mo.–Sa. 9–12, 17–20, Okt.–Mai Mo.–Fr. 9–14 Uhr | Eintritt: 20 Kuna

Ein selbstbewusster Baumeister

★★ Kathedrale Sveti Lovro

Stolz erhebt sich die Laurentiuskathedrale (Sveti Lovro) am Hauptplatz: In ihrer Fassade verschmelzen Romanik, Gotik und Renaissance – Folge der langen Bauzeit, die sich über 400 Jahre hinzog (1123 bis 1598). Das romanische Hauptportal mit reichem Skulpturenschmuck gilt als Schlüsselwerk der romanischen Plastik in Dalmatien. Geschaffen wurde es von einem gewissen Meister Radovan, über den nicht viel bekannt ist. In einer 1240 datierten Inschrift am Portal bezeichnet er sich recht selbstbewusst als »den Besten seines Handwerks«. Die Steinreliefs ziehen sich durch die Menschheitsgeschichte: Adam und Eva thronen auf beiden Portalseiten auf zwei Löwen; die Portalwände schmücken Apostel und Heiligenfiguren, aber auch Monatsdarstellungen mit realistischen Details aus dem damaligen Alltagsleben, wie etwa das Ausbringen der Saat im März. Besonders wirklichkeitsnah wird die Heilsgeschichte erzählt: Im oberen Teil nimmt Maria bei der

Die Steinreliefs am Hauptportal der Laurentiuskathedrale erzählen viel über den Alltag der Stadtbewohner im 13. Jahrhundert.

Geburt Christi das Tuch vom Gesicht des Säuglings, um ihn dem Betrachter zu zeigen.

Meister Radovans Handschrift trägt vermutlich auch das reich geschmückte Ziborium über dem Hauptaltar. Auffallend schön sind mehrere Altarbilder, darunter die des venezianischen Malers Palma Giovane (Jacopo Palma der Jüngere), aber auch ein herrlich geschnitztes Chorgestühl (15. Jh.). Der Kirchenschatz (Muzej sakralne umjetnosti/Pinakoteka) in der Sakristei hütet einen gotischen Schrank, wertvolle Stickereien und prunkvolle Reliquienschreine.

An das nördliche Kirchenschiff wurde die **Johanneskapelle** (Sveti Ivan Ursini) angebaut, die als einzigartiges Kunstwerk der Renaissance gilt (1468). Sie ist ein Gemeinschaftswerk von den drei Renaissancebildhauern Andrija Alesi, Ivan Duknović und Niccolò Fiorentino (Nikola Firentinac), der die Kathedrale von Šibenik vollendet hat. In den Nischen über einem hohen Sockelgeschoss stehen die Figuren der zwölf Apostel. Der von zwei Engeln flankierte gotische Sarkophag enthält die Gebeine des Bischofs Johannes von Trogir.

Die wechselnden Baustile sind auch am 47 m hohen **Glockenturm** zu sehen. Begonnen wurde mit einem romanisch-gotischen Unterbau

(Ende 14. Jh.), während der Oberbau ein Mix zwischen Gotik und Renaissance (16. Jh.) ist. Der Aufstieg wird mit einem schönen Rundumblick belohnt!

Sommer Mo.–Sa. 8–20, So. ab 11.30 Uhr, im Winter verkürzt
Eintritt: 25 Kuna

Alles an einem Platz

Rund um den Hauptplatz

Gegenüber der Kathedrale, an der Südseite des Hauptplatzes, fällt die **Stadtloggia** (Gradska loža; 15. Jh.) auf. Sie diente vor allem als Gerichtsstätte. Der gedrungen wirkende **Uhrturm** nebenan gehörte ursprünglich zur Renaissance-Votivkirche Sveti Sebastijan (Hl. Sebastian). Die Skulpturen von Christus und dem hl. Sebastian an der Front sowie die Reliefs über dem Gerichtstisch in der Loggia stammen von Niccolò Fiorentino. Direkt hinter der Loggia versteckt sich die kleine Kirche **Sveta Barbara** (Hl. Barbara) aus dem 10. Jh., vermutlich ist es das älteste Gotteshaus der Stadt.

Der **Čipiko-Palast** (15. Jh.) neben der Stadtloggia gilt als Paradebeispiel eines repräsentativen Patrizierwohnhauses. Hohe Drillingsfenster über dem Haupteingang sind im Stil der venezianischen Gotik, ein von Niccolò Fiorentino gestaltetes Südportal mit Medaillons und Spruchbildern hingegen schon im Renaissance-Stil gehalten. Nur die Porträtköpfe zwischen den Fenstern sind völlig untypisch für diese Bauzeit. Das dreigeschossige Gebäude an der Ostseite, einst **Rektorenpalast** (Knežev dvor) und heute das Rathaus von Trogir, entstand im 15. Jahrhundert. Über dem Eingangsportal prangt das Stadtwappen – eine auf dem Wasser schwimmende, befestigte Stadt mit dem Glockenturm der Kathedrale.

Die romanische **Sveti Ivan Krstitelj** ist der letzte Überrest eines Benediktinerklosters. In der kirchlichen Sammlung ist u. a. das berühmte Trogirer Evangelium aus dem 13. Jh. zu sehen.

Ivan Krstitelj: Sommer 9–19 Uhr | Eintritt: 15 Kuna

Kostbares im Kloster

Benediktinerinnenkloster

Entlang der Uferstraße oder durch die Gradska ulica hindurch gelangt man zum Benediktinerinnenkloster Sveti Nikola (Hl. Nikolaus) an der südlichen Stadtmauer (11. Jh.). Die Ordensfrauen haben hier eine beträchtliche **Kunstsammlung** zusammengetragen. Prunkstück ist ein griechisches Marmorrelief mit der Figur des Kairos (1. Jh. v. Chr.). Der jugendliche Gott verkörpert den rechten Augenblick bzw. die günstige Gelegenheit und ist als nackter, laufender Jüngling mit Locke auf der Stirn, die es zu erhaschen gilt, dargestellt. Wer zu langsam ist, rutscht am kahlen Hinterkopf ab. Dem Künstler diente eine Bronzestatue des Bildhauers Lysippos (4. Jh. v. Chr.) als Vorbild.

Sommer 10–13, 16.15–17.45 Uhr, Vor- und Nachsaison verkürzt | Eintritt: 35 Kuna

An der palmenbestandenen Uferpromenade legen die Segler an, um die Schätze der mittelalterlichen Altstadt zu entdecken. Ihre Boote fallen meistens kleiner aus.

Bummel an der Uferpromenade

Fischmarkt

Durch das Seetor kommt man wieder auf die Uferpromenade. Gleich links in der kleinen Loggia und davor findet vormittags der Fischmarkt (ribarnica) statt. Der venezianische Glockenturm an der Uferpromenade gehört zum **Dominikanerkloster** (Sveti Dominik). In der schlichten Kirche ließ sich die Familie Sobota von Niccolò Fiorentino ein prächtiges Renaissancegrabmal anfertigen (1469). Schön ist der mediterrane Klostergarten.

Kein Ort ohne Festung

Festung Kamerlengo

Am südwestlichen Ende der Altstadt sind noch größere Teile der Befestigung aus dem 15. Jh. erhalten geblieben: die Festung Kamerlengo mit Aussichtsturm, wo die venezianische Militärbesatzung untergebracht war, und weiter nördlich das runde Markustor (Kula Svetog Marka). Dazwischen wurde am Ufer während der Besatzung (Anf. 19. Jh.) zu Ehren von Marschall Marmont, dem Militärverwalter Dalmatiens, ein zierlicher klassizistischer Rundpavillon errichtet.

Festung Kamerlengo: Sommer 8–22 Uhr | Eintritt: 15 Kuna

Rund um Trogir

An der Copacabana

Ciovo

Wer nach einem Besuch von Trogir noch ein Bad im Meer nehmen möchte, sollte zur knapp 30 km² großen Insel Čiovo fahren, die mit der Altstadtinsel durch eine Brücke oder einer Schiffslinie verbunden ist. Am bekannten Kiesstrand Copacabana kann man baden, meist felsig ist der Einstieg an der westlichen Seite der Insel. Auch der Ort Donji Okrug mit flachen Kiesstränden wird heute von Ferienhäusern dominiert.

Wohnen im Wehrturm

Marina

12 km westlich von Trogir liegt an einer tief eingeschnittenen Bucht der beliebte Fremdenverkehrsort Marina. Aus dem 15. und 16. Jh., der Zeit der Türkenüberfälle, sind noch Stadtmauern, das Tor eines Kastells und ein zu einem Hotel umgebauter Wehrturm erhalten. Urlauber, die Abgeschiedenheit und eine intakte Natur suchen, finden südlich und westlich von Marina über zum Teil holprige Sträßchen und Karrenwege so manche herrliche Bucht, die von der Zivilisation noch nicht erreicht wurde.

Straße der Kastelle

Kaštela

Kaštela nennt sich der ungefähr 16 km lange Küstenabschnitt zwischen Split im Osten und Trogir im Westen (www.kastela-info.hr). An der alten Landstraße standen ursprünglich 13 befestigte Schlösser, die von weltlichen wie geistlichen Feudalherren aus Split und Trogir im 15. und 16. Jh. erbaut wurden. Sieben Kastelle stehen noch. Um sie herum sind meist kleine Orte entstanden, die heute zum Ballungsraum Split gehören. Industrieansiedlungen beeinträchtigen das Bild dieses Küstenabschnitts.
Sehenswert ist vor allem das malerisch auf dem Inselchen Gomile gelegene **Kaštel Gomilica**. Seine Mauern umschließen gut 30 Häuser. Benediktinerinnen erbauten es 1529 auf einem Meeresfelsen. 12 km westlich von Split ist neben dem **Kaštel Lukšić** die Pfarrkirche aus dem 18. Jh. beachtenswert: Hier steht der 1445 von Juraj Dalmatinac geschaffene Sarkophag des Spliter Erzbischofs Arnerius. In Kaštel Lukšic hat sich die Legende von Miljenko und Dobrila zugetragen, die als »kroatisches Romeo und Julia« gilt. Sehenswert ist der **Botanische Garten.** Malerisch ist auch das Ćipiko-Kastell von Kaštel Stari mit dem Grünmarkt. Im Garten Stomorje wachsen Pflanzen, die in der Bibel vorkommen.

Inseln zum Baden

Mali Drvenik und Veli Drvenik

Die Inseln Mali Drvenik und Veli Drvenik liegen südwestlich von Trogir, nur wenige Kilometer vom Festland entfernt. Mehrmals täglich verkehrt die Personenfähre zwischen Trogir und den beiden Inseln, im Hochsommer auch etwa einmal wöchentlich ab Split. Ruhe und Erholung Suchende ohne Ansprüche an die touristische Infrastruktur sind hier gut aufgehoben, die meisten Besucher legen nur mit dem Boot an, um an den Fels- und Kiesbuchten zu baden.

UGLJAN · PAŠMAN

Höhe: 0–288 m ü. d. M. | **Einwohnerzahl:** Ugljan: 7500, Pašman: 3600

In ihren Gärten pflegen die Bewohner von Zadar unzählige Olivenbäume, duftende Rosmarin- oder Lavendelsträucher, auch Feigen- und Granatapfelbäume. Ein mediterraner Garten, wie anderswo in Dalmatien auch? Mitnichten. Denn die Adria liegt zwischen Haus und Beeten – Ugljan gilt als »Garten von Zadar«. Nur wenige Seemeilen trennen Ugljan wie auch die Nachbarinsel Pašman von Zadar. Ein ideales Ausflugsziel!

Erholung garantiert

Im Archipel vor Zadar erstrecken sich gut ein Dutzend kleinere Inseln. Die beiden recht ungleichen, Ugljan und Pašman, verbindet mehr als nur die reine Nachbarschaft: Sie sind seit 1973 durch eine Brücke miteinander verbunden. Das war in der Vergangenheit nicht immer so, denn einst hingen beide Inseln zusammen, ehe ein Kanal 1883 ihrer Verbundenheit ein Ende setzte: Dieser wurde gegraben, um eine Durchfahrt für den Schiffsverkehr zu schaffen. Wer heute die Brücke zwischen Ugljan und Pašman mit einem Segelboot unterfahren will, braucht etwas Geschick. Der Wasserspiegel der Adria steigt und sinkt bei Ebbe und Flut spürbar stärker als in früheren Zeiten.
Archäologische Funde erinnern daran, dass auf beiden Inseln Illyrer und später Römer lebten. Da weder Ugljan noch Pašman von den Türken eingenommen wurden, flüchteten im 16. Jh. viele Bewohner vom Festland auf die Inseln – von dort aus wurde das vom Hinterland abgeschnittene Zadar mit Lebensmitteln versorgt.

Ost oder West?

Oliveninsel

Knorrige Olivenbäume überziehen die grüne Insel. Und gaben Ugljan (von kroat. ulje = Öl) ihren Namen. Das kostbare Olivenöl sichert bis heute vielen Bewohnern ein Zubrot. Ugljan gehört zu den am dichtesten besiedelten Adriainseln. Das mag man zunächst kaum glauben, wenn man sich von der Meerseite nähert, wo nur kahle Hügelketten aufragen. Die sieben Ortschaften liegen jedoch alle auf der dem Festland zugewandten Ostseite.

Wandern, Radeln Wassersport

Aktiv sein

Wer von Zadar nach Ugljan oder Pašman ablegt, sucht meist nur eines: Erholung, z. B. beim Wandern entlang charakteristischer Trockenmauern, Spazierengehen durch Olivenhaine, Rad fahren, Klettern an den Hängen bei der Festung Sveti Mihovil (Hl. Michael), Baden in einer der vielen schönen Buchten oder Tauchen an den Steilwänden vor Ugljan. Preko auf Ugljan besitzt einen für Kinder gut geeigneten, flachen Sandstrand (Mostir) im Zentrum. Wer Felsstrände und Schatten bevorzugt, kann zur gegenüberliegenden winzigen Klosterinsel Galovac übersetzen. Badeplätze (auch FKK-Bereich), Sportmöglichkeiten und Bootsanlegestellen gibt es auf der bewaldeten Landzunge Zelena Punta bei Kukljica. Auf Pašman laden schöne Sandbuchten zwischen den Orten Pašman und Tkon zum Baden ein.

Wohin auf Ugljan?

Welcher Ort ist der schönste?

Von Nord nach Süd

Der Fischer- und Hafenort **Ugljan** an der Nordspitze der Insel versprüht eine geruhsame Atmosphäre. Im Hof des Franziskanerkonvents Sveti Jeronim (Hl. Hieronymus) ist der 1536 verstorbene Bischof Šime Kožičić begraben, der die glagolitische Buchdruckerei in Rijeka gegründet hat.

Preko genau gegenüber von Zadar ist der Fährhafen von Ugljan und neben Kukljica der belebteste Ort der Insel. Typisch dalmatinische Häuser breiten sich im alten Ortskern aus, der Kirchturm leuchtet rosarot und der Lungomare wartet mit gemütlichen Cafés auf. Auf dem Berg südlich von Preko thront die Ruine der mittelalterlichen Festung Sveti Mihovil (Hl. Michael, 13. Jh.). Das Panorama von dort oben auf die umliegenden Adriainseln ist ein Highlight.

Das Fischerdorf **Kali,** 3 km südöstlich von Preko, bezaubert mit engen Gassen und hübschen Natursteinhäusern. Neben dem Tourismus bietet der Fischfang den Bewohnern ein Auskommen: Die örtlichen Fischer versorgen auch den Fischmarkt in Zadar. Bei Vollmond feiern sie Ende Juli/Anfang August ihre Fischernacht.

Ganz im Südosten der Insel ist der Fischerort **Kukljica** für seinen geschützten Hafen und die schönen Badebuchten auf der Halbinsel bekannt. Bei der Votivkirche Gospa od snijega (Hl. Maria Schnee), 2 km südlich, findet alljährlich Anfang August eine bunte Prozession mit Volksfest statt. Bis zur Brücke, die Ugljan und Pašman verbindet, sind es von dem winzigen Gotteshaus nur wenige Fahrminuten.

Pašman

Robinsonfeeling

Wandern und Rad fahren

Wer noch mehr Ruhe und Erholung sucht, findet auf Pašman das Paradies: Die südöstliche Nachbarinsel von Ugljan ist zwar nicht ganz so grün, wurde dafür jedoch bislang kaum von Urlaubern entdeckt. Einsame Buchten mit Robinson-Unterkünften locken Naturliebhaber, die völlig abschalten möchten. Mehrere Mountainbike- und Trekking-Routen ziehen sich über die Insel. Einige schöne Ausblicke verspricht ein 24 km langer Panorama-Wanderpfad, andere Wege führen zu ruhigen Badebuchten. Die Touristinformation hält eine detaillierte Wander- und Radkarte bereit.

Nette Inselorte

Kraj und Tkon

In Kraj, einer Ansammlung weniger Häuser, steht inmitten von Gärten und Wiesen das Franziskanerkloster Sveti Dujam aus dem 14. Jahrhundert. Das kleine Klostermuseum besitzt das Gemälde »Muttergottes auf dem Thron« von jenem unbekannten Meister, der auch das »Kruzifix von Tkon« (s. unten) schuf.

Der größte Inselort Tkon (750 Einw.) liegt fast gegenüber von Biograd na moru, dorthin legt auch die Fähre ab. 2 km nordwestlich von Tkon erhebt sich das Benediktinerkloster Sveti Kuzma i Damjan (Hll. Cosmas und Damian) auf dem 95 m hohen Berg Ćokovac. Als Biograd na moru im 12. Jh. von den Venezianern zerstört wurde, flüchteten auch die Benediktinermönche in die **Abtei** bei Tkon. Der festungsartige Charakter des Klosters ist bis heute erhalten. Ein Kleinod ist das Portal der Klosterkirche. Zu den Klosterschätzen zählen drei Renaissancealtäre und mehrere glagolitische Inschriften. Das bemalte Kreuz von 1418 wird als »Kruzifix von Tkon« bezeichnet.

Abtei: Mo.–Sa. 16–18 Uhr

BAEDEKER MAGISCHE MOMENTE

INSEL DER VERLIEBTEN

Das winzige Eiland Galešnjak vor der Küste der Insel Pašman gilt als Insel der Verliebten: Dazu hat die Luftaufnahme von Google Earth vor wenigen Jahren beigetragen. Aus der Vogelperspektive lässt sich nämlich die fast perfekte Herzform des Inselchens erkennen. Seither bekommt der Besitzer immer wieder Anfragen von Verliebten, die seine Privatinsel gerne besuchen würden.

UGLJAN · PAŠMAN ERLEBEN

TOURISTINFORMATION

23273 Preko
Tel. 023 28 61 08
www.tz.preko.hr

Ulica II Nr. 87
23271 Kukljica
Tel. 023 37 32 76
www.kukljica.hr

23212 Tkon
Tel. 023 28 52 13
www.tkon.hr

Aug.: Prozession am 5. Aug. zu Ehren der Hl. Maria Schnee in Kukljica (Ugljan)

ANREISE

Autofähren (25 Min.) zwischen Zadar und Preko (Ugljan). Ab Biograd na moru Autofähre Tkon (Pašman). Eine Brücke verbindet Pašman und Ugljan. Lokalbusse auf den Inseln.

RESTORAN LANTERNA €€€

Familie Bobić serviert an der Uferpromenade großzügige Fischplatten, frische Muscheln und Bio-Gemüse aus dem eigenen Garten. Als Gruß aus der Küche gibt es Salzsardellen in Olivenöl mit Weißbrot.
Obala bb, 23262 Pašman,
Insel Pašman | Tel. 023 26 01 79
www.lanterna.hr

RESTORAN MULO €€€

Im Mulo werden traditionelle Gerichte kreativ angerichtet. Die Kartoffeln zum saftigen Steak werden in Schale belassen und mit frischen Kräutern verfeinert.
Trg Mulina 8, 23212 Tkon,
Insel Pašman
Tel. mobil 099 201 23 23

RESTORAN ROKO €€€

Auf der schattigen Terrasse im Jachthafen von Preko treffen sich Familien mit Kindern, um große Pizzen zu teilen oder Reisende, die kurz vor Abfahrt der Fähre noch Muscheln mit frischem Brot bestellen.
23273 Preko (Insel Ugljan)

★★ VIS

Höhe: 0–587 m ü. d. M. | **Einwohnerzahl:** 3300

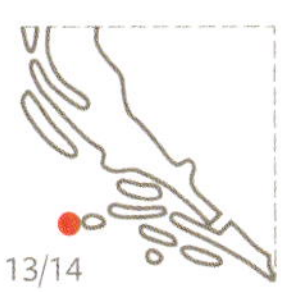

L 13/14

Fast ein wenig vergessen, weit draußen in der Adria, erstreckt sich die Insel Vis: Strategisch günstig gelegen, 45 km vom Festland und auf halbem Weg nach Italien, erklärte Tito die Insel kurzerhand zum militärischen Sperrgebiet. Verlassene Militäranlagen und geheime Partisanen-Höhlen sind heute die eine Seite von Vis, die andere das natürliche Erbe der Insel – eine wildromantische Rebenlandschaft mit versteckten Badebuchten, die Urlauber langsam für sich entdecken.

Dorn-
röschen-
insel

Zwei größere Ortschaften, das lebhaftere Vis und das ruhigere Komiža, prägen die Insel, die in den vergangenen Jahren zunehmend aus ihrem Dornröschenschlaf erwacht ist. Am besten erkunden lässt sich die Insel mit einem Mietwagen oder einem Motorroller. Mehrere Verleiher haben sich an der Uferpromenade von Vis angesiedelt, wo die Personenfähre aus Split anlegt. Dort können Sie Ausflugstouren mit dem Boot zu einsamen Buchten oder den beiden berühmten Unterwasserhöhlen Blaue Grotte bzw. Grüne Grotte auf die Nachbarinseln buchen.

Griechische Gründung

Geschichte

»Wer die Insel Vis kontrolliert, hat die Kontrolle über die Adria«, hieß es in der Vergangenheit. Schon die alten Griechen entdeckten die günstige Lage der Insel und gründeten hier Issa, ihre erste Kolonie an der adriatischen Ostküste – die zur bedeutendsten Stadt in der hellenistischen Epoche anwuchs. Im 19. Jh. wurde die Insel für verschiedene Mächte interessant: Admiral Wilhelm von Tegetthoff schlug hier 1866 die wesentlich stärkere italienische Flotte in der berühmten Seeschlacht von Lissa (ital. für Vis). Noch heute nutzen die Kroaten übrigens umgangssprachlich den Begriff »teget« (von »tegetthoffblau«) für Dunkelblau, in Anlehnung an die Uniformfarbe des Admirals. Bis zum Ende der Donaumonarchie diente Vis den Österreichern als Stützpunkt zur Kontrolle der süddalmatinischen Küste.

Nach der Kapitulation Italiens im Zweiten Weltkrieg diente Vis erneut als Militärbasis, diesmal für die jugoslawische Partisanenbewegung. Ein halbes Jahr lang versteckte sich der Partisanengeneral in einer nur 80 m langen Höhle im Inneren der Insel (Titova špilja) und leitete von dort aus die Kämpfe bis zur Befreiung Belgrads im Oktober 1944. Die höchste Erhebung der Insel, der Berg Hum (587 m ü. d. M.), beherbergte eine Radarstation, zu der heute Wanderer hochsteigen. Mit einer Führung kann man einen alten Tunnel und Militärbunker erkunden.

Tourvermittlung: Agentur Visit, Šetalište Stare Isse 3 (Hotel Tamaris), Tel. mobil 091 202 28 66, www.visit.hr

Traumstrand zu Fuß

Stiniva-Bucht

Um zum schönsten Inselstrand, der Stiniva-Bucht (Uvala Stiniva), an der Südküste von Vis zu gelangen, braucht man schon ein Boot – oder muss gut zu Fuß sein, denn der steile Trampfelfad verläuft eine halbe Stunde über schwindelerregende Felsen. Dann öffnet sich der Blick auf einen kleinen, versteckten Strand, der von Felsen eingekesselt und vom offenen Meer nicht sofort sichtbar ist: ein Traumstrand!

Wohin auf Vis?

Zwei Dörfer ergeben eine Stadt

Vis

Das Städtchen Vis schmiegt sich an eine tief eingeschnittene, geschützte Bucht (Viški zaljev) im Nordosten der Insel. Der heutige Ort

Wahrlich versteckt liegt die Stiniva-Bucht. Wer nicht mit dem Paddelboot kommt, geht zu Fuß über steile Felsen – Schwindelfreiheit vorausgesetzt.

entstand durch die Zusammenlegung zweier Dörfer: Luka, um den Hafen herum und Kut im Osten mit schönen Barock- und Renaissancehäusern. Die Pfarrkirche der Muttergottes von Špilica (Gospa od Špilice, 16. Jh.) hütet ein Gemälde des Künstlers Girolamo da Santacroce (»Madonna mit Heiligen«). Von den englischen Festungsanlagen aus dem 19. Jh. stehen nur noch Ruinen. Das Archäologische Museum in der österreichisch-ungarischen Festung Batarija (Gospina batarija, 1842) zeigt Ausgrabungen der griechischen Kolonie Issa.
Archäologisches Museum: Sommer Mo. – Fr. 10 – 13, 17 – 21 Uhr, Sa. nur vormittags

Zur Muttergottes vom Berg

Komiža

Das in einer weiten Bucht an der Westküste gelegene malerische Dörfchen Komiža (18 km von Vis entfernt) ist der zweite Inselhauptort. Um den geschäftigen kleinen Hafen gruppieren sich einige gemütliche Cafés und Restaurants. Das Kastell mit Wehrturm birgt ein Fischereimuseum (ribarski muzej). Östlich von Komiža, in der Nähe des Berges Hum, steht die in Form einer Rotunde angelegte Barockkirche Gospa Planica (Muttergottes vom Berg). In der Umgebung gibt es etliche Kiesel- und Sandstrände.
Fischereimuseum: Juli – Aug. tgl. 10 – 12, 19 – 22 Uhr, sonst verkürzt
Eintritt: 20 Kuna

VIS ERLEBEN

TOURISTINFORMATION
Šetalište Stare Isse 5
21480 Vis
Tel. 021 71 70 17
www.tz-vis.hr

ANREISE
Autofähre (140 Min.) zwischen Vis und Split, Schnellboot (z. T. mit Zwischenstopp in Hvar, 90–120 Min.). Ausflugsfahrten nach Vis von Split, Hvar und Brač.

Juli–Sep.: Kultursommer und Fischerabende

KONOBA ROKI`S €€€
In der familiären Konoba müssen Sie unbedingt den Bio-Wein aus eigenem Anbau probieren. Im romantischen Gastgarten lässt sich die hohe Kunst der Peka-Zubereitung beobachten: Ob Lamm, Kalb oder Oktopus und Fisch – Vorbestellung ist erforderlich.
Haus Nr. 17, 21480 Plisko polje
7 km von Vis-Stadt
www.rokis.hr

KONOBA BAKO €€
In der rustikalen Konoba bleibt für Liebhaber von Fisch und Meeresfrüchten kein Wunsch offen. Der Oktopus ist nach einem alten Traditionsrezept zubereitet, nach Art von Baka (Oma).
Gundulićeva 1, 21485 Komiža
Tel. 021 71 37 42
www.konobabako.hr

KONOBA & BAR LOLA €€
Wie wäre es mit orientalisch-würzigen Falafel oder spanischen Patatas Bravas als Vorspeise? Und dann eines der Fisch-, Fleisch- und Gemüsegerichte? Der romantische Innenhof wird am Abend stimmungsvoll beleuchtet.
Matije Gupca 12, 21480 Vis
Tel. mobil 095 8 49 79 32
www.lolavisisland.com

Phantastisches Licht in Blau

★★ Blaue Grotte Biševo

Die südwestlich von Vis gelegene, nur 6 km² große Insel Biševo, ist für ihre Blaue Grotte (Modra špilja) bekannt. Diese wurde erst im 19. Jh. entdeckt und zugänglich gemacht.
Die über der Wasseroberfläche 6 m hohe Grotte aus Kalkstein liegt in der Balun-Bucht. Das Licht fällt durch ein 10 m breites, unter dem Meeresspiegel gelegenes Felsentor in die Höhle und sorgt – zumal an sonnigen und einigermaßen windstillen Tagen – für ein prächtiges Farbenspiel, vergleichbar dem in der berühmten »Schwester« auf Capri. Die beste Zeit für eine Besichtigung der Grotte ist der späte Vormittag. Zum Baden laden auf Biševo einige sehr schöne Sandstrände und Buchten ein. Die Fahrt mit dem Boot von Komiža aus dauert weniger als eine Stunde. Ausflüge (oft mit Mittagessen und Badeaufenthalt) werden auch ab Split, Hvar oder Vis-Stadt organisiert.

Baden erlaubt

★ Grüne Grotte Ravnik

An der Südseite von Vis, vor der Rukavac-Bucht, erstreckt sich das winzige Eiland Ravnik, das mit seiner zauberhaften Grünen Grotte (Zelena špilja) besticht. Wie bei der Blauen Grotte auf der Nachbarinsel reflektiert das Innere der Höhle die einfallenden Sonnenstrahlen und erzeugt imposante Lichteffekte. Ihren Namen hat die Grotte von den grünlichen Tönen des Meerwassers, die auf eine Vielzahl von Algen am Felsboden des Eingangs zurückzuführen sind. Die Höhle hat zwei große Eingänge, so dass problemlos kleinere Motorboote einfahren können. Im Gegensatz zur Blauen Grotte ist hier Baden erlaubt. Lokale Anbieter in den Ferienorten organisieren Touren.

★★ ZADAR

Höhe: 5 m ü. d. M. | **Einwohnerzahl:** 75 100

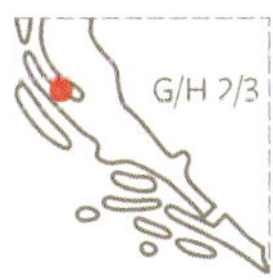

In Zadar gäbe es den »wohl schönsten Sonnenuntergang auf der ganzen Welt«, schwärmte einst Hollywood-Regisseur Alfred Hitchcock. Inzwischen hat das Naturschauspiel eine – von Menschenhand geschaffene – Konkurrenz bekommen: eine einzigartige Meeresorgel an der Uferpromenade, bei der Wind und Wellen die Melodie vorgeben. Letztere wiederum bestimmen den Rhythmus der ungewöhnlichen Lichtinstallation »Gruß an die Sonne« nebenan. Aber erst nach Sonnenuntergang, um diesem nicht die Schau zu stehlen!

Metropole Norddalmatiens

Jahrzehnte lang lockte Zadar mit seinem antiken Charme viele Urlaubsgäste an. Sie bestaunten Patrizierpaläste, Kirchenschätze und Museen oder ruhten sich auf römischen Säulenresten aus. Vor einigen Jahren sind zwei moderne Installationen dazu gekommen: Längst gelten die Meeresorgel und der »Gruß an die Sonne« (Pozdrav suncu) als die spannendsten Sehenwürdigkeiten der Stadt. Nicht nur aufgrund dessen wurde die Stadt 2016 zur »Europeans Best Destination« gekürt.
Zadar ist unbestritten die **Metropole Norddalmatiens:** Es ist die Stadt der Verwaltung, der Museen, Theater und der Universitäten. Mit gehobenen Boutiquen in der Altstadt und einem großen Einkaufszentrum am Stadtrand zieht Zadar viele Menschen aus der Region an. Wie in vielen Städten am Meer spielen Tourismus und Schiffsbau eine Rolle, aber auch Textil-, Nahrungsmittel- und Spirituosenindustrie. Letztere ist auch für Urlauber interessant, denn in der fruchtbaren Hochebene Ravni kotari, die bei der Anreise

ZADAR ERLEBEN

TOURISTINFORMATION ZADAR

Ilije Smiljanića 5, 23000 Zadar
Tel. 023 21 22 22
www.zadar.travel

TOURISTINFORMATION REGION

Svetog Leopolda B. Mandića 1,
23000 Zadar
Tel. 023 31 53 16
www.zadar.hr

Juli: Kalelargart Street Art Festival mit Straßenkünstlern und Musikern, Zadar

Ende Juli/Anf. Aug.: Traditionelle Wahl des Inselkönigs von Iž: »Vollmond-Nacht«

Aug.: »Zadar der Träume« – internationales Festival des neuen Theaters, Zadar, www.hnk-zadar.hr
Mitte Aug.: Sandskulpturenfestival an den Stränden Ždrijac und Kraljičina, Nin

1. Restoran Foša
2. Restoran Pet bunara
3. Roca-Kuća Dalmatinskog pršuta
4. The Garden
5. Konoba Stomorica

1. Art Hotel Kalelarga
2. Falkensteiner Hotel & Spa Iadera
3. Villa Hrešć
4. Villa Nico

Beliebtes Mitbringsel aus Zadar ist der Maraschino-Likör, den es in Feinkostläden oder im firmeneigenen **Maraska-Shop** gibt (Ul. Nadbiskupa Mate Karamana 3). Der bunte **Bauernmarkt** gehört zu den größten in Dalmatien (Sirana Gligora). Mundgeblasene Gläser, Vasen, Flaschen und Glasschmuck werden im **Museum des antiken Glases** verkauft. Kroatinnen lieben hochwertige Handtaschen und Gürtel der kroatischen **Manufaktur Gulliver** (Široka ulica 10, 9–21 Uhr, www.guliver.hr). Auf der Suche nach kleinen Souvenirs wird man in der **Škatulica** fündig (Stomorica 14). Das Einkaufszentrum **Supanova Centar** gehört mit knapp 90 Geschäften zu den größten in der Region (Akcije Maslenica 1).

Ein stimmungsvoller Platz für einen Cocktail ist die **Lounge-Bar Ledana** im Park beim Trg pet bunara, abends trifft sich hier jugendliches Publikum zu elektronischer Musik. Am bekanntesten ist die Lounge-Bar **The Garden**, zu dessen Gründern der UB40-Drummer James Brown gehört (Liburnska obala). Im **Arsenal** finden regelmäßig Konzerte statt (Trg tri bunara 1).

1 ART HOTEL KALELARGA €€€€

Das charmante Boutique-Hotel überzeugt mit modernen Zimmern, reichhaltigem Frühstück und bester Altstadtlage an der Flaniermeile Kalelarga.
Iliva Majke Margerite 3,
23000 Zadar | Tel. 023 23 30 00
www.arthotel-kalelarga.com

2 FALKENSTEINER HOTEL & SPA IADERA €€€€

Dalmatiens neue Top-Adresse für Wellness-Urlaub erstreckt sich auf einer Landzunge nördlich von Zadar. Gäste werden in einem der 210 Lifestyle-Zimmer mit Flip-Flops und einer Strandtasche begrüßt.
Punta Skala BB
23231 Petrčane, 23000 Zadar
Tel. 023 55 56 01
www.falkensteiner.com

3 VILLA HREŠĆ €€€

Elegant eingerichtete Zimmer und Apartments in einer Villa mit Blick auf die Altstadt von Zadar. Im Garten bietet ein Pool Erfrischung.
Obala kneza Trpimira 28,
23000 Zadar | Tel. 023 33 75 70
www.villa-hresc.hr

4 VILLA NICO €€

Die komfortable Pension mit Restaurant, Bar und Fitnesszentrum liegt direkt am Meer.
Krešimirova obala 138,
23000 Zadar
Tel. 023 33 75 40
www.villa-nico.com

HOTEL KORINJAK €€

Die Zimmer sind neu saniert und sauber, allerdings recht schlicht, ohne viel Komfort. Im Mittelpunkt stehen Yoga-Kurse, Tanz-Workshops und vegetarische Ernährung. Ein idealer Ort, um (mindestens) einen Gang zurückzuschalten!
23284 Veli Iž
Tel. 023 27 70 64
www.korinjak.com

1 RESTORAN FOŠA €€€€

Im alten Bootshafen Foša überzeugt die Qualität und Frische von Fisch- und Meeresfrüchtegerichten. Dazu kann man unter 120 Weinsorten wählen.

Kralja Dmitra Zvonimira 2
23000 Zadar
Tel. 023 31 44 21, www.fosa.hr

❷ RESTORAN PET BUNARA €€€

Mediterrane Küche und Gerichte aus dem Hinterland sind hier angesagt: z. B. die Benkovačka vara, eine deftige Suppe mit Hülsenfrüchten oder die Pašticada, ein Schmorbraten.
Ulica obitelji Stratico 1
23000 Zadar
Tel. 023 22 40 10
www.petbunara.com

❸ ROCA - KUĆA DALMATINSKOG PRŠUTA €€€

Im »Haus des dalmatinischen Rohschinkens« wird natürlich hausgemachter Pršut aufgetischt, nebenan drehen sich Spanferkel am Grill. Reservierung empfohlen.
Stankovci
Tel. mobil 091 583 40 43

❹ LOUNGE BAR THE GARDEN €€€

Zum Frühstück gibt es Power Food wie Joghurt mit Chia-Samen oder Müsli mit Wirsingchips. Frisch zubereitet werden Frühlingsrollen mit Gemüse in Reispapier – hier kommen auch Veganer und Vegetarier auf ihre Kosten.
Liburnska obala 6,
23000 Zadar
Tel. 023 25 06 31
www.watchthegardengrow.eu

❺ KONOBA STOMORICA €€

Seit Generationen kommt hier eine kleine, gute Auswahl typisch dalmatinischer Gerichte auf den Tisch – darunter auch frittierte Sardinen oder Ährenfische. Gelegentlich treten A-capella-Chöre auf.
Stomorica 12,
23000 Zadar
Tel. 023 31 59 46

von Norden durchquert wird, wächst die Maraska-Kirsche, die dem berühmten Maraschino-Likör aus Zadar seinen feinen Geschmack verleiht – ein köstliches Mitbringsel (▶ S. 216).

Kriegsbeschädigt

Geschichte

Die Illyrer nutzten Zadar einst als Hafen, ab dem 4. Jh. hatten die Bischöfe hier ihren Sitz. Gegen die Einmischung der Venezianer leistete Zadar später von allen Städten der östlichen Adriaküste am heftigsten Widerstand – vergebens. 1918 wurde es von den Italienern besetzt. Als einzige Stadt Dalmatiens blieb es auch nach dem Vertrag von Rapallo in den Zwischenkriegsjahren bei Italien und damit eine Enklave im späteren Königreich Jugoslawien. Während des Zweiten Weltkriegs musste Zadar verheerende Luftangriffe über sich ergehen lassen, mehr als die Hälfte der Gebäude in der Altstadt wurden zerstört. 1991 geriet die Stadt ins Fadenkreuz der serbischen Aufständischen, die im nur wenige Kilometer entfernten Hinterland ihre Artilleriegeschütze in Stellung brachten, sowie der Jugoslawischen Volksarmee, die ihren wichtigen Stützpunkt Zadar nur unwillig räumte. Der nahe gelegene Flughafen Zemunik war zeitweise von Serben besetzt, die verkehrsstrategisch wichtige alte Maslenica-Brücke wurde 1991 zerstört, daher war Zadar im jüngsten Krieg längere Zeit vom

übrigen kroatischen Festland isoliert. Heute ist die neue **Maslenica-Brücke** Teil der Autobahn A1, sie wird im Sommer von Bungee-Jumpern genutzt
Bungee: Juli–Aug. 14–20 Uhr |www.izazov-tours.hr

Warmes Meer, heilender Schlamm

Aktiv sein

Auch das **Badevergnügen** kommt nicht zu kurz, etwa östlich des Stadtkerns am Strand Kozino, mit Blick auf die gegenüberliegende Insel Ugljan. Auf der Halbinsel Borik liegen nicht nur viele Hotels, sondern auch die gleichnamige große Ferienanlage mit einem 1 km langen, flachen Sand-/Kiesstrand und neuem Aquapark (auch Tagesgäste). Vielerorts fällt das Meer in der Lagune von Nin nicht nur sehr flach ab, sondern ist auch um 2 bis 3 Grad Celsius wärmer als anderswo. Der Heilschlamm von Nin wird traditionell gegen rheumatische Erkrankungen eingesetzt – oder für eine Schlammschlacht am Wasser. Beliebt ist auch der Strand von Petrčane, einem kleinen Ferienort, 12 km nordwestlich von Zadar, mit Sand-, Kies- und Felsenstränden. Ein ruhiges Badeplätzchen findet man auf der Insel Ošljak, wo die Fähre von Zadar nach Ugljan einmal täglich stoppt – oder auf einer der vorgelagerten Inseln im Archipel von Zadar.

Wohin in Zadar?

Bestens befestigt

Altstadt

Der historische Stadtkern von Zadar liegt auf einer von mächtigen Befestigungsanlagen umgebenen Halbinsel. Die weitgehend erhaltenen Bastionen wurden im 15. und 16. Jh. von den Venezianern errichtet, um die Türken abzuwehren. Besonders stark bewehrt war die Stadt im Süden an der Verbindung der Landzunge mit dem Festland. Der einzige Stadteingang dort, durch eine Zugbrücke leicht zu verteidigen, war das wuchtige **Landtor** (Porta Terraferma oder Porta di Ferma) an der Straße Ul. Ante Kuzmanića beim alten Bootshafen Foša. Es wurde 1543 vom veronesischen Festungsbaumeister Michele Sanmicheli errichtet und ist heute das bedeutendste Renaissancebaudenkmal in Zadar. Sein mittlerer Rundbogen war den Fuhrwerken vorbehalten, die zwei rechteckigen Durchgänge wurden von Passanten genutzt. Über dem Landtor wacht der venezianische Löwe.
Rechterhand des Landtors breitet sich der Trg pet bunara (**Platz der fünf Brunnen**) aus. Die namensgebenden Brunnen wurden über dem zugeschütteten Wehrgraben der mittelalterlichen Stadtbefestigung gebaut (1574). Sie versorgten die Bevölkerung bis weit ins 19. Jh. hinein mit Wasser. An die mittelalterliche Befestigung erinnert hier nur noch der fünfeckige **Kapitäns-Turm** (Kapetanova kula), den die örtliche Kunstvereinigung für Ausstel-

BAEDEKER WISSEN

DAS GEHEIMNIS VON ZADAR

Frauenheld Casanova ließ sich von ihm inspirieren, Feldherr Napoleon war ihm zugetan, auch Alfred Hitchcock soll ihn genossen haben: Der Maraschino-Fruchtlikör aus Zadar vermag es, seine Anhänger bis heute zu verführen, sei es auf Obstsalat, Eiscreme oder pur genossen.

Der britische König Georg IV. soll gleich eine ganze Flotte zum Einkauf nach Zadar geschickt haben. Königin Viktoria machte es ihm 1871 nach: Sie ließ ihre Schiffe hier mit Maraschino-Fruchtlikör beladen. Der kristallklare Likör mit dem unverwechselbar süßen Geschmack wird aus der Maraska-Sauerkirsche gewonnen. Diese war ursprünglich nur in der Gegend um Zadar beheimatet.

Geheimes Klosterrezept

Was genau die bittersüße Spirituose, die es immerhin auf **32 Prozent Alkoholgehalt** bringt, so anziehend macht, blieb zunächst das Geheimnis der örtlichen Dominikaner. Diese hüteten das Rezept ab dem 16. Jh. hinter dicken Klostermauern. Die Mönche nannten das Getränk Rosolj Maraschino, in Anlehnung an aus Italien stammende feine Frucht- oder Blütenliköre (ital. rosoglio). Im Gegensatz zu anderen Kirschlikören zeichnet sich der Maraschino durch seine klare Farbe aus, da weder Fruchtsaft noch -extrakt beigefügt werden. Bei der Herstellung werden junge Blätter, aber auch Kerne mitverarbeitet – diese verleihen dem Likör seine leichte Bittermandel-Note. Das Destillat wird mit Zuckersirup versetzt und nach einer gewissen Zeit gefiltert. Echter Maraschino-Likör muss übrigens drei Jahre lagern.

Das Original stammt aus Zadar

Lange Zeit galt Maraschino als eine Art Universalmedizin, die gegen so ziemlich jedes Zipperlein half. Anfänglich freilich nur denjenigen, die sich den edlen Tropfen auch leisten konnten. Die profanen Hersteller des Likörs gelangten mit diesem Rezept schon früh zu Reichtum und bauten mit ihrem Gewinn herrschaftliche Häuser in der Gegend um Zadar. Bereits im 18. Jh. florierte die industrielle Produktion mit dem Kirschlikör, der u. a. bis an den Wiener Hof und nach Berlin verschifft wurde. Ab dem 19. Jh. gehörte die Familie Luxardo zu den führenden Herstellern in Zadar, sie emigrierte jedoch nach dem Zweiten Weltkrieg ins italienische Padua und setzte die Tradition dort fort. So kommt heute von dort der international bekanntere »Luxardo-Maraschino« . Auch in Zadar hielt man am Maraschino-Likör fest: Die Brennerei Maraska wirbt damit, dass ihr Produkt der »Original-Maraschino« sei. Im jüngsten Bürgerkrieg wurden viele Anbauflächen vermint, entsprechend stockte die Produktion einige Jahre. Heute findet man den edlen Likör in vielen Supermärkten. Wer ein schönes Mitbringsel sucht, sollte am besten zu einer Flasche greifen, die **mit Bast** umwickelt ist – sie gilt als Klassiker.

MARASKA
SINCE 1821
ZADARSKI
ARASCHINO
VOĆNI LIKER
ZADAR
MARASKA
SADRŽAJ 1L

BAEDEKER MAGISCHE MOMENTE

FACKELN BEI VOLLMOND

Wenn der Mond im Juli und August kreisrund über Zadar steht, gehen nachts die Lichter aus: Dann erstrahlt die Altstadt nur mit Fackeln, Kerzen und Fischerlampen, ganz wie früher. Einfach die stimmungsvolle Nacht genießen!

lungen nutzt: Eine schmale Wendeltreppe führt hinauf, von oben fällt der Blick auf die Lounge-Bar Ledana im Park (Perivoj kraljice Jelene Madijevke) unterhalb. Durch die schmucke Grünanlage, die innerhalb einer Bastion angelegt wurde, schlängeln sich schattige Spazierwege.

Turmbesteigung: 15 Kuna

Verehrter Stadtpatron

★ Sveti Šimun

Zurück am Trg pet bunara sind es nur wenige Meter bis zur Kirche des hl. Simeon (Sveti Šimun), an der Ecke Kostromanić-/Smiljanić-Straße: Über dem Altar wird der spätromanische Sarkophag des hl. Simeon aufbewahrt. Der imposante Schrein aus Zedernholz wurde mit 250 kg Silber und Gold überzogen. Filigrane Bronzeengel, die aus türkischen Kanonenkugeln gegossen wurden, tragen den schönen Schrein. Auf dem Deckel ist der hl. Simeon als Liegefigur abgebildet, ein Relief zeigt den Einzug des ungarisch-kroatischen Königs Ludovik I., dessen Gattin Elizabeta den Schrein 1380 anfertigen ließ. Alljährlich am 8. Oktober, dem Namenstag des hl. Simeon, wird der Schrein geöffnet, dann strömen viele Pilger in die Kirche.

Sommer 8.30–12, 17–19, Winter 7.30–12 Uhr | Eintritt: frei, Spende erbeten

Hohe Glaskunst

Museum des antiken Glases

In dem modern gestalteten Museum des antiken Glases (Muzej antičkog stakla), nördlich in Richtung Festlandufer, werden Glaswaren präsentiert, die in der weiteren Umgebung von Zadar gefunden wurden. Im Sommer zeigen Glasbläser im Obergeschoss (am Vormittag!) die schwierige Technik, wie römische Flaschen oder mundgeblasene Gläser entstehen. Bei Temperaturen um 1300 Grad Celsius werden die Glaswaren gebrannt und anschließend schrittweise auf Raumtemperatur heruntergekühlt. Den hier aus bunten Glasperlen gefertigten Schmuck kann man im Museumsladen erwerben.

Poljana Zemaljskog odbora 1, Sommer tgl. 9 – 21, Winter Mo. – Sa. 9 – 16 Uhr | Eintritt: 30 Kuna | www.mas-zadar.hr

Alles verblüffend

Gleich nebenan macht das ebenfalls moderne Museum der Illusionen (Muzej iluzije) von sich reden. Dort ist nichts, wie es auf den ersten Blick scheint: Kaleidoskope, ein Tunnel mit Lichtspiralen, optische Täuschungen und Puzzles, die es zu lösen gilt. Einige Exponate verblüffen, andere sind bereits weitläufig bekannt. Museum der Illusionen

Poljana Zemaljskog odbora 2, tgl. 10–20 Uhr | Eintritt: 60 Kuna
http://zadar.muzejiluzija.com

Der beste Platz für eine Kava

Der schmucke Volksplatz (Narodni trg) ist seit der Renaissance Mittelpunkt des öffentlichen Lebens. Auch heute noch macht der Platz seinem Namen alle Ehre: Vor allem am Abend gehört er der Bevölkerung von Zadar. Die lange Café-Tradition auf dem Volksplatz, der seinerzeit noch Piazza dei Signori hieß, führte der erste Maraschino-Fabrikant von Zadar ein: Josip Carceniga eröffnete hier bereits 1730 ein Kaffeehaus. Seit dieser Zeit lieben die Bewohner diesen Ort, um ihre Kava zu genießen. ★ Narodni trg

Eingerahmt wird der Narodni trg von einer eleganten Stadtloggia (Gradska loža) von 1565, dem Rathaus (Gradska viječnica), das 1934 unter italienischer Besatzung gebaut wurde und der Stadtwache (Gradska straža) mit Uhrturm (1562), die die ethnologische Abteilung des Volksmuseums (Etnološki odjel Narodnoga muzeja) beherbergt.

Für den Spaziergang zum Forum wählt man am besten die moderne Hauptachse von Zadar, die **Široka ulica,** die in bester italienischer Manier Kalelarga (ital. Calle larga) genannt wird. Die belebte Flaniermeile säumen Eisdielen, Geschäfte und alte Patrizierhäuser.

Spuren aus der Römerzeit

Das ehemalige römische Forum, das unter Kaiser Augustus angelegt wurde, ist ein weitläufiger Platz (90 x 40 m) mit einigen der wichtigsten Sehenswürdigkeiten von Zadar. Die noch vorhandenen Säulentrommeln, Inschriften und Reste eines Tempels vermitteln heute noch einen Eindruck von der einstigen Größe dieses Platzes. Praktisch unverändert sind das Pflaster und der Treppenaufgang zum ehemaligen Portikus. Eine 14 m hohe, korinthische Säule an der Westseite des Platzes diente noch im 19. Jh. als Pranger. Forum

Einblick in die Stadtgeschichte

Den Forumsplatz flankiert das Archäologische Museum (Arheološki muzej), das die Jungsteinzeit, die römische Ära und das Mittelalter mit Funden aus der Region Revue passieren lässt. Sehenswert ist die Sammlung altkroatischer Exponate (8./9. Jh.), etwa der Sarg der hl. Anastasia (9. Jh.) sowie ein steinernes Ziborium aus dem Jahr 1035. Zwei Kaiserstatuen, die Tiberius und Augustus zeigen, wurden in der Archäologisches Museum

Römisch, byzantinisch, karolingisch und vor allem rund: Sveti Donat.

Nähe von Nin gefunden. Der übergroße Torso in der Eingangshalle bildet vermutlich Julius Cäsar ab.
Juli–Aug. tgl. 9 – 22 Uhr, sonst verkürzt | Eintritt: 15 Kuna (Kombi-Ticket mit Sveti Donat: 40 Kuna) | www.amzd.hr

Außergewöhnlicher Kirchenbau

★★ Sveti Donat

Auf der gegenüberliegenden Seite des Forums erhebt sich die Kirche Sveti Donat, die nach ihrem Auftraggeber, Bischof Donat(us), benannt ist. Das Gotteshaus wurde im 9. Jh. als vorromanischer Rundkirchenbau errichtet, nach dem Vorbild byzantinischer und karolingischer Bautraditionen. Dabei wurden einzelne Elemente römischer Bauwerke des Forums mit in den Bau integriert. Der 26 m hohe Innenraum ist berühmt für seine hervorragende Akustik und dient traditionell als Aufführungsort für Musikabende im Sommer (www.donat-festival.com).
Juli–Aug. 9–22, Juni u. Sept. 9–21, April/Mai u. Okt. 9 – 17 Uhr | 20 Kuna

Die größte Kathedrale Dalmatiens

★★ Sveta Stošija

Nicht minder bedeutsam ist die benachbarte romanische Kathedrale Sveta Stošija (Hl. Anastasia; 12.–14. Jh.). Diese war früher durch ein Baptisterium mit Sveti Donat verbunden, dessen Grundmauern im Innenhof rekonstruiert wurden. Das Gotteshaus, im

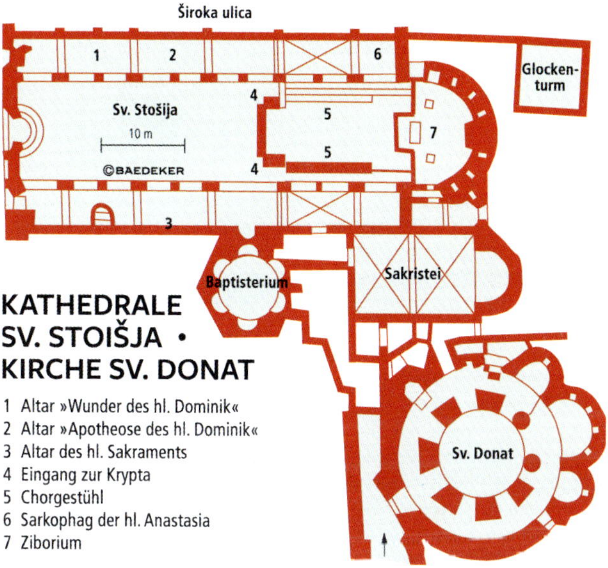

KATHEDRALE SV. STOIŠJA • KIRCHE SV. DONAT

1 Altar »Wunder des hl. Dominik«
2 Altar »Apotheose des hl. Dominik«
3 Altar des hl. Sakraments
4 Eingang zur Krypta
5 Chorgestühl
6 Sarkophag der hl. Anastasia
7 Ziborium

Zweiten Weltkrieg zerstört, wurde originalgetreu wiederaufgebaut. Die Fassade besticht mit dreiteiligen, eleganten Fensterrosen, die den toskanischen Kathedralen in Pisa und Lucca nachempfunden sind. Im nördlichen Seitenschiff steht der Altar mit dem Marmorsarkophag, den Bischof Donatus im 9. Jh. für die Reliquien der hl. Anastasia anfertigen ließ. Am Altar zeigt ein Relief die Heilige auf der Totenbahre. Frühromanische Platten mit Flechtwerk-Ornamentik schmücken den Hauptaltar. Mit dem Bau des Glockenturms wurde bereits im 15. Jh. begonnen, er wurde erst im 19. Jh. vollendet. Der Aufstieg auf den 56 m hohen Turm – stolze 150 Stufen! - wird mit dem schönsten Ausblick auf Zadar und die Adria belohnt!

Sommer tgl. 8–18.30, Winter 8–17 Uhr | Eintritt: frei, Spende erbeten
Glockenturm: April/Mai u. Okt. 10 – 17, Juni u. Sept. 9 – 22, Juli/Aug. 9 – 24 Uhr | Eintritt: 15 Kuna

Berühmter Kirchenschatz

★ Sveti Marija

Gegenüber der Donatskirche steht das Benediktinerinnenkloster mit der Marienkirche (Sveti Marija), einer dreischiffigen Basilika (1091) mit Renaissancefassade (16. Jh.). Das Kloster ist berühmt für seinen Kirchenschatz, der in der **Dauerausstellung »Gold und Silber von Zadar«** (Zlato i srebro Zadra) gezeigt wird. Sakrale Kunst des 8.–18. Jh.s steht im Mittelpunkt: Reliquien, Kelche, aber auch Skulpturen und Gemälde venezianischer Meister. Sehenswert sind die filigranen Spitzenarbeiten, die von den Nonnen mit Goldfäden genäht wurden.

Sommer Mo.-Sa. 10-13, 17-19, So. 10-13 Uhr, Winter Mo-Sa. 10-12.30, 17-18.30, So. 10-12.30 Uhr | Eintritt: 30 Kuna

Bunte Lichtshow und Klapa-Gesänge

★★ Gruß an die Sonne, Meeresorgel

Die äußerste Landspitze der Altstadt gestaltete der junge Architekt Nikola Bašić (geb. 1976) vor gut einem Jahrzehnt mit einer steingepflasterten Uferpromenade und zwei Installationen komplett um. Im Rhythmus der Wellen leuchtet der »Gruß an die Sonne« auf. 300 Solarplatten, die in die Uferpromenade eingelassen wurden und begehbar sind, glitzern zuerst schwach und erzeugen dann eine imposante Lichtshow. Der genaue Zeitpunkt von Ein- und Abschalten wurde bereits auf 50 Jahre im Voraus programmiert!

Nur wenige Meter entfernt geben Wind und Wellen die Melodie an: Bei der Meeresorgel auf einer Marmortreppe, die zum Meer abfällt, entstehen nur dann Töne, wenn sich das Wasser bewegt. Dann wird Luft in die 35 Plastikrohre gepresst, die als Pfeiffenöffnungen an der Oberfläche der Uferpromenade münden. Die Melodie erinnert an die traditionellen dalmatinischen A-capella-Gesänge einer Klapa.

Nin

Paradies auf Erden

Königinnenstrand

Die alte Königsstadt Nin ist von herrlichen Sandstränden umgeben, die in Kroatien eher selten sind. Als bekanntester gilt Kraljećina plaža, der Königinnenstrand. Immer wenn sich der erste kroatische König Tomislav in Nin aufhielt, soll seine Gattin ihre Tage an diesem Strand verbracht haben. Als er sie einmal begleitete, schwelgte er: »Das wird nur dein Ort sein, wenn wir in Nin sind, denn das ist das Paradies auf Erden – und dein Strand«. Mit dem natürlichen **Heilschlamm**, der hier vorkommt, reiben sich Badegäste gerne ein – sei es aus gesundheitlichen Gründen oder für ein Selfie.

Wiege der kroatischen Kultur

Višeslav-Taufbecken

Der Bischof von Nin führte als Erster die slawische Liturgie in Kroatien ein. Auch in weltlicher Hinsicht spielte Nin im frühen Mittelalter eine große Rolle: Die kroatischen Könige, die keine feste Hauptstadt hatten, sondern wie die deutschen Kaiser viel durch die Lande zogen, hielten sich hier häufig auf.

Der wichtigste Fund aus dieser Zeit ist das sechseckige, steinerne Višeslav-Taufbecken mit schmucken Flechtornamenten. Fränkische Missionare bekehrten im 9. Jh. die slawischen Bewohner dieser Gegend zum Christentum. Eine Kopie des Taufbeckens wird in der Archäologischen Sammlung (Arheološka zbirka) am Trg Kraljevac in Nin aufbewahrt, das Original im Museum kroatischer archäologischer Denkmäler in Split.

Kleinste Kathedrale der Welt

Sveti Križ

Nin ist stolz auf ein ungewöhnliches Gotteshaus: die winzige, vorromanische Sveti Križ (Heiligkreuz). Gerade mal 36 Schritte benötigt man um sie zu umrunden, denn ihr kreuzförmiger Grundriss misst nur 7,6 x 7,8 m! Die Kirche diente Jahrhunderte lang als Sonnenuhr und Kalender: Die Sonne wirft ovale Lichtkegel durch die Fenster, allerdings nur viermal im Jahr: Zur Sommer- und Wintersonnwende sowie während der Tag-und-Nacht-Gleiche im März und September. Umstritten ist das genaue Baujahr: 9. oder 11. Jh. – wie dem auch sei: Die bestens erhaltene Kirche gilt als eines der schönsten Beispiele altkroatischer Baukunst.

Besonderer Glücksbringer

Denkmal von Grgur Ninski

In unmittelbarer Nähe der Kirche steht das Denkmal des wohl bedeutendsten kroatischen Bischofs, Grgur Ninski (Gregor von Nin): Wer seinen Zeh anfasst, soll Glück haben – der ist deswegen blankpoliert, wie der Zeh der Bischofsstatue in Split. Grgur war der dritte Bischof

Klein, aber fein: Die winzige Kathedrale Sveti Križ in Nin funktioniert viermal im Jahr als Sonnenuhr.

der Stadt, kirchliches Oberhaupt und seit 879 zugleich Oberhaupt aller kroatischen Christen. Er war jedoch nicht nur Seelsorger und Kirchenmann, sondern auch Berater und Kanzler des legendären kroatischen Königs Tomislav.

Alles Handarbeit

★ Salzgärten

Die Salzgärten von Nin (Solana Nin) blicken auf 1500 Jahre Geschichte zurück, die das **Salzmuseum** (Muzej soli) erzählt. In den Salzbecken wird das kostbare Meersalz heute noch von Hand geschöpft. Der Rundgang führt an Salzblumen vorbei, die sich an heißen, windstillen Tagen als oberste Schicht auf dem Wasser bilden. Romantisch sind Touren mit dem Boot inklusive Picknick in einer alten Mühle. Wer gerne mit anpackt, kann an einem eintägigen Workcamp in den Salzgärten teilnehmen. Im Rahmen einer ornithologischen Tour sieht man vielleicht einige der 280 Vogelarten, die hier leben.

Salzmuseum: Mo.–Fr. 8–20 Uhr | Eintritt: 35 Kuna
Rundgang Salzgärten: 8–13, 17–19 Uhr | Eintritt: 65 Kuna
Romantische Besichtigung: 370 Kuna
Workcamp: 500 Kuna | www.solananin.hr

Von Zadar über Novigrad nach Obrovac

Meeresseen

Novigradsko more

Auf der Fahrt von Zadar nordostwärts nach Obrovac und zu den Schluchten des Zrmanja-Flusses lohnt sich ein Umweg entlang der Meeresseen von Novigrad und Karin. Sie sind durch schmale Mündungen mit dem Velebit-Kanal und der Adria verbunden. Die Landschaft um das Novigradsko more (Novigrader Meer) ist reizvoll. Von den Hügeln, auf denen die Landstraße verläuft, führen Wege hinunter zum Wasser. In der Hafenbucht von Posedarje ragt eine Felseninsel mit der Kapelle Sveti Duh (Hl. Geist, 12./13. Jh.) heraus. Im Hintergrund erhebt sich das Velebit-Gebirge mit dem Bergriesen Tulove grede.

Schaurige Vergangenheit

Novigrad

In einer fjordartigen Bucht schmiegt sich Novigrad an die Hänge. Eine breite Treppe am Ortsanfang von Novigrad führt hinauf zur Pfarrkirche Sveta Marija (Hl. Maria), die mit ihrem geschwungenen Glockentürmchen an die Klöster Griechenlands erinnert. Ein Fußweg verläuft weiter steil aufwärts zu einer **Burgruine:** Der Ausblick auf den marineblauen Fjord ist wunderbar. Die Burg wurde von der Fürstenfamilie Gusić-Kurjaković im 13. Jh. erbaut. Von 1386 bis zu ihrem Tod 1387 waren hier Elizabeta Kotromani, die Witwe König Ludoviks I. (Ludwig I.), sowie ihre Tochter, Frau des Königs Sigismund von Luxemburg, eingekerkert. Elizabeta wurde hier ermordet, ein Jahr, nachdem sie den neapolitanischen König Karl hatte töten lassen – es ging wie immer um die politische Macht. Eine goldene Planita – ein geistliches Gewand –, die Elizabeta während der Haft stickte, wird in der Pfarrkirche Sveta Marija aufbewahrt.

Toller Ausblick

Obrovac

Entlang des Karinsko more ziehen sich seichte Sumpfgebiete. Wegen des hohen Salzgehalts des Meerwassersees wurden in türkischer Zeit an seiner Südseite Salinen angelegt. Am Trg Grgura Ninskog im Zentrum von Obrovac führt eine Straße zur **Festung** hinauf. Den Türken diente sie einst als Stützpunkt, von dem aus sie ihre Angriffe auf venezianische Galeeren und die Inseln Pag, Rab und Krk planten. Man hat hier einen tollen Ausblick auf die Schlucht der Zrmanja, die in das Novigrader Meer mündet und bis Obrovac schiffbar ist.

Wo Winnetou in die ewigen Jagdgründe ging

★ Zrmanja-Schlucht

Im Süden des markanten Karstfelsens Tulove grede, der zum Naturpark Velebit gehört, hat sich die Zrmanja ihr wildromantisches Flussbett gebahnt. In den 1960er-Jahren wurden in der 10 km langen Schlucht viele Szenen der Winnetou Filme gedreht (▶ S. 226). In der Nähe von Tulove grede liegt Winnetous »Sterbewiese«, die immer noch viele Fans anzieht. Eine Pierre-Brice-Gedächtnistafel wurde 2016 anlässlich des ersten Todestages des legendären Winnetou-Darstellers hier aufgestellt. Da rund um das Gebiet Tulove grede noch Minen liegen, ist eine geführte Tour empfehlenswert (Infos über die Nationalparkverwaltung in Starigrad-Paklenica, ▶Paklenica-Nationalpark S. 147).

Südlich von Zadar

Krönungsort

Biograd na moru

Das kleine, recht geschäftige Städtchen Biograd na moru (5000 Einw.) ist knapp 30 km von Zadar entfernt. Schon zu römischer Zeit besiedelt, gewann es erst im frühen Mittelalter an Bedeutung: 1102 wurde hier der ungarische König Koloman zum kroatischen König gekrönt. Auch die Handelsmacht Venedig griff im Mittelalter nach dem Städtchen, zerstörte es und baute es dann wieder auf. Eine Promenade, ausgedehnte Kiefernwälder und schöne Buchten, Sand- und Kiesstrände wie der Strand Dražica (10 Min. von der Altstadt) und die große, verhältnismäßig neue Marina machen den Ort heute bei Touristen sehr beliebt.

Das **Stadtmuseum** an der Promenade verdient einen Besuch: Die interessantesten Exponate des Museums wurden aus einem im

VON SANTA FE ZUM SILBERSEE

Ein Rückblick: Die Augen des vorwiegend jugendlichen Publikums strahlen, während der Kinosaal mit wehmütigem Westernsound in Stimmung gebracht wird. Pierre Brice kommt ins Bild. Er reitet auf seinem schwarzen Pferd durch die raue Landschaft. Der Filmtitel »Winnetou, Teil 3« erscheint.

Dann stehen die Namen der Filmemacher, Horst Wendland und Harald Reinl, auf der Leinwand, quer über dem Panoramabild des Zrmanja-Canyons. Kurz vor der Brücke zur Insel Pag, wo sich zu beiden Seiten der Straße karstige Felder ausbreiten, trifft der französische Hauptdarsteller andere Häuptlinge. Scheinbar schwenkt die Kamera zu einer Büffelherde. Mit ein paar Styropor-Kakteen verwandelt sich die »jugoslawische Prärie« in ein glaubwürdiges Arizona. Es folgen Bilder von Mali Alan, oben im Velebit-Gebirge, wo Hollywood-Star Lex Barker als Old Shatterhand seinen Blutsbruder fragt: »Will sich Winnetou mir offenbaren?«

Drehort Krka

Wo heute das Ausflugsboot am Roški slap im Krka-Nationalpark wendet, treiben in dem Filmstreifen »Winnetou und Shatterhand im Tal der Toten« die beiden Helden im Paddelboot die Wasserfälle entlang. Erst im letzten Film der Serie gab man diesem Landschaftsmotiv die Ehre, während der Krka-Fluss mehrmals zuvor in Karl-May-Filmen aufgetaucht war. In **»Winnetou 1«** treffen wir an diesem Fluss Old Shatterhand und Winnetous Schwester Nscho-tschi (Marie Versini) beim Angeln, belauscht

Den Zrmanja-Canyon bei Obrovac erkundet man am besten mit dem Boot – so wie die »Indianer«.

Wer ist der Böse? Mit dem »Schatz im Silbersee« fing alles an.

vom bösen Santer. In dem Film **»Old Shatterhand«** wurde das Apachenlager in der Krka-Bucht im heutigen Nationalpark gegenüber dem Nos Kalik aufgebaut. Für die Dreharbeiten wurde der Platz gerodet und das weiße Gestein rötlich gefärbt. Die dritte Ausflugsetappe im Nationalpark führt zum Krka-Kloster. Oberhalb des Krka-Canyons mit seinen steilen Wänden erwartet Winnetou seinen Adoptivsohn Tujunga zum Jagen.

Unter Geiern

Von Split aus über Klis und Sinj erreicht man die wohl beeindruckendste Prärielandschaft der Karl-May-Filme. Das menschenleere Gebiet diente in den späteren Filmen als Ersatzprärie für die Westerngefilde nördlich von Rijeka. In dem weiten, trockenen Tal (Suho polje) auf der Rückseite des Stausees Peručko jezero wurden u. a. die Schlussszenen von **»Unter Geiern«** gedreht.
Die »Geier« ritten aber auch durch die große Paklenica-Schlucht bei Starigrad im Velebit-Gebirge, die neben dem Zrmanja-Canyon und dem »Silbersee« zu den mythischen Motiven der Karl-May-Filme zählt. In der wilden Gebirgslandschaft der Paklenica-Schlucht lässt sich nachempfinden, warum die wundervolle Felsenkulisse die Filmemacher begeisterte. Einige Drehorte sind ausgeschildert. Ausgangspunkt für Entdeckungen der Paklenica-Schlucht ist das Hotel Alan. Heute erinnert ein Winnetou-Museum mit Fotos und Original-Requisiten an die Dreharbeiten. Alljährlich im Juni treffen sich hier die Fans.

RTL-Neuverfilmungen

Als der größte deutsche Privatsender RTL 2015 eine »Neuinterpretation« der Winnetou-Filme ankündigte, waren Indianerfreunde schon im Vorfeld skeptisch. Gedreht wurde an »Original-Schauplätzen« – nicht in Amerika, sondern beispielsweise im Nationalpark Krka und um Tulove grede. Trotz respektabler Besetzung mit »Tatort«-Kommissar Wotan Wilke Möhring (Old Shatterhand) und dem 86-jährigen Mario Adorf, der nach 53 Jahren noch einmal den Schurken Santer spielte, wurde der Film kein Quotenhit. Es wurde viel über die Gründe diskutiert; ein Fan bringt es auf den Punkt: **»Es kann nur einen geben – Winnetou forever.«**
Mehr über die Drehorte erfährt man u. a. auf folgenden Webseiten: www.karl-may-filme.de und www.winnetous-spuren.de.

16. Jh. gesunkenen Handelsschiff geborgen, das auf dem Weg von Venetien nach Konstantinopel auf das nahe gelegene Riff Gnalić auflief. Neben Handelsgut der Hanse, z. B. Kron- und Wandleuchter deutscher Herkunft, konnten auch noch kostbare Seide und Damast und Zinnstangen in schmalen Holzkisten mit dem Siegel des venezianischen Löwen und vieles mehr aus dem Meer geborgen werden.
Stadtmuseum: Juli – Aug. Mo. – Fr. 7 – 15, 19 – 22, Sa. ab 9 Uhr, übrige Zeit Mo. – Fr. 7 – 15 Uhr
Eintritt: 10 Kuna | www.muzej-biograd.com

Radeln durch die Natur

Naturpark Vrana-See

Von Pakoštane, 8 km südöstlich von Biograd na moru, ist es nicht weit in den Naturpark Vrana-See. Der größte See Kroatiens hat eine Gesamtfläche von immerhin 30 km² bei einer maximalen Tiefe von knapp vier Metern. Fische wie Wels, Karpfen, Schleie und Meeräschen werden hier außerordentlich groß und schwer. Besonders schön präsentiert sich der See nach Regen: Dann nimmt er eine intensiv gelbgrüne Farbe an.
Der Ort Vrana nordöstlich des Vrana-Sees war einst Sitz einer osmanischen Karawanserei namens Maškovića han, die vom einheimischen Baumeister Jusuf Mašković um 1644/45 erbaut wurde – ein seltenes und wertvolles Denkmal türkischer Architektur in Dalmatien! Bereits 1538 fiel Vrana an die Türken und war für sie ein wichtiger Stützpunkt in diesem Gebiet.
Eine ca. 40 km lange Fahrradroute um den See erfordert angesichts der Höhenunterschiede eine gute Kondition. Der schönste und zugleich anstrengendste Teil beginnt in Vrana und führt am ornithologischen Reservat an der Nordseite des Sees entlang. Vom Aussichtspunkt Kamenjak hat man einen schönen Blick über das ganze Gewässer.
Sommer 8–20 Uhr, im Winter verkürzt | Eintritt: 20 Kuna, www.pp-vransko-jezero.hr.

Inseln im Archipel von Zadar

Ruhige Ziele für Naturliebhaber

Vor der Küste von Zadar liegt eine Vielzahl kleiner Inseln mit Dörfern und schönen Fels-, Sand- und Kiesstränden zum Baden. Insbesondere für Erholung suchende Touristen sind sie beliebte Urlaubsziele, nur einige sind mit dem Auto erreichbar. Alle Inseln werden von Personenschiffen ab Zadar angefahren.
Auf der Insel **Silba** gibt es nur einen Ort mit einigen Restaurants, Cafés und kleinen Villen, die vom Reichtum alter Kapitäne zeugen. Sechs winzige Kirchen, teils verwittert, liegen versprenkelt auf Silba.

Ein 30 m hoher, sechseckiger Spähturm, Toreta genannt, sollte Piraten abwehren. Silba hat sich zu einem Treffpunkt für Künstler entwickelt, die sich hier inspirieren lassen.
Premuda gilt unter Tauchern als gutes Revier. Vor der Insel locken das auf Meeresgrund liegende Wrack Sveti Ivan und eine Unterwasserhöhle, die Kathedrale (katedrala).
Eine besondere Tradition pflegt man auf **Iž:** Jedes Jahr Anfang August wählt das Inselvolk in Veli Iž einen »Inselkönig« (Iški kralj). Am »Wahltag« fahren am linken Ufer der Bucht drei altkroatische Schiffe in den Hafen, deren Besatzung aus rund 50 Männern und Frauen, in Tracht gekleidet, besteht. Die sonst stille, nur von Fackeln beleuchtete Bucht ist erfüllt mit Chorgesängen und Glockengeläut, während sich der alte König verabschiedet und der neue gewählt wird. Jeder König hat einen bestimmten Auftrag, der aus dem Königsfonds finanziert wird. Natürlich wissen Sponsoren und Veranstalter, wer der neue König sein wird. Das Inselvolk weiß es nicht und hat seinen Spaß daran. Dank der Tonvorkommen ist Iž auch für seine Töpferkunst bekannt. In den Gefäßen werden oft Lebensmittel aufbewahrt. In Veli Iž, einem der beiden Orte – neben Mali Iž – kann man Töpferwaren in einem kleinen Laden anschauen und erstehen. Wer über Nacht bleiben will und nicht allzu viel Wert auf Komfort legt, wird sich im Hotel Korinjak mit Yoga- und Tanzkursen und vegetarischen Gerichten wohlfühlen (www.korinjak.com).

H

HINTER-GRUND

Direkt, erstaunlich, fundiert

Unsere Hintergrundinformationen beantworten (fast) alle Ihre Fragen zu Kroatien und Dalmatien.

DAS LAND UND SEINE MENSCHEN

Dalmatien, ein Farbspektakel in unzähligen Blautönen: Mal schimmert die Adria tiefblau über felsigem Karstgestein, mal überziehen azurblaue Wellen sandigen Untergrund. Die berühmte Blaue Grotte auf der Insel Biševo glitzert fast silberblau, wenn Sonnenlicht ins Meer eintaucht. Türkisblaue Wasserfälle rauschen in den Nationalparks Plitwitzer Seen und Krka im karstigen Hinterland der Küste, und bei Imotski ergießt sich tiefblau der Blaue See in eine Doline. Lilablau überzieht Hvar, wenn der betörende Lavendel blüht. Und über allem leuchtet der Himmel in zartem Hellblau, die Farbe unbeschwerter mediterraner Leichtigkeit.

Landschaften

Von der Kvarner Bucht bis Prevlaka

Ein schmaler **Küstenstreifen** mit einem gebirgigen **Hinterland** (Dalmatinska Zagora) – das ist Dalmatien, ganz im Süden von Kroatien. Die lang gestreckte Insel Pag markiert im Norden den Übergang von der Kvarner Bucht zu Dalmatien. Im Süden endet die Region an der montenegrinischen Grenze, bei der Halbinsel Prevlaka. Wer die Küstenstraße mit dem Auto entlangfährt, legt etwa 450 km zurück. Das gesamte Gebiet Dalmatien, einschließlich der Inselwelt, umfasst eine Fläche von rund 12 900 km² – und ist damit etwa halb so groß wie Mecklenburg-Vorpommern.

Dinarisches Gebirge

Die hohen, bleichen Felsen des Dinarischen Gebirges schirmen die Küste von Rijeka bis Dubrovnik vor rauen Winden ab. Das steinige Bergland ist teils kahl, teils bewaldet, die markantesten Erhebungen dieses **Karstgebirges** sind der hinter Rijeka aufragende **Gorski Kotar** mit rund 1500 m und, etwas weiter südlich, das **Velebit-Gebirge,** dessen höchste Gipfel fast die 1800-Meter-Marke erreichen. Typisch für das hochporöse Kalk- und Dolomitgestein sind die zahlreichen Höhlen. Mit nicht weniger als 1431 m bohrt sich die Lukina jama (»Lukas Höhle«) ins nördliche Velebit-Gebirge, eines der längsten Höhlensysteme Kroatiens. Bricht der Kalkstein ein, entsteht ein Becken (polje), das meist landwirtschaftlich genutzt wird oder sich gar in einen See verwandelt, wie etwa der Blaue See bei Imotski.

Küste

Der **Küstenstreifen** ist an vielen Stellen recht schmal. Von Rijeka bis zur Mündung des kleinen Flüsschens Zrmanja nahe Zadar fallen die Hänge des Velebit-Massivs direkt ins Meer ab, erst weiter südlich bei

Omiš weitet sich der Küstensaum. Ein wichtiges Anbaugebiet im dalmatinischen Hinterland ist die Hochebene hinter Zadar, Ravni kotari, ebenso wie die fruchtbare Neretva-Mündung ganz im Süden. Die Strände sind meist felsig, vereinzelt gibt es Buchten mit feinem oder grobem Kies, Sandstrände dagegen kaum.

Inseln und »ertrunkene« Täler

Typisches Merkmal der dalmatinischen Küste sind die vielen kleinen, zum Teil fjordartigen Buchten und die zahlreichen Inseln, Eilande und Riffe. Ihre aus dem Wasser ragenden Kalkrücken sind die Gipfel eines einstigen Hügel- und Berglands, das nach der letzten Eiszeit überschwemmt wurde und »ertrank«. Ursprünglich waren große Teile der Inseln und des Küstensaums bewaldet. Doch bereits die Römer schlugen die Bäume, um Platz für Ackerland zu schaffen. Die Venezianer bauten angeblich weite Teile ihrer Stadt auf Eichenpfählen, die aus Dalmatien stammten. Außerdem benötigte man das Holz als Brennmaterial und für den Bau von Schiffen. Angesichts der schwindenden Waldgebiete verbot bereits 1319 der Stadtrat von Dubrovnik den Holzverkauf an Fremde. Doch obwohl man die Folgen des Raubbaus schon früh erkannte, ließ sich nicht verhindern, dass die kalte Bora (► S. 237) den ungeschützten Boden wegfegte, sodass der weiße Kalkstein zutage treten konnte.

Winnetou lässt grüßen: Der Zrmanja-Canyon bei Obrovac ist wie geschaffen als Kulisse für einen Wildwestfilm.

Lage:
16° – 19° östliche Länge
42° – 44° nördliche Breite

Fläche:
12 000 km²
Festland 10 000 km²
(21% der Gesamtfläche Kroatiens)
Deutschland 357 022 km²

Kroatien gesamt: 4,19 Mio.
Im Vergleich:
Berlin: 3,5 Mio.

Bevölkerungsdichte:
71 Einw./km²

Bevölkerungsentwicklung:
Von 1990 bis 2011: **-7,3 %**

▶ Kroatien

Parlamentarische Demokratie,
Präsidentin: Kolinda Grabar-Kitarović
(Kroatische Demokratische Union (HDZ)
Amtsantritt 2015
Regierungschef: Andrej Plenković
(Kroatische Demokratische Union (HDZ)
Amtsantritt Dezember 2016

▶ Verwaltung

Dalmatien unterteilt sich in vier Verwaltungsbezirke, Gespanschaften genannt. Insgesamt hat Kroatien 21 Verwaltungsbezirke.

▶ Wirtschaft

Bruttoinlandsprodukt (BIP):
43,7 Mrd. € (2015)
BIP je Einwohner: 10 370 €

Arbeitslosenquote (2016):
12,8 %

Außenhandel:
26,5 % des BIP
Wichtigste Handelspartner:
EU (über 73%; Deutschland, Italien, Slowenien, Österreich, Ungarn), Bosnien und Herzegowina

Dalmatien
4 Gespanschaften:
A: Zadarska županija
Gespanschaft Zadar

B: Šibensko-kninska županija
Gespanschaft Šibenik-Knin

C: Splitsko-dalmatinska županija
Gespanschaft Split-Dalmatien

D: Dubrovačko-neretvanska županija
Gespanschaft Dubrovnik-Neretva

Klimastation Hvar

Hauptsaison ist in den Monaten Juli und August, durchschnittliche Tagestemperaturen von 25 bis 30 °C. Im Süden und im Hinterland kann es noch wärmer werden. Die Adria erwärmt sich auf 20 bis 25 °C. Sehr schöne Reisezeiten sind Mitte Mai bis Ende Juni, dann blüht der Ginster, und der September, da klingt die Sommerhitze ab und die Adria ist noch angenehm warm.

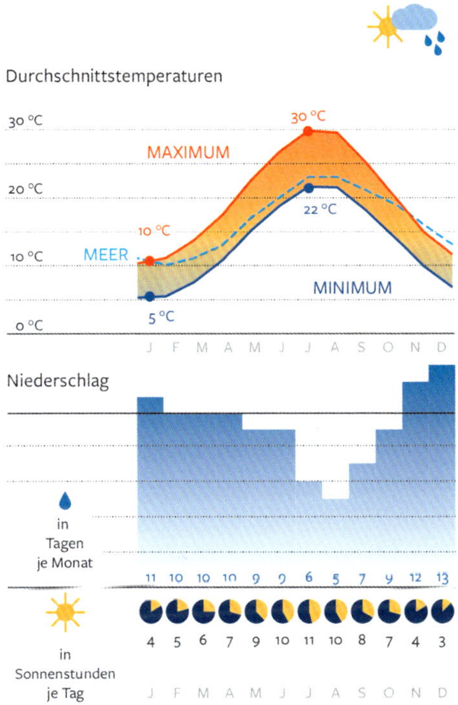

Adressen

Die ersten beiden Ziffern der Postleitzahlen sind zugleich die telefonische Vorwahl der Gespanschaft (mit einer Null davor), z.B. hat 20 000 Dubrovnik die Vorwahl 020.

Größte Städte

Einwohner: Split 178 200, Zadar 75 100, Šibenik 46 400, Dubrovnik 42 600

Unesco-Weltkulturerbestätten

Dalmatien besitzt eine Fülle von Weltkulturerbestätten. Bauwerke, Naturschönheiten und Bräuche aus der Region sind in der Liste des Weltkulturerbes verzeichnet.

Aufnahmejahr und Kulturerbe

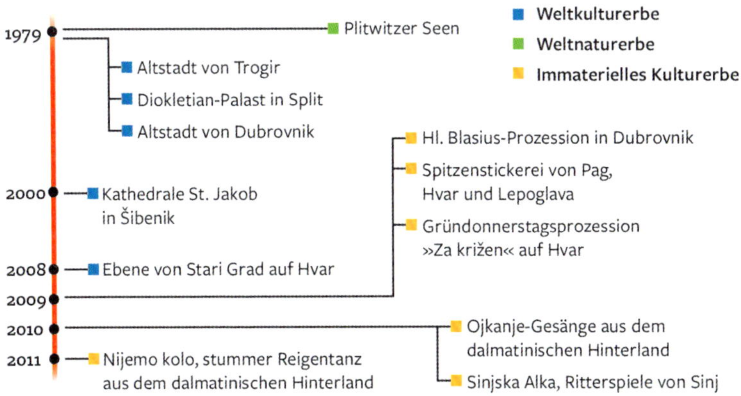

National-parks Ökologisch bedeutsame Gebiete stehen in Dalmatien unter besonderem Schutz. Als Nationalparks ausgewiesen sind zwei Abschnitte des Velebit-Gebirges, die Krka-Wasserfälle bei Šibenik, die Kornaten-Inseln sowie ein Teil der süddalmatinischen Insel Mljet.

Pflanzen und Tiere

Macchia Charakteristisch für die mediterrane Küstenregion sowie die vorgelagerte Inselwelt sind niedrige, immergrüne Strauchpflanzen, Macchia genannt, die beispielsweise durch Feuchtigkeit speichernde Blätter optimal an die sommerliche Trockenheit angepasst sind. Häufig sieht man Ginster, Erika, Lorbeer, Salbei, Erdbeerbaum, Wacholder, Mastixsträucher, Myrte und Pistazie, die oftmals ein undurchdringliches Dickicht bilden, das sich im Frühjahr in ein **duftendes Blütenmeer** verwandelt. Zahlreiche Macchia-Arten enthalten ätherische Öle und aromatische Harze.

Mediterrane bis alpine Flora Überwiegend kultiviert werden Oliven, Feigen und Weinreben. Üppig gedeihen vielerorts auch Lavendel und Rosmarin, Mandel-, Zitronen-, Mandarinen-, Granatapfel-, Johannisbrot-, Kirsch- und Orangenbäume. Darüber hinaus sind Pflanzenarten aus subtropischen Gefilden heimisch geworden, darunter Agaven, Aloen, Palmen, Bougainvilleen und Oleander. Je weiter man ins Hinterland vordringt, desto mehr verändert sich auch die Pflanzenwelt. So treffen im Biokovo-Gebirge zum Beispiel mediterrane, mitteleuropäische und alpine Vegetationszonen aufeinander. Vielerorts leuchtet die kroatische Nationalblume, die Dalmatinische Schwertlilie (Iris pseudopallida), lavendelblau am Wegrand.

Wald Die heutigen Waldgebiete entstanden vor allem durch Wiederaufforstung. Verbreitet sind verschiedene Kiefernarten, so etwa Aleppokiefern, Pinien und Zypressen. Unter den Laubbäumen findet man Eschen, Hainbuchen, Steineichen und Kastanien.

Landtiere und Vögel Eidechsen und Schlangen finden in der gesamten Küstenregion sowie im karstigen Hinterland von Dalmatien ideale Verhältnisse vor. Bis auf zwei giftige Arten, die Hornviper und die Kreuzotter, sind sie alle ungefährlich. In den Gebirgsregionen kann man gelegentlich Luchse, Gemsen, Wölfe und Braunbären erspähen. Im Velebit-Gebirge leben auch Landschildkröten. Vereinzelte Schakale gibt es unter anderem auf der Halbinsel Pelješac sowie auf den Inseln Korčula und Mljet. Auch der graue Mungo, ein tagaktiver Höhlenbewohner, den man ursprünglich zur Bekämpfung der Schlangen eingeführt hatte, ist auf einigen Inseln heimisch geworden. Im bergigen Hinterland kommen noch Exemplare einiger Tierarten vor, die in anderen Gegenden Eu-

Auch die Unterwasserwelt Kroatiens birgt so manchen Schatz wie diese filigrane Schraubensabelle.

ropas längst ausgestorben sind, etwa der weißköpfige Gänsegeier im Velebit-Gebirge.

Meerestiere

Die gute Wasserqualität der Adria trägt dazu bei, dass die Flora und Fauna des Meeres noch weitgehend intakt ist: Sardellen, Thunfische und Makrelen bevölkern die Küstengewässer, ebenso Dorsche, Meeraale, Petersfische, Schollen, Drachenköpfe, Zahnbrassen und Seebarsche. Auch Hummer, Langusten und Tintenfische werden gefangen. Wegen Überfischung ist inzwischen vor allem Thunfisch knapp geworden, er wird nun in größeren Mengen in Aquafarmen gezüchtet. Mit etwas Glück kann man bei Boots- oder Schifffahrten Delfine beobachten – vor allem rund um die Kornaten und um die Insel Vis.

Küstenwinde

Winde

In Dalmatien können starke Winde aufkommen: Der kalte, mitunter sehr heftige Fallwind **Bora** (bura) tritt oft ohne Vorwarnung auf. Besonders gefährdet sind Stellen, an denen der Wind durch den Stau einer Bergkette große Temperaturunterschiede durchläuft – etwa der berüchtigte Velebit-Kanal. Bläst der Wind besonders intensiv, werden Autobahnen und Brücken gesperrt. Der warme, feuchte Südwind **Jugo** setzt langsam ein, Windstille ist sein Vorzeichen. Der milde **Maestral** weht im Sommer vom Meer in Richtung Festland und frischt die Sommerschwüle oftmals am Nachmittag auf.

Politik

Staat und Regierung

Dalmatien gehört zum Staatsgebiet der Republik Kroatien. Hauptstadt und Regierungssitz ist Zagreb. Seit 2016 wird das Land von einer Koalition der nationalkonservativen HDZ und der Reformpartei Most (Brücke) unter Ministerpräsident Andrej Plenkovic regiert.

Bevölkerung

Bevölkerungsverteilung

In Dalmatien leben rund 860 000 Einwohner, meist in dünn besiedelten Gebieten. Auf einigen der 1246 Inseln Kroatiens, von denen über

In den Küstenorten gehört der Fischfang zwar noch zum Alltag, er schafft aber nur noch ein zusätzliches Einkommen.

900 in Dalmatien liegen, ist nur eine Handvoll Menschen zu Hause, bewohnt sind gar nur 47 Inseln. Während viele Dörfer und kleine Inselorte wegen Abwanderung auszusterben drohen, verzeichnen die **Ballungsräume** um die vier größten Städte in Dalmatien eine überdurchschnittlich hohe Bevölkerungsdichte: Split, gefolgt von Zadar, Šibenik und Dubrovnik.
Kroatien hat eine sehr große **Diaspora** jenseits der Staatsgrenzen, die bis zu 3 Mio. Kroaten rund um den Globus erfasst. In Deutschland wird die Zahl der kroatisch stämmigen Mitbürger auf 400 000 geschätzt. Viele von ihnen sind aus dem dalmatinischen Hinterland ausgewandert.

Wirtschaft

Hohe Verschuldung, Arbeitslosigkeit

Die globale Wirtschaftskrise führte Kroatien viele Jahre in die Rezession. Ein **moderates Wirtschaftswachstum** wurde erstmals 2015 verzeichnet. Enorm hoch bleibt jedoch die öffentliche Verschuldung, die bei rund 89 Prozent (2017, Schätzung) liegt. Mit solch einem Haushaltsdefizit rückt die Eurozone für Kroatien vorerst noch in weite Ferne. Viele Privathaushalte sind ebenfalls stark verschuldet. Alarmierend ist die **hohe Arbeitslosigkeit** im Land, die sich seit Jahren bei etwa 15–17 Prozent bewegt. Vor allem junge Menschen – fast jeder Zweite – sind auf Stellensuche. Die geringen Perspektiven im eigenen Land führen zu einer hohen Abwanderung vieler junger, qualifizierter Fachkräfte ins Ausland (»Brain drain«). Der Tourismus schafft zwar Arbeitsplätze, allerdings nur saisonal. Und selbst wer in Kroatien Arbeit hat, muss oft monatelang auf seinen Lohn warten.
Die Herausforderung ist klar: Tiefgreifende Reformen des Arbeitsmarktes und Sparmaßnahmen sollen die Verschuldung eindämmen, zudem ist die Privatisierung großer Staatsbetriebe noch nicht abgeschlossen. Die Bürokratie des großen Verwaltungsapparats führt zu langen Genehmigungsprozessen, was ausländische Investoren oftmals bemängeln. Zukunftschancen sehen Wirtschaftsexperten hingegen im **nachhaltigen Ganzjahrestourismus,** aber auch in der **Bio-Landwirtschaft.** Potenzial bieten auch die **Erneuerbaren Energien,** was Windkraftanlagen, etwa bei Šibenik und Zadar, schon länger beweisen.

Landwirtschaft

In den Küstenregionen spielt die Landwirtschaft seit jeher eine wichtige Rolle, wobei heute vieles nur noch für den Eigenbedarf produziert wird. Charakteristisch ist der Anbau von Weinreben, Oliven und Feigen. Wo der karge dalmatinische Boden keine landwirtschaftliche Nutzung erlaubt, werden Schafe gehalten, vor allem auf den Inseln. Zu den landwirtschaftlichen Hauptanbaugebieten in

Dalmatien gehört die Hochebene Ravni kotar, im Hinterland von Zadar. Dort gedeiht unter anderem die Maraska-Kirsche, Grundstoff für den Maraschino-Likör. Die Halbinsel Pelješac ist für ihren Weinanbau berühmt, Mandarinen und Wassermelonen aus dem Neretva-Delta werden in ganz Kroatien verkauft. Reichlich Obst und Gemüse gedeihen auch auf den fruchtbaren Inseln Šolta, Hvar, Brač und Korčula. Der Fischfang sichert heute vielen Familien – ebenso wie in anderen Mittelmeerländern – oftmals nur noch ein Nebeneinkommen, auch wenn der Tourismus die Nachfrage steigen lässt. Zentrum der Austern- und Muschelzucht ist Ston auf der Halbinsel Pelješac.

Industrie

Der **Schiffsbau,** etwa in Trogir und Split, hat in Kroatien eine lange Tradition und sichert viele Arbeitsplätze. Nach einer langen Talfahrt sorgen nun private Jachten in den Auftragsbüchern für leichte Entspannung – und schwarze Zahlen. Das Meer ist auch Grundlage für die **Salzgewinnung** in Pag, Nin und Ston. Der größte Salzhersteller im Land, die Solana Pag, produziert jährlich 25 000 t Meersalz.

Dienstleistungssektor, Tourismus

Wirtschaftliches Zugpferd ist der **Tourismus,** der seit Jahren anwächst und ein Fünftel zum kroatischen BIP beiträgt: 2015 besuchten 14,3 Mio. Gäste Kroatien, darunter 2 Mio. aus Deutschland. Mancherorts stößt der Fremdenverkehr jedoch an seine Grenzen, etwa in der winzigen Altstadt von Dubrovnik: Diese wird jährlich von 1 Mio. Kreuzfahrtpassagieren buchstäblich überflutet, hinzu kommen im Sommer mehrere hundert Reisebusse pro Tag (!) und viele Individualreisende. Im Dienstleistungsbereich sind Finanzwesen, Transport, Telekommunikation und EDV wichtige Standbeine. Das kroatische Telekommunikationsnetz gilt als eines der modernsten in Südosteuropa. Vom EU-Beitritt 2013 hat vor allem die Exportbranche profitiert: Die Warenausfuhr ist um ein Fünftel gestiegen. Dennoch bleibt Kroatien von Importen abhängig. Das **Handelsdefizit** wird jedoch durch den florierenden Tourismus wieder wettgemacht. Deutschland zählt zu den wichtigsten Handelspartnern, Österreich ist bedeutendster Investor.

Verkehrsprojekte

Ein Mammutprojekt, mit dem bereits begonnen wurde, liegt seit einigen Jahren auf Eis: Mit der 2,7 km langen **Schrägseilbrücke** auf die Halbinsel Pelješac soll der Transitverkehr durch Bosnien und Herzegowina umgangen werden. Nun hofft man auf EU-Fördermittel für die Fertigstellung. Die geplante durchgängige **Autobahn** von Zagreb nach Dubrovnik wird ebenfalls seit Jahren angekündigt, der letzte Streckenabschnitt südlich vom Großraum Ploče lässt jedoch auf sich warten. Mit EU-Geldern sollen zudem die Flughäfen Split und Dubrovnik ausgebaut werden.

GESCHICHTE

Dalmatien liegt seit jeher im Spannungsfeld vieler Mächte: Die strategisch gute Lage an der Adria weckte schon früh Begehrlichkeiten. Viele fremde Herrscher hinterließen bis heute ihre kulturellen Spuren. Ein Blick in die Vergangenheit zeigt, warum viele Kroaten heute so stolz auf ihren eigenen Nationalstaat sind.

Von der Steinzeit bis zu den Römern

Steinzeit, Illyrer und Kelten

Bereits in der Jungsteinzeit ist der Balkan besiedelt. Etwa 1000 v. Chr. dringen die indoeuropäischen Illyrer aus Nordeuropa bzw. Nordeurasien an die Adriaküste und auf die Balkanhalbinsel vor, unter ihnen auch der Stamm der Delmater, Dalmater genannt, in Dalmatien. Mit dem Vorrücken der Kelten (4 Jh. v. Chr.) verschmelzen die Bevölkerungsgruppen: Hundert Jahre später ist die Adriaküste zum Teil von einer illyrisch-keltischen Mischbevölkerung bewohnt.

Griechen und Römer

Im 4. Jh. v. Chr. landen auch die ersten griechischen Kolonisten in Dalmatien. Auf den süddalmatinischen Inseln Korčula, Vis und Hvar gründen sie bedeutende Handelsniederlassungen. Von diesen Stützpunkten aus besiedeln sie später Teile des dalmatinischen Festlands nahe dem heutigen Split sowie südlich des heutigen Dubrovnik.
Im 2. Jh. v. Chr. kommen die Römer an die östliche Adriaküste, doch erst Kaiser Augustus gelingt es 14 v. Chr., sich das gesamte Territorium der Illyrer einzuverleiben. 20 Jahre später wird unter Tiberius auch der letzte illyrische Aufstand niedergeschlagen und das Gebiet als Provinz Illyricum dem römischen Staat angegliedert. Damit sind die Voraussetzungen für eine systematische Erschließung geschaffen. Durch die An-

EPOCHEN

VON DER STEINZEIT BIS ZU DEN RÖMERN

Um 1000 v. Chr.	Illyrische Stämme dringen in den Adriaraum vor.
500	Griechische Handelskolonien entstehen auf Korčula, Vis und Hvar.
395	Dalmatien fällt an das Weströmische Reich.

FREMDE HERREN

6./7. Jh. n. Chr.	Einwanderung von Slawen und Awaren in die Region.
925	Fürst Tomislav wird erster kroatischer König.
1102	Kroatien kommt in Personalunion zu Ungarn.

VENEZIANER UND HABSBURGER

1358	Ungarn verkauft Dalmatien an Venedig, die Stadtrepublik Ragusa (Dubrovnik) bleibt unabhängig.
13.–17. Jh.	Dalmatien blüht unter venezianischer Herrschaft auf.
1451–1699	Die Osmanen rücken auf dem Balkan vor, als Abwehr wird die Militärgrenze (Krajina) mit serbischen Wehrbauern besiedelt.
1797	Die Herrschaft über Dalmatien und Istrien geht an die Habsburger über.
1805	Napoleon erobert Venedig und zieht in Dalmatien ein.
1814/15	Dalmatien wird beim Wiener Kongress den Habsburgern zugeschlagen.

DALMATIEN IM 20. JAHRHUNDERT

1918	Kroatien wird nach dem Zerfall der k.u.k. Monarchie Teil des Königreichs der Serben, Kroaten und Slowenen (SHS); Zadar kommt zu Italien.
1920	Zadar wird mit dem Friedensvertrag von Rapallo ebenfalls dem Königreich SHS zugeschlagen.
1929	Umbenennung in Königreich Jugoslawien; Königsdiktatur nach Staatskrise.
1941–1945	Kroatien wird unter dem Ustaša-Regime zur Marionettenregierung der Nazis; Titos Partisanen leisten Widerstand.

TITOS VIELVÖLKERSTAAT UND KRIEG

1945–1980	Tito übernimmt die Führung im sozialistischen Vielvölkerstaat Jugoslawien.
1971	»Kroatischer Frühling« mit Reformbewegung, die mehr Rechte von Belgrad fordert.
1991	Unabhängigkeitserklärung Kroatiens.
1991–1995	Krieg in Kroatien mit serbischer Besetzung der Krajina, Ostslawonien, dem dalmatinischen Hinterland und Dubrovnik.

HOFFNUNG EUROPA

1992	Kroatien wird Vollmitglied der Vereinten Nationen; Anerkennung Kroatiens durch die EU.
2005	Aufnahme der EU-Beitrittsverhandlungen.
2009	Kroatien wird NATO-Vollmitglied.
2013	Beitritt Kroatiens zur Europäischen Union.
2015	Mit der konservativen Politikerin und Diplomatin Kolinda Grabar-Kitarović (HDZ) wird erstmals eine Frau Staatspräsidentin; der Grenzstreit zwischen Kroatien und Slowenien scheitert vor dem Europäischen Schiedsgericht.
2015–2016	Zehntausende Flüchtlinge auf dem Weg nach Deutschland durchqueren Kroatien.

siedlung römischer Bürger und den Bau von Städten entfaltet sich rasch die neue Kultur, deren Zentren Zadar und Salona sind.
Mit **Kaiser Diokletian** (▶ S. 261) regiert Ende 3./Anf. 4. Jh. sogar ein aus aus der Nähe von Split gebürtiger Herrscher das Römische Reich. Er lässt sich in Split einen gewaltigen Palast erbauen, der noch heute die eindrucksvollste Hinterlassenschaft der römischen Epoche in Dalmatien ist. Noch während der römischen Herrschaft breitet sich in Dalmatien das Christentum aus. Um die Wende vom 4. zum 5. Jh. werden dort ersten christliche Basiliken gebaut.

Fremde Herren

Völkerwanderung

Ende des 6., vor allem aber im 7. Jh. dringen im Zuge der Völkerwanderung Awaren und Slawen über den Balkan bis an die Adria vor. Sie erobern und plündern viele Städte, darunter auch Salona, die antike Hauptstadt Dalmatiens. In der Folge assimilieren die Slawen die Awaren. Die Kroaten, einer der südslawischen Stämme, lassen sich in Istrien, Dalmatien und in der pannonischen Tiefebene nieder und werden christianisiert.

Eroberungsgelüste

Zwischen dem 9. und 11. Jh. versuchen die Kroaten allmählich die Städte in Dalmatien zu erobern – zunächst mit großem Erfolg. Aus kroatischer Sicht gilt der Norden Dalmatiens daher als Keimzelle von Staat, Nation und Kultur. **Herzog Trpimir** begründet um die Mitte des 9. Jh.s hier die kroatische Herrscherdynastie. In seiner Residenz Nin bei Zadar richtet er zugleich ein Bistum ein. **Fürst Tomislav** wird 925 zum ersten kroatischen König gekrönt. Ebenfalls in diese Zeit fällt die Eroberung Slawoniens durch kroatische Regenten. Nach zwei Jahrhunderten eines autonomen kroatischen Reichs stirbt die Dynastie aus; der kroatische Adel entscheidet sich 1102 für eine Personalunion mit Ungarn.

Venezianer und Habsburger

Im 10. Jh. versucht Venedig erstmals, sich der Küstenstädte Istriens zu bemächtigen und beherrscht schon bald das westliche Istrien und Dalmatien samt dessen Inseln. Als die **Habsburger** 1527 die Überreste des ungarischen Königreichs übernehmen, gehören dazu auch Teile des kroatischen Territoriums, während das Osmanische Reich die östlichen kroatischen Gebiete – Slawonien – erobert. Im 14. und 15. Jh. geraten die Großmächte Venedig und die Habsburger in Dalmatien immer häufiger aneinander. Auch die **Türken** machen der Serenissima die dalmatinischen Städte streitig. Im 16. Jh. erobern sie Teile Dalmatiens und dringen bis Zadar vor, das sie aber nicht einnehmen können.

Kurz, aber folgenreich: Napoleons Herrschaft in Dalmatien.
1806 erobern seine Truppen Dubrovnik.

Sonderrolle Dubrovniks Dubrovnik, die heutige Metropole Süddalmatiens, ist seit 1358 über mehrere Jahrhunderte hinweg ein selbstständiger Staat, eine unabhängige Stadtrepublik unter dem Namen Ragusa, die sich durch geschickte Diplomatie dem Zugriff anderer Mächte in der Region entziehen kann

Napoleonisches Zwischenspiel 1797 tritt Österreich das Erbe der Handelsmacht Venedig an. Die österreichische Herrschaft wird durch ein französisches Interregnum unterbrochen: Ab 1805 erobert **Napoleon** große Gebiete in Istrien und Dalmatien, die er zunächst Italien angliedert und später als Illyrische Provinzen ausruft. Seine Herrschaft ist zwar nur kurz, aber die Folgen sind weitreichend: Die Bürger in den Städten entwickeln ein neues Selbstbewusstsein, das alte aristokratische Feudalsystem wird abgeschafft. Nach dem Ende der napoleonischen Herrschaft werden Dalmatien und Istrien 1814/1815 auf dem Wiener Kongress wieder der k. u. k. Monarchie zugeschlagen, damit sind die alten Verhältnisse weitgehend wieder hergestellt.

1816 wird Dalmatien zu einem eigenen **Teilkönigreich** erhoben,

1861 jedoch als Kronland der westlichen Reichshälfte der k.u.k. Monarchie zugeteilt, also nicht von Budapest, sondern von Wien regiert. Nach dem österreichisch-ungarischen und dem nachfolgenden ungarisch-kroatischen Ausgleich fällt Dalmatien 1867 erneut in den Machtbereich der Stephanskrone. Zu Dalmatien gehört noch die heute montenegrinische Bucht von Kotor mit den Orten Risan, Perast, Tivat und dem k. u. k. Kriegshafen Kotor.

Dalmatien im 20. Jahrhundert

Erster Weltkrieg, Königreich der Serben, Kroaten und Slowenen

Die alte Rivalität zwischen Österreich und Venedig lebt zu Beginn des 20. Jh.s noch einmal auf, als Italien 1915 gegen Deutschland und Österreich in den Krieg eintritt und Interesse an der adriatischen Gegenküste einschließlich Dalmatiens bekundet. 1919 erhält Italien aus der Erbmasse des zerfallenen österreichischen Kaiserreichs unter anderem den Brückenkopf Zadar und einige Inseln. Die dalmatinischen Gebiete werden stattdessen 1918 dem neu entstandenen Königreich der Serben, Kroaten und Slowenen (SHS), dem späteren **Königreich Jugoslawien,** zugeschlagen.

Konflikte eines jungen Staats

Die Küste wird bald darauf auch zum Konfliktherd zwischen Kroaten bzw. Dalmatinern einerseits und Serben andererseits. Der neue südslawische Staat, eigentlich ein Wunschgebilde südslawischer Intellektueller auf serbischer und kroatischer Seite, entwickelt sich nicht zur Föderation, wie die Kroaten erhoffen, sondern zu einem vom serbischen Belgrad aus regierten **Zentralstaat.** Die von Serben geschaffenen neuen Verwaltungsbezirke schwächen die Kroaten, in den meisten herrscht nun eine serbische Mehrheit. Schon bald wird der Staat von inneren Konflikten zerrissen. Nach einem Attentat auf Stjepan Radić, den Führer der Kroatischen Bauernpartei, kündigen die kroatischen Parteien 1928 die Mitarbeit im Parlament auf. Nach einem Staatsstreich 1929 regiert **König Alexander** den in »Königreich Jugoslawien« umbenannten Staat diktatorisch. 1934 fällt er in Marseille einem Attentat kroatischer und mazedonischer Nationalisten zum Opfer. Alle Versuche, einen Ausgleich zwischen den Völkern Jugoslawiens zu finden, schlagen fehl.

Zweiter Weltkrieg

Im Frühling 1941 wird das Königreich Jugoslawien von Deutschland und Italien besetzt und aufgelöst: Während Serbien militärisch besetzt bleibt, werden Teile Sloweniens und Kroatiens, darunter auch weite Landstriche Dalmatiens, Mussolini zugeschlagen. Der Rest des Gebiets gehört zum Machtbereich des neuen faschistischen **Ustaša-Regimes** unter Ante Pavelić, einer Herrschaft von deutschen und italienischen Gnaden, die zu einer systematischen Verfolgung und Vernichtung von Serben und Juden ansetzt.

Bürgerkrieg

Im Zweiten Weltkrieg stellt sich **Josip Broz Titos** (1892–1980) kommunistische Befreiungsarmee gegen die Besatzer und ihre Kollaborateure. Zeitgleich entbrennt ein grausamer Bürgerkrieg zwischen Kroaten und Serben, Moslems (Bosniaken) und Serben, Serben und Albanern, Nationalisten und Kommunisten. Dieser Bürgerkrieg wird 50 Jahre später erneut aufflammen.

Von Titos Vielvölkerstaat zum unabhängigen Kroatien

Tito zwischen Ost und West

Nach Titos erfolgreichem **Partisanenkampf** und dem Zusammenbruch Hitlerdeutschlands wird die gesamte Küstenregion wieder jugoslawisch – diesmal jedoch unter sozialistischem Vorzeichen. Die Geschichte der Sozialistischen Föderativen Republik Jugoslawien gilt bis in die 1980er-Jahre hinein als erfolgreich. Tito wahrt besonders nach seinem Bruch mit Stalin 1948 eine Distanz von Ost und West gleichermaßen. Von beiden Seiten umworben, hebt er 1961 die Blockfreienbewegung aus der Taufe und gilt jahrzehntelang als großer Staatsmann. Könige, Präsidenten und Regierungschefs aus aller Welt machen ihm ihre Aufwartung. Im Inneren des Vielvölkerstaats jedoch bleiben die **nationalen Konflikte** ungelöst oder werden mit Gewalt unterdrückt. Nach seinem Tod im Mai 1980 bricht sich der Nationalismus erneut Bahn – zunächst im mehrheitlich albanischen Kosovo und in Serbien, dann auch in Slowenien und Kroatien. Verschärft werden die Konflikte durch die wachsenden wirtschaftlichen und sozialen Probleme.

Krieg in Jugoslawien

Nach den **Unabhängigkeitserklärungen** von Slowenien und Kroatien im Juni 1991 münden die politischen und ethnischen Auseinandersetzungen schließlich im offenen Krieg. Kämpfe finden zuerst in Slowenien statt. Mit weit größerer Wucht trifft es dann Kroatien und vor allem ab dem Frühjahr 1992 **Bosnien** und **Herzegowina.** Die Küste ist – von einigen Städten wie Zadar, Šibenik oder Dubrovnik abgesehen – nur mittelbar vom Krieg betroffen, doch im dalmatinischen Hinterland toben die Kämpfe zwischen 1991 und 1995 umso heftiger, besonders in der Krajina. Einst viel besuchte Orte und Sehenswürdigkeiten wie Knin, Drniš oder auch die Plitwitzer Seen gehören in diesen vier Jahren zur Serbischen Republik Krajina. Kroatien gelingt es allerdings, im Sommer 1995 den größten Teil der serbisch besetzten Gebiete, darunter auch das strategisch wichtige Hinterland Dalmatiens, zurückzuerobern. Bereits am 15. Januar 1992 werden Kroatien und Slowenien, u. a. auf Betreiben Deutschlands, von den Staaten der EU völkerrechtlich anerkannt. Der Krieg fordert mindestens 25.000 Tote, die Zahl der Verwundeten und Vertriebenen ist deutlich höher. Human Rights Watch und Amnesty International gehen von Hunderttausenden auf serbischer und kroatischer Seite aus.

Isolation, Serbische Bevölkerung

Die Folgen des Kriegs

Der bereits 1990 erste demokratisch gewählte Staatspräsident **Franjo Tuđman** führt Kroatien nach Kriegsende in die Isolation – mit autoritärem Gehabe und der geringen Bereitschaft zur Zusammenarbeit mit dem Internationalen Gerichtshof in Den Haag. Mit dem Tod Tuđmans 1999 eröffnet sich für Kroatien eine neue Chance, den Anschluss an den Westen zu suchen. Die Internationale Gemeinschaft fordert jedoch die Rückkehr der **serbischen Bevölkerungsgruppe,** was aber nur schleppend verläuft. Vor Kriegsausbruch 1991 leben noch 12 Prozent Serben in Kroatien, bei der jüngsten Volkszählung 2011 sind es gerade mal ein Drittel.

Problematik Kriegsverbrechen

Gerichtsverfahren

Die Annäherung Kroatiens an die Europäische Union bekommt 2005 neue Impulse: Der wegen Kriegsverbrechen international gesuchte Ex-General **Ante Gotovina** wird an Den Haag ausgeliefert, was eine Bedingung für die EU-Beitrittsverhandlungen ist. Gotovina wird später zu 24 Jahren Haft verurteilt, 2012 jedoch durch ein Berufungsgericht freigesprochen. Das Gerichtsurteil spaltet die Kroaten bis heute: Für die einen ist Gotovina ein Kriegsverbrecher, für die anderen ein Volksheld, der die Krajina 1995 von der serbischen Besatzung befreit hat.

Auf dem Weg in die Europäische Staatengemeinschaft

NATO, EU

Die Beitrittsverhandlungen mit der EU ziehen sich fast acht Jahre: In dieser Zeit wird Kroatien 2009 **NATO-Vollmitglied**. Im gleichen Jahr tritt der konservative Premierminister Ivo Sanader überraschend zurück. Infolgedessen kommt eine Reihe von Korruptionsfällen ans Tageslicht, bei der ranghohe Politiker verhaftet werden – darunter auch Sanader, der zu 8,5 Jahren Haft verurteilt wird. Die EU-Beitrittsverhandlungen kommen ins Stocken, da Slowenien Veto einlegt: Schuld daran ist der ungelöste Streit über den Grenzverlauf in der Bucht von Piran. Die langen Vermittlungen scheinen vergebens: 2015 scheitert der Grenzstreit vor dem Ständigen Schiedsgericht in Den Haag.
In einer Volksabstimmung sprechen sich zwei Drittel der Kroaten für die Zugehörigkeit zur Europäischen Staatengemeinschaft aus: Am 1. Juli 2013 wird Kroatien das **28. Mitglied der EU.** Mit Hilfe von EU-Fördermitteln werden einige Strukturprojekte in Angriff genommen. Nächstes außenpolitisches Ziel Kroatiens ist der Beitritt zum Schengen-Raum.

BAEDEKER WISSEN

DER ZERFALL JUGOSLAWIENS

Jahrzehnte lang hielt Josip Broz Tito die Fäden des Vielvölkerstaats fest in seiner Hand. Nach seinem Tod 1980 spitzten sich die nationalen Spannungen zu. Dazu gesellte sich Unmut über die serbische Vormachtstellung in öffentlichen Positionen und das wirtschaftliche Nord-Süd-Gefälle im Staat, begleitet von einer Hyperinflation. Das Ganze eskalierte im blutigen Zerfall Jugoslawiens.

▶ Bevölkerung Jugoslawiens 1991

Als »Bosniaken« wurde eine Volksgruppe aus slawischen Muslimen bezeichnet.

▶ Aufstieg und Fall des Jugoslawischen Traums

Im Zweiten Weltkrieg einte Tito die Partisanen Jugoslawiens im Kampf gegen Deutschland und Italien. Geeint durch den siegreichen Widerstand entstand Jugoslawien 1946 neu. Auf der kommunistischen Seite des Eisernen Vorhangs schlug Titos Jugoslawien einen eigenen, blockfreien Weg ein, unterstützt vom besonderen Rückhalt in der Bevölkerung. Dennoch wurden die Konflikte zwischen den jugoslawischen Völkern nie vollständig gelöst. Als nach dem Zusammenbruch der kommunistischen Systeme nationalistische Separatisten in den Teilrepubliken an die Macht kamen, begann der unaufhaltsame Zerfall.

▶ Bevölkerung heute
Das ehemalige Jugoslawien ist in sieben Staaten zerfallen. Viele territoriale Konflikte sind nach wie vor ungelöst.

Heute ist der Kosovo von 85 der 193 UN-Mitgliedstaaten anerkannt, wird aber von der UN nach wie vor als Teil Serbiens bezeichnet. Serbien erkennt die Souveränität des Kosovo hingegen nicht an.

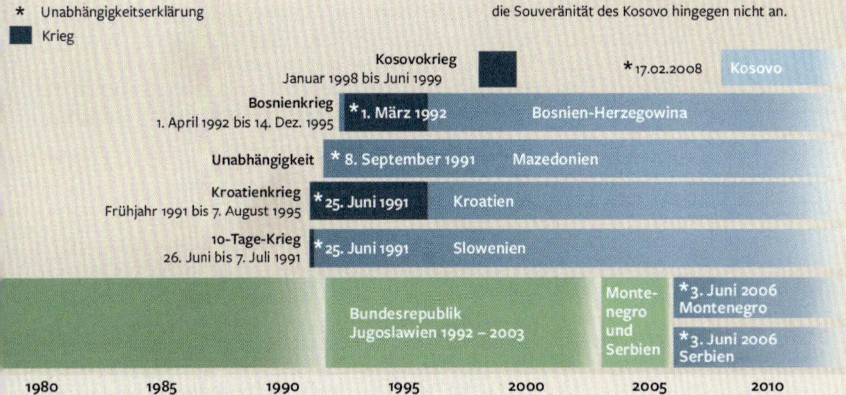

KUNST UND KULTUR

Viele Urlauber haben Meer und Strandleben im Sinn, wenn sie die Dalmatinische Küste ansteuern. Doch es lohnt sich, einmal auf Entdeckungsreise zu gehen zu antiken Villen und altkroatischen Kirchen, rätselhaften Schriften und leuchtenden Renaissancemalereien: künstlerische Werke voller Schönheit und Poesie.

Griechen, Römer und Byzanz

Griechische Kunst

Ab dem 4. Jh. entstanden griechische Kolonien auf Korčula, Vis und Hvar sowie in Trogir und Solin bei Split. Funde wie der Bronzekopf der Artemis aus Issa (4. Jh.), dem heutigen Vis, oder das im 1. Jh. v. Chr. entstandene **Kairos-Relief** aus Trogir – heute im Benediktinerinnenkloster Sveti Nikola in Trogir zu besichtigen – veranschaulichen das hohe Niveau der griechischen Kunst gegenüber der Kultur der Illyrer. Insbesondere das Kairos-Relief, das den jugendlichen Gott des »günstigen Augenblicks« zeigt, demonstriert eindrucksvoll die Fähigkeit der griechischen Bildhauer, die menschliche Anatomie detailgenau wiederzugeben.

Römische Kunst

Mit der Eroberung durch die Römer begann für Dalmatien eine neue Epoche, denn die Römer bauten Städte und befestigten sie, sie pflasterten Straßen, errichteten Tempel, Foren, Theater und Thermen, legten Aquädukte und Kanalisationssysteme an. Bei einigen Städten ist die römische Anlage noch gut erkennbar, so beispielsweise in Zadar. Auf dem Festland und den Inseln findet man an vielen Stellen Fundamente oder Mauerreste von römischen Landhäusern, den villae rusticae. Von Salona, der ehemaligen Hauptstadt der römischen Provinz Dalmatien, sind allerdings nur Trümmer geblieben. Dagegen repräsentiert der monumentale **Diokletianpalast** im Zentrum von Split auf glanzvolle Weise die Blüte der römischen Spätantike. Die meisten Funde aus römischer Zeit – darunter Skulpturen, Grabmale, Inschriften, Schmuck, Gebrauchsgegenstände und Waffen – werden heute in den archäologischen Museen in Zadar und Split aufbewahrt.

Byzantinische Epoche

Im 6. Jh. n. Chr. schickte sich der oströmische **Kaiser Justinian** noch einmal an, das ehemalige Imperium wieder herzustellen. Sein Eroberungszug von Konstantinopel führte ihn auch nach Salona, wo er mehrere bedeutende Bauten errichten ließ. Für die weitgehend

Zadar besitzt architektonische Zeugnisse aus drei Jahrtausenden, eines ist das große römische Forum.

christianisierte Bevölkerung hatte sich als Gotteshaus die Basilika durchgesetzt, ein Bautyp, der aus der römischen Markthalle hervorgegangen war; allerdings haben nur wenige dieser Kirchen die Zeiten überdauert.

Altkroatische Kunst

Split

Als die Awaren und Slawen im 6. und 7. Jh. zur Küste vordrangen, flüchteten die Bewohner von Salona in das benachbarte Split und nutzten den Diokletianpalast als »Steinbruch« für ihre neue Siedlung. Einige Gebäude aus der frühmittelalterlichen Besiedlung sind erhalten, etwa die beiden bescheidenen Kirchen am West- und am Nordtor des Palasts. Das spätantike **Mausoleum des Kaisers** wurde bereits im 7. Jh. zur christlichen Kirche geweiht und im 10. Jh. zur Kathedrale erhoben.

Kirchenbauten

Der regen Bautätigkeit des 9.–11. Jh.s verdankt die Küstenregion eine Vielzahl kleinerer Kirchenbauten, wie man sie heute in Nin (Sveti Križ), in Prijeko bei Omiš (Sveti Petar) oder in Trogir (Sveta Barbara) noch vorfindet. Das herausragende Bauwerk der Epoche altkroatischer Baukunst ist die Kirche **Sveti Donat** in Zadar. Stilistisch gehören diese Kirchen noch nicht zur Romanik, obgleich sie einige Merkmale wie den schlichten, betont kubischen Baukörper und die Wandgliederung durch Rundbogenfriese oder Lisenen aufweisen.

Eines der wertvollsten Werke romanischer Kunst: die über und über mit Szenen aus dem Leben Chrisi verzierte Nussbaumtür der Kathedrale Sveti Duje in Split.

Die Kuppeln und Gewölben sind eher ein Erbe der **byzantinischen Architektur.** Die Ornamentik ist flächig und wird von abstrakten Formen wie Flechtwerk beherrscht, das man auf zahlreichen steinernen Reliefs vorfindet.

Romanik

Kathedralen

In Trogir, Zadar und Dubrovnik entstanden vom 11. Jh. an neue, große Bischofskirchen. Vor allem Zadar hat aus dieser Epoche zwei herrliche Beispiele zu bieten, die **Kathedrale Sveta Stošija** und die Kirche **Sveti Krševan.** Die von toskanischen Domen beeinflusste Fassade der Kathedrale von Zadar markiert einen Höhepunkt der romanischen Baukunst Dalmatiens. Der zweite bedeutende Kathedralbau an der Küste ist der dreischiffige **Dom in Trogir** (Sveti Lovro), an dem nicht nur die Romanik, sondern auch die nachfolgenden Baustile gleichsam wie in einem Querschnitt ablesbar sind.

Profanbauten

Mit der Romanik begann im Mittelmeerraum die Blütezeit der Städte. Die meisten besitzen heute noch vereinzelte romanische Wohnhäuser, so etwa Trogir und Split, wo jeweils noch rund 50 Häuser aus dem 13. Jh. erhalten sind. Für die vornehmen städtischen Wohnhäuser verwendeten die Baumeister grob behauene Steinquader, die in regelmäßigen Reihen angeordnet wurden und sich von den glatt geschliffenen Rahmen der Zwillings- oder Drillingsfenster abhoben. Im Erdgeschoss der einfachen Wohnhäuser befanden sich in aller Regel Wirtschaftsräume oder Ställe, darüber lagen die Wohnräume.

Skulptur

Zwei Werke der romanischen Plastik in Dalmatien sind hervorzuheben: Die aus Holz gearbeiteten Türblätter am Dom von Split, die von **Meister Buvina** stammen (1. Hälfte 13. Jh.) sowie das figurenreiche Portal der Kathedrale von Trogir von einem dalmatinischen Künstler namens **Meister Radovan.** Dieser betrat künstlerisches Neuland, indem er die heilsgeschichtlichen Szenen am Portal der Kathedrale mit realistischen Details anreicherte und seinen Figuren menschliche Züge verlieh.

Malerei

Die Malerei ist in der Epoche der Romanik in Dalmatien bereits in verschiedenen Gattungen ausgeformt. Neben der Wandmalerei – besonders beeindruckend in den Kirchen **Sveti Mihovil** bei Ston (11. Jh.) und **Sveti Krševan** in Zadar (12./13. Jh.) – wurden auch die Tafelmalerei (z. B. die »Muttergottes von Hvar« in der Kathedrale von Hvar, 13. Jh.) und die Buchmalerei gepflegt (Evangeliar aus Šibenik; Biblia sacra im Dominikanerkloster in Dubrovnik, 11. Jh.).

Gotik

Klöster und Kirchen

Im 13. Jh. tauchten auch in Dalmatien die Prediger- oder Bettelorden auf. Im Unterschied zu den abendländischen Mönchsgemeinschaften sahen sie ihre Hauptaufgabe nicht mehr im asketischen Rückzug, sondern in der Armen- und Krankenfürsorge sowie in der Predigt. Meist errichteten die Orden ihre Niederlassungen an der Stadtmauer; in Dubrovnik beispielsweise stehen sowohl das Dominikaner- wie auch das Franziskanerkloster in unmittelbarer Nähe der großen Stadttore. Dem Armutsideal entsprachen auch die Klosterkirchen, die meist als schlichte ein- oder mehrschiffige Hallen angelegt waren. Ein Beispiel für diesen neuen Bautyp ist die Dominikanerkirche in Dubrovnik.

Städtebau

In weiten Teilen Dalmatiens blühte im 14. und 15. Jh. vor allem der (See-)Handel; es war eine Epoche großen materiellen und geistigen Reichtums. Die Städte wuchsen nicht mehr planlos, sondern die Gebäude samt Treppenhäusern und Balkonen wurden nach wohl überlegten Kriterien ausgebaut. Sie sind heute noch gut erkennbar in Trogir, Ston und vor allem in Dubrovnik. Zur gleichen Zeit entstanden überall **Festungsanlagen,** die die Bewohner vor unerwünschten Eindringlingen schützen sollten. Reste davon bewahren u. a. die Städte Zadar und Split.

Schmiedekunst

Der vergoldete Sarkophag des hl. Simeon in Zadar (1370) belegt anschaulich, dass die bahnbrechenden Neuerungen der europäischen Silber- und Goldschmiedekunst auch in Dalmatien aufgegriffen wurden. An den Seiten des kostbaren Schreins werden neben der Heiligenlegende auch zeitgenössische Ereignisse wie der Einzug König Ludwigs in Zadar 1368 geschildert.

Malerei und Buchkunst

Dalmatische Malerei der Gotik ist selten. Den höfischen Stil der internationalen Gotik vertrat der einheimische Künstler Blaž Jurjev Trogiranin (Blasius Pictor), dessen Werke u. a. in Korčula bewundert werden können. Für die nationale Geschichte der Kroaten besonders interessant sind Breviare und Codices, die in kunstvoller **glagolitischer Schrift,** der Glagolica, abgefasst wurden (▶ S. 258). Diese Schrift geht wohl auf die beiden Slawenapostel Kyrill und Method zurück. Ein charakteristisches Beispiel für die europäische Ritterkultur des Trecento ist das ebenfalls in glagolitischer Schrift verfasste Missale von Hrvoje Vukčić Hrvatinić, dem Banus (eine Art Statthalter) von Bosnien und Herzog von Split (▶ S. 258). All diese Werke der Schriftkultur verweisen nicht nur auf die beginnenden humanistischen Bestrebungen am Übergang zur Renaissance, sondern auch auf das hohe Niveau von Literatur und Buchdruckerkunst.

Im Refektorenpalast von Dubrovnik mischen sich Elemente aus Gotik und Renaissance.

Renaissance

Architektur, Kirchenbau

Im Zeitalter der Renaissance entwickelten sich die Städte, allen voran das unabhängige Ragusa (Dubrovnik), zu florierenden Handelsmetropolen. Ganze Stadtviertel, ja sogar Städte wurden auf dem Reißbrett entworfen und dann in einem Guss hochgezogen – Pag oder Korčula sind die besterhaltenen Beispiele. Selbst in entlegenen Inselorten entstanden nun Rektorenpaläste, Rathäuser und öffentliche Loggien, ältere Paläste und Kirchen wurden im Renaissancestil erneuert. Der Beginn dieser Epoche wird an der östlichen Adriaküste gemeinhin ins Jahr 1440 datiert, als **Juraj Dalmatinac** (▶ S. 261) mit dem Bau der Kathedrale in Šibenik begann. Nicht nur formale, auch technische Innovationen kamen zum Einsatz. So wurden beispielsweise, was höchst modern anmutet, Fertigbauteile beim Bau für die Wölbung der Kuppel und der Seitenschiffe eingesetzt. Neben Dalmatinac, dem überragenden Baumeister jener Epoche, war auch **Niccolò Fiorentino** (Nikola Firentinac) am Domneubau von Šibenik beteiligt. Zusammen mit Andrija Aleši entwarf er 1468 die Grabkapelle des Bischofs Johannes (Kapelle Sveti Ivan Ursini), die an den Dom von Trogir angebaut wurde und zu den schönsten Arbeiten der dalmatinischen Renaissance zählt.

Profanbauten Unter den Profanbauten des 15. und 16. Jh.s beeindrucken besonders der Rektorenpalast und der Sponza-Palast in Dubrovnik. Charakteristisch für beide Gebäude wie für viele andere Bauwerke aus dieser Zeit ist der »Stilmix« aus gotischen Elementen (Zwillingsfenster im ersten Obergeschoss) und Renaissanceformen (Erdgeschossarkaden). Beim Rektorenpalast brachte der italienische Baumeister Michelozzo Michelozzi die »moderneren« Renaissanceformen ins Spiel.

Villen Eine typische Bauaufgabe des 16. Jh.s war die Patriziervilla. Schöne Beispiele für diesen Bautyp finden sich in der Umgebung von Dubrovnik und auf den süddalmatinischen Inseln, etwa auf Hvar, wo sich der vermögende Renaissancedichter **Petar Hektorović** (▶ S. 264) eine ländliche Villa mit schönem Garten und Fischteich bauen ließ. Auch auf den Elafitischen Inseln, einem beliebten Sommerrefugium der vornehmen Dubrovniker Familien, blieben einige Renaissancevillen erhalten.

Malerei Dubrovnik war im 16. Jh. ein Zentrum des Humanismus und der Künste. So verwundert es nicht, dass der wichtigste Beitrag zur dalmatinischen Malerei der Renaissance von Künstlern aus der Stadtrepublik erbracht wurde. Dazu zählen die großen Flügelaltäre von Nikola Božidarević und Mihajlo Hamzić sowie die **Wandmalereien** in einigen Sommerresidenzen in und nahe Dubrovnik – häufig mit allegorischem und mythologischem Inhalt. Im 16. Jh. wirkten an der Küste viele Künstler aus Italien, darunter so bekannte Namen wie Giovanni Bellini, Tizian und Tintoretto.

Barock und Rokoko

Unterschiedliche Entwicklung Im Zeitalter des Barocks erlebte das Küstengebiet eine Phase des kulturellen Niedergangs, während es im Landesinneren des heutigen Kroatien zum Aufschwung kam. Der Grund liegt im allmählichen Rückzug der Türken aus diesen Gebieten. Am schmalen Küstensaum blieb der venezianische Einfluss erhalten, im Hinter- und Binnenland setzte sich hingegen immer mehr der österreichisch-mitteleuropäische Einfluss durch.

Architektur Es sind weniger die aufsehenerregenden Neubauten, die das Bild des 17. Jh.s prägen als vielmehr die zahlreichen Umbauten und Erneuerungen älterer Kirchen im Stil des Barocks. Viele gotische Gotteshäuser wurden durch Kapellen erweitert und mit **barocken Altären** ausgestattet – so etwa die Kirchen in Šibenik oder Dubrovnik. Da die meisten Städte ihre wirtschaftliche Selbstständigkeit verloren hatten, beschränkten sich Bauvorhaben häufig auf den Ausbau der Befestigungsanlagen (Šibenik, Zadar, Knin). Dass es in Dubrovnik gegen Ende des 17. Jh.s zu einer lebhaften Bautätigkeit kam, hängt mit dem schweren **Erdbeben** zusammen, das 1667 große Teile der Altstadt in Schutt legte. Am Wiederaufbau hatten italienische Baumeister großen Anteil.

Malerei

In der Malerei dominierten an der Küste die Venezianer, zu denen auch der gebürtige Südslawe **Frederico Benković** zählt. Gut zwei Dutzend Gemälde in verschiedenen Orten hat Jacopo Palma der Jüngere hinterlassen, der Anfang des 17. Jh.s eine Symbiose zwischen Renaissance, Manierismus und Spätbarock pflegte; viele eiferten ihm nach, darunter auch Matej Ponzon-Pončun.

Das 19. und 20. Jahrhundert

Nationale Bewusstwerdung

In kultur- und geistesgeschichtlicher Hinsicht ist das 19. Jh. in Dalmatien, wie fast überall in Europa, eine Zeit der nationalen Bewusstwerdung. Die Herrschaft Venedigs war beendet und nach dem kurzen napoleonischen Zwischenspiel etablierten sich die Habsburger in der Region. Architektur, Malerei, Theater – all das stand unter dem Einfluss Wiens. Der Schwerpunkt künstlerischen Schaffens verlagerte sich noch mehr ins Binnenland. Agram, das heutige Zagreb, blühte auf und wurde zum Zentrum und Ausgangspunkt neuer städtebaulicher Entwicklungen im südslawischen Raum.

Architektur

Auch in Split machte sich die neue Zeit bemerkbar: So entstanden Verwaltungsgebäude im klassizistischen, später im historistischen Stil. Am Ende des 19. Jh.s sorgte der einsetzende **Fremdenverkehr** für eine Belebung der Bautätigkeit. Einfache Privatquartiere konnte man den vornehmen Kurgästen nicht zumuten, weshalb in den besonders stark besuchten Seebädern prunkvolle Hotels entstanden – so das Imperial in Dubrovnik. Aus den ersten Jahrzehnten nach dem Zweiten Weltkrieg stammt das beinahe an jedem Küstenort präsente Erbe des einsetzenden Massentourismus: architektonisch wenig schmeichelhafte große Hotel- und Ferienanlagen, die zumeist in den 1970er-Jahren erbaut wurden.

Bildhauerei und Malerei

Der berühmteste dalmatinische Künstler der ersten Hälfte des 20. Jh.s ist der Bildhauer **Ivan Meštrović** (► S. 264). In seinem Werk blieb er zeitlebens einem konservativen Klassizismus verpflichtet, obwohl er durch internationale Ausstellungen und vor allem durch Aufenthalte in Wien und Paris mit den modernen Strömungen in Berührung gekommen war. Mit seiner Villa in Split, die auf seinen Wunsch heute als Meštrović-Museum genutzt wird, hat er sich bereits zu Lebzeiten ein Denkmal gesetzt. Der bedeutendste kroatische Maler und Grafiker in der zweiten Hälfte des 20. Jh.s ist **Edo Murtić** (1921–2005), ein Vertreter des abstrakten Expressionismus. Aus Dubrovnik stammt der angesehene Maler **Duro Pulitika** (1922–2006), der einige sehr farbenfrohe Bilder von alten Kapitänen, Aktmalereien und Gemälde seiner Heimatregion in seinem Atelier hinterlassen hat (www.ugdubrovnik.hr).

MAGISCHE ZEICHEN

Beim Bezahlen mit einer 100-Kuna-Banknote fällt es schon einmal auf: Auf der Vorderseite prangen rätselhafte Zeichen, die mit der heutigen Lateinschrift der Kroaten überhaupt nichts zu tun haben. Sie erinnern ein wenig an stilisierte Kreuze, Kreise und Dreiecke. Bei den ungewöhnlichen Buchstaben handelt es sich um die Glagoliza, die älteste slawische Schrift. Diese ist heute so angesagt, dass sie sogar Designer-Taschen ziert.

Die **glagolitische Schrift** (Glagoljica) stellt Sprachforscher vor ein Rätsel: Woher das ungewöhnliche Zeichenrepertoire – eine Blockschrift mit Großbuchstaben – genau stammt, kann nur vermutet werden. Die einen sagen, dass die Glagoliza aus den heiligen Formen Kreis, Kreuz und Dreieck entstanden sei. Die anderen widerlegen diese Theorie, da darin auch armenische und griechische Elemente auftauchen.

Einig ist man sich zumindest in einer Sache: Gemeinhin wird angenommen, dass die Slawenapostel Konstantin, später **Kyrill** genannt, und **Method**, die aus dem griechischen Saloniki stammten, diese Schrift in der Mitte des 9. Jh.s entwickelt haben. Die beiden Missionare hatten die Aufgabe, die slawische Bevölkerung für das Christentum zu gewinnen und ihnen die Inhalte des Alten und Neuen Testaments näher zu bringen. Aus der Notwendigkeit heraus, über eine eigene Schriftsprache zu verfügen, die der Sprache des Volkes möglichst nahekam, entstand vermutlich die glagolitische Schrift.

Buchstabe und Zahl

Ursprünglich hatte die Glagoliza 38 Buchstaben, die zunächst rund und später eckig waren. Diese hatten nicht nur einen Lautwert, sondern auch ei-

nen Zahlenwert. Das war in vielen alten Schriften üblich, in denen es keine eigenen Zahlzeichen gab. Während die Glagoliza anderswo schon früh durch die kyrillische Schrift abgelöst wurde, hielt sie sich in Kroatien noch mehrere Jahrhunderte, in der kirchlichen Liturgie sogar bis ins 19. Jh. hinein.

Symbol der kroatischen Identität

Für die Geschichte Kroatiens sind die ungewöhnlichen Zeichen sehr bedeutsam, da die ältesten Schriftdenkmäler in der Glagoliza verfasst wurden. Dazu gehört das wohl berühmteste und am beste erhaltene: Die **Tafel von Baška** (Bašćanska ploča) aus der Zeit um 1100, die in Jurandvor auf der Insel Krk entdeckt wurde. Die Inschrift dieser Steintafel besagt, dass Zvonimir König der Kroaten war. Vor diesem Hintergrund hat die Glagoliza im unabhängigen Kroatien eine ganz besondere Bedeutung erhalten – als ein Symbol der nationalen und kulturellen Identität. Eine Replik der Tafel ist in der Staatsbibliothek zu Berlin ausgestellt.

In Dalmatien sieht man die Glagoliza heute etwa am Denkmal des kroatischen Fürsten Branimir in Nin oder am Brunnen vor der Kirche Sv. Anzelm (Hl. Anselmus), ebenfalls in Nin. Als Gipsabguss oder Magnet wird die Tafel von Baška in vielen Souvenirläden angeboten. Auf Glagoliza-Fragmente hat sich die Zagreber **Etno-Butik Mara** spezialisiert: Damit sind die durchaus bürotauglichen, zeitlos-eleganten Kleider, Blusen und Hemden bestickt. Aufmerksamkeit dürfte damit garantiert sein: Denn wer kann schon behaupten, einen Auszug aus einer der schönsten kroatischen Bilderhandschriften – dem Glagolitischen Messbuch des Herzogs Hrvoje von Split – auf seiner Handtasche spazieren zu tragen? (Webshop: http://etnobutik-mara.com).

Sie sehen rätselhaft aus, die Buchstaben der Glagoliza. Die Schrift entstand Mitte des 9. Jh.s. und gilt als Vorläufer des Kyrillischen.

VOLKSKUNST UND FOLKLORE

Gerade in der jüngeren Vergangenheit besinnt man sich an der kroatischen Küste auf die Volkskultur und die vielen alten Bräuche.

Tänze

Manche Tänze gehen auf Fastnachtsspiele und Volksstücke zurück und werden vor allem in der Sommersaison aufgeführt. Bei den meisten kann man unschwer den historischen Bezug entdecken: Der **Schwerttanz Moreška** von Korčula hat seinen Ursprung wahrscheinlich in der Türkei und setzt sich aus sieben Fechtfiguren zusammen. Ebenfalls auf Korčula beheimatet ist die **Kumpanija,** ein Säbeltanz mit 18 Figuren, der von zweistimmigen Gesängen, Dudelsack und Trommeln begleitet wird.

Volksmusik

Bei der Volksmusik fallen in Dalmatien auch türkisch-osmanische Klänge auf. Typische Instrumente der kroatischen Volksmusik sind die einer Gitarre vergleichbare **Tamburica,** der Dudelsack **Gajde** sowie die **Kavala,** eine 60 bis 85 cm lange Flöte mit einem angenehmen Timbre, und **Tupan** genannte Trommeln. Vor allem im dalmatinischen Hinterland wird die Ganga gepflegt, ein Chorgesang, bei dem eine Stimme beginnt und die anderen nach und nach mit einstimmen. Dalmatien ist berühmt für seine **Klapa,** A-capella-Chöre, traditionell unbegleitete Männerchöre.

Trachten

Typische Männertracht ist die gebauschte Kniehose, weißes Hemd und bunte Weste, komplettiert mit breitem Stoffgürtel und flacher Kappe. Die Frauentracht besteht meist aus einem dunklen Rock, heller Bluse mit Stickereien und einem Kopftuch. Einzigartig in der Trachtenlandschaft Dalmatiens sind die weißen Kopfhauben der Frauentracht von Konavle, südlich von Dubrovnik. Getragen werden Trachten aber nur noch zu Volks- oder Familienfesten. Zu den bekanntesten Kopfbedeckungen der dalmatinischen Männer gehört die rot-schwarze flache Kappe von Šibenik (Šibenska kapa).

Kunstgewerbe

Traditionelles Kunsthandwerk und Kunstgewerbe werden vornehmlich für den Tourismus am Leben gehalten. Bekannt sind vor allem filigraner Goldschmuck sowie fantasievolle Stickereien und Webarbeiten. Während der venezianischen Herrschaft erhielt die Region wichtige Impulse für die Spitzenproduktion. Die **Pager Spitzen** wurden sogar von der UNESCO in die Liste der immateriellen Kulturgüter aufgenommen – gemeinsam mit den Spitzen aus Lepoglava in Nordkroatien und den Spitzen der Insel Hvar, die aus Agavenfäden gefertigt werden.

INTERESSANTE MENSCHEN

Vielwisser: Ruđer Josip Bošković

Der in Dubrovnik geborene Jesuit war Professor in Rom, Pavia und Mailand. Er zählte zu den letzten Universalgelehrten und arbeitete über Fragen der Astronomie, Geodäsie, Geophysik, Mathematik, Mechanik, Meteorologie, Philosophie und Physik. In Mailand gründete und leitete er die Sternwarte. Von großem Einfluss war auch seine Lehre von den Atomen als ausdehnungslose, mathematische Punkte, die von einer Kraftatmosphäre umgeben sind.

1711–1787
Universalgelehrter

Meister seines Fachs: Juraj Dalmatinac

Juraj Dalmatinac ist der bekannteste kroatische Künstler am Übergang von der Spätgotik zur Renaissance. Das Hauptwerk des aus Zadar gebürtigen Baumeisters und Bildhauers ist die Kathedrale von Šibenik, deren Bauhütte er leitete. Zur selben Zeit war er auch in Venedig und Ancona tätig, wo er die Kaufmannsloge errichtete. Er entwarf Kirchen, Wohnhäuser und Befestigungsanlagen (z. B. in Dubrovnik), aber auch ganze Städte: So entstand Pag auf seinem Reißbrett. Darüber hinaus hat der in Venedig ausgebildete Bildhauer in ganz Dalmatien Skulpturen und Kleinplastiken gefertigt.

Anf. 15. Jh. bis 1473/75
Baumeister

Fragwürdiger römischer Kaiser: Diokletian

Salona, das heutige Solin bei Split, ist die Geburts- und Todesstadt des spätrömischen Kaisers Diokletian, der mit dem monumentalen Palast in Split ein gewaltiges Zeugnis seiner Macht hinterließ. Er wurde 284 in Kleinasien zum Kaiser ausgerufen. Die Liste seiner »ruhmreichen« Taten und Entscheidungen ist lang. So gelang es ihm, die Germanen wiederholt zu besiegen, Nordwest-Gallien sowie England zurückzuerobern und die ägyptischen Aufstände niederzuschlagen. Er drang bis weit in den Mittleren Osten vor und unterwarf Persien. Ein ausgeklügeltes Steuersystem, effiziente Verwaltungsstrukturen und die Neugliederung der Armee gehen ebenfalls auf ihn zurück. Bekannt ist Diokletian aber auch als Verfolger der Christen, deren Religion unter seiner Herrschaft verboten wurde.

236/245–312
Römischer Kaiser

MUSIK, DIE DIE SEELE BERÜHRT

Für viele Kroaten gehört die Musik traditioneller Klapa-Chöre wie das Meer zu Dalmatien. Die mehrstimmigen A-capella-Lieder werden meist so melancholisch gesungen, dass es nicht schwer zu erraten ist, worum es in den Texten geht: Um die Sehnsucht, sei es nach dem Meer, nach der Heimat oder nach der Liebe. Mit ein wenig Glück erlebt man irgendwo eine Klapa unter freiem Himmel.

In einer verwinkelten Gasse, irgendwo in der Altstadt in Šibenik, zeichnet sich eine Gruppe von Männern in der Abenddämmerung ab: Zu sechst stehen sie im Halbkreis, dicht beieinander. Einer von ihnen, ein Jüngerer mit vollem schwarzen Haar, nickt den übrigen kurz zu. Dann stimmt er eine Melodie an: Hell, klar und ohne Begleitinstrumente. Es dauert nur einen kurzen Augenblick, ehe die übrigen Sänger ihn

Irgendwo in Kroatien hat man bestimmt Gelegenheit, traditionelle Musik und Gesang live zu erleben – das sollte man sich nicht entgehen lassen.

begleiten. Die meisten Passanten bleiben stehen. Der Vorsänger dieser **Klapa**, wie die typisch dalmatinischen A-capella-Männerchöre genannt werden, trägt das Stück mit seinem Tenor. Die Begleitstimmen verteilen sich auf Tenor, Bariton und Bass. Nach wenigen Takten vermischen sich die Gesänge zu einer einfachen, aber wunderbar harmonischen, mehrstimmigen Melodie. Dabei wird darauf geachtet, dass die einzelnen Stimmen akustisch möglichst vollendet miteinander verschmelzen. Der Text berührt die Seele, denn es geht um Sehnsucht und unerfüllte Liebe – zur Adria, zu Dalmatien und zu einer schönen Frau.

Zwanglose Freude am Singen

Das Klapsko pjevanje, wie die mehrstimmige Gesangstradition auf Kroatisch heißt, ist in Dalmatien weit verbreitet. Das Wort »klapa« bedeutet dabei übertragen so viel wie **»eine Gruppe von Freunden«.** Und genauso zwanglos trifft man sich, einfach aus Freude am Singen. Mal sind es nur fünf Sänger, mal acht oder zwölf. Das Schönste daran: Die Klapa-Chöre singen nicht selten in einer Konoba oder sie formieren sich im Sommer vielerorts in engen Gassen, sei es in den Inseldörfern oder in den Städten – und jeder kann mithören.

Heimatverbundene Inhalte

Das Liedgut wird von Generation zu Generation mündlich überliefert. Einst in den glagolitischen Bruderschaften angesiedelt, fanden die Klapa-Gesänge im Mittelalter den Weg zur weltlichen Bevölkerung und erlebten Mitte des 19. Jh.s – infolge des verstärkten Nationalbewusstseins – einen großen Aufschwung. Ursprünglich war dieser autochtone dalmatinische Gesang übrigens nur den Männern vorbehalten. In den vergangenen Jahrzehnten wurden diese Vorgaben jedoch gelockert: Mittlerweile gibt es auch Klapa-Frauenchöre und sogar gemischte Sängergruppen.

Heute mit Instrumenten

Das gilt auch für die Musik: Die eigentlich puristische A-capella-Musik wird heute vielfach von Instrumenten begleitet – von der einsaitigen Streichgitarre Gusle, von Gitarren oder dem Lauteninstrument Tamburiza. Längst schon haben es einige Klape, so der Plural, in die Hitparaden geschafft. Zur Popularisierung trugen etwa die Klape Trogir, Cambi, Maslina und andere bei, die auch CDs produzierten. Wer eine typisch dalmatinische Klapa erleben möchte, sollte sich den seit 1967 stattfindenden **Wettbewerb in Omiš** nicht entgehen lassen (Termine: www.fdk.hr).

Geschütztes Kulturgut

Nicht erst seit Kroatien seine besten Klapa-Sänger 2013 zum Eurovision-Song-Contest nach Malmö geschickt hat, sind die dalmatinischen Lieder weit über die Landesgrenzen hinaus bekannt: Die UNESCO hat die Klapa-Gesänge bereits ein Jahr zuvor in die Liste des immateriellen Weltkulturerbes aufgenommen. Und längst schon haben sich Klapa-Melodien in anderen Regionen Kroatiens, aber auch im Ausland verbreitet – sei es durch die Diaspora oder durch Urlauber, die einige Klänge dieser Sehnsuchtsmelodien mit nach Hause nehmen, um noch lange von den engen Gassen von Šibenik oder anderswo zu träumen.

Bekanntester Bewohner von Hvar: Petar Hektorović

Petar Hektorović aus Hvar war einer der bedeutendsten Vertreter der dalmatischen Renaissanceliteratur. Er verfasste zahlreiche Heldenlieder und Versepisteln und übersetzte antike Schriftsteller, darunter auch Ovid. Sein originellstes Werk ist die naturnahe Fischeridylle »Ribanje i ribarsko prigovaranje«, zu Deutsch »Fischen und Fischergespräche«, in der er eine Reise rund um die Insel Hvar beschreibt. Hektorović verarbeitete darin Volkslieder der Fischer seiner Heimat. In Stari Grad auf Hvar baute er sich die Burg Tvrđalj – heute ist dieser befestigte Landsitz die Hauptsehenswürdigkeit des Inselstädtchens.

Kroatischer Volksheld: Goran Ivanišević

Geb. 1971
Tennisspieler

Man stelle sich einen talentierten Sportler vor, der sich zur absoluten Weltspitze zählen darf und urplötzlich nichts mehr zu leisten imstande ist; einen Tennisspieler, seinerzeit die Nr. 2 der Weltrangliste, der aus Verzweiflung über seine indiskutablen Leistungen ein Racket nach dem anderen zertrümmert. Für das Wimbledonturnier 2001 erhielt er eine Wildcard, weil er einen großen Namen trug: Goran Ivanišević. Und dann gewann er ein Match nach dem anderen, auch das Finale gegen Patrick Rafter: Wimbledonsieg 2001! Sein unglaubliches Comeback ließ den in Split geborenen Ivanišević zum Volkshelden in Kroatien werden.

Pop-Ikone Severina Kojić

Geb. 1972
Sängerin und Model

Man nennt sie nur beim Vornamen: Severina, gelegentlich »Seve« oder gar »Seve Nacionale«. Die in Split geborene Pop-Sängerin Severina Kojić (geb. Vučković) ist seit Jahren beliebt wie keine andere. Mehr als 15 Alben hat sie bereits veröffentlicht, sich als Schauspielerin, Model und Moderatorin versucht. Ein in der Öffentlichkeit aufgetauchtes privates Erotik-Video sorgte 2004 für enormen Aufruhr im katholischen Kroatien – da Severina bislang immer die moralische Flagge hoch gehalten hatte. 2006 vertrat sie ihr Land nur mäßig erfolgreich beim Eurovision Song Contest in Athen. Die Kroaten feiern sie trotzdem weiterhin als die Pop-Ikone ihres Landes schlechthin.

Verehrt: Ivan Meštrović

1883–1962
Bildhauer

Wer sich die zahlreichen Denkmäler Dalmatiens genauer anschaut, wird bald die »Handschrift« oder den Namen eines Bildhauers ausmachen können, der bereits zu Lebzeiten so prominent und verehrt war wie kein anderer Künstler seiner Generation – Ivan Meštrović.

OBEN: 2001 gewinnt Goran Ivanišević in Wimbledon.
UNTEN: Kaiser Diokletian ist Bauherr des Palastes in Split und Christenverfolger.

Der aus dem kleinen Ort Otavice im Hinterland von Šibenik stammende Meštrović studierte in Wien und lehrte von 1922 an in Zagreb an der Kunstakademie. Da er seine Kunst nicht in den Dienst der italienischen Besatzer stellen wollte, lebte er ab 1947 in den USA, beigesetzt ist er in seinem Heimatdorf. Das umfangreiche Œuvre Meštrovićs, am besten zu studieren in seiner ehemaligen Sommervilla in Split, ist stilistisch vielschichtig. Seine Werke spiegeln den Einflüsse vom Secessionsstil über den Expressionismus bis hin zum Klassizismus wider.

Moderne Literatur von Vladimir Nazor

1876–1949
Schriftsteller

Der im Dorf Postira auf der Insel Brač geborene Schriftsteller gehört zu den interessantesten Vertretern der modernen kroatischen Literatur. In Legenden, Märchen, Lyrik und Prosa erzählt er von der Landschaft und Geschichte seiner Heimat. Sein episches Hauptwerk »Der Hirte Loda« (1938 – 1946) handelt von einem unsterblichen Satyr, der auf Brač den Wandel der Zeiten erfährt. Mithilfe seines fantastischen Helden reflektiert Nazor 2000 Jahre dalmatinische Geschichte bis hin zu Titos Partisanenkampf, an dem der Dichter selbst teilnahm. In dem Tierepos »Der Bär Brundo« (1916) überträgt Nazor die Situation in seiner Heimat in die Tierwelt. Der sozial engagierte Schriftsteller war auch als Übersetzer und Lehrer tätig.

Ein Genie: Nikola Tesla

1856–1943
Ingenieur

Der geniale Physiker und Elektroingenieur wurde in Smiljan in der Bergregion Lika (nördlich von Dalmatien) geboren. Er studierte Maschinenbau in Graz und Prag und ging 1884 in die USA, wo er zunächst bei T. A. Edison arbeitete. Später war er vor allem in New York tätig. Tesla gehörte zu den fleißigsten Elektroingenieuren seiner Zeit: Über 700 Patente gehen auf ihn zurück. Am bekanntesten dürfte die sog. Tesla-Spule (Tesla-Transformator) zur Erzeugung von Hochspannung sein.

Hoch hinaus: Blanka Vlašić

Geb. 1983
Hochspringerin

Die in Split geborene Leichtathletin gilt als eine der besten Hochspringerinnen der Welt. Höhen über 2 m sind ihr Zuhause – bereits über 100 Mal hat sie dies bei Wettkämpfen bewiesen. Die zweifache Weltmeisterin trennt seit 2009 noch ein einziger Zentimeter vom bislang höchsten Frauensprung (2,09 m, 1987, gesprungen von der Bulgarin Stefka Konstadinova).

Der Erfinder des Reiseführers: Karl Baedeker

1801-1859
Verleger

Als Buchhändler kam Karl Baedeker viel herum, und überall ärgerte er sich über die »Lohnbedienten«, die die Neuankömmlinge gegen Trinkgeld in den erstbesten Gasthof schleppten. Nur: Wie sollte man sonst wissen, wo man übernachten könnte und was es anzuschauen gäbe? In seiner Buchhandlung hatte er zwar Fahrpläne, Reiseberichte und gelehrte Abhandlungen über Kunstsammlungen. Aber wollte man das mit sich herumschleppen? Wie wäre es denn, wenn man all das zusammenfasste? Gedacht, getan: Zwar hatte er sein erstes Reisebuch, die 1832 erschienene »Rheinreise«, noch nicht einmal selbst geschrieben. Aber er entwickelte es von Auflage zu Auflage weiter. Mit der Einteilung in »Allgemein Wissenwertes«, »Praktisches« und »Beschreibung der Merk(Sehens-)würdigkeiten« fand er die klassische Gliederung des Reiseführers, die bis heute ihre Gültigkeit hat. Bald waren immer mehr Menschen unterwegs mit seinen **»Handbüchlein für Reisende, die sich selbst leicht und schnell zurechtfinden wollen«**. Die Reisenden hatten sich befreit, und sie verdanken es bis heute Karl Baedeker. Die Küste Dalmatiens beschreibt er erststmals in der 1873 erschienenen 16. Auflage von »Baedekers Östereich und Ungarn«.

»

Die Winde vom Meere bringen Feuchtigkeit und im Winter Wärme, die vom Lande Trockenheit und Kälte. Der *Scirocco* [..], in Ragusa ›Vater der Armen‹ genannt, wird im Winter stets von der gefürchteten *Bora* (Boreas, ›Totenwind‹ genannt) abgelöst, die mit ungeheurer Gewalt aus den Gebirsgklüften stürzt und Menschen wie Schiffen gefährlich wird.

»

Baedekers Österreich-Ungarn, 24. Auflage 1895

E

ERLEBEN & GENIESSEN

Überraschend, stimulierend, bereichernd

Mit unseren Ideen erleben und
genießen Sie Kroatien und Dalmatien.

BEWEGEN UND ENTSPANNEN

Dalmatien liegt am Meer. Wassersport steht also im Zentrum der Aktivitäten: Das Angebot reicht von Tauchgängen zu versunkenen Schiffswracks über Wasserski- oder Raftingtrips bis hin zum Wind- und Kitesurfing. Kroatien ist überdies ein beliebtes Segelrevier. Wanderer, Kletterer und Mountainbiker lockt es ins gebirgige Hinterland, das alle Anstrengungen mit einem wundervollen Ausblick auf die Inselwelt belohnt. Auch Reiten und Tennis gehören zu den beliebten Sportarten.

Baden, tauchen, surfen ...

Sand- und Kiesstrände

Dalmatien ist ein Badeparadies. Schon der Blick auf die Postkartenstrände macht Lust, einfach in die blaue Adria einzutauchen. Die meisten Strände in Dalmatien sind **mit Kies bedeckt oder felsig.** Viele Küstenorte haben deshalb betonierte Liegeflächen mit Einstiegsleitern. Hotelstrände können oftmals auch von Tagesgästen genutzt werden.
Sandstrände sind in Kroatien eher selten, zu den schönsten gehören die Badeplätze in der Lagune von Nin auf Pag (Šimuni), Dugi Otok (Saharun), Korčula (Vela Prizina bei Lumbarda), Pelješac (Stadtstrand von Orebić). Auch die Stadtstrände bieten Cafés, Duschen

Am Goldenen Horn auf Brac, dem bekanntesten Strand Kroatiens, sind Surfer und Schwimmer in ihrem Element.

und Liegestühle: Berühmt ist der Bačvice-Stadtstrand von Split für sein Picigin-Wasserballspiel; recht neu angelegt wurde der Banj-Strand mit schönem Blick auf Šibenik; sehr populär ist auch der Copacabana-Strand in Dubrovnik, in Omiš liegt der Sandstrand direkt an der Cetina-Mündung in die Adria. Als längster Küstenabschnitt gilt die 60 km lange Makarska Riviera mit herrlichen Kies- und Felsstränden vor Bergpanorama. Der einzige Partystrand, der keinen Vergleich mit Ibiza scheuen muss, liegt auf Pag (Zrće, bei Novalja). Der bekannteste Strand im ganzen Land ist das Goldene Horn (Zlatni rt) auf Brač, eine Landzunge, deren Lage sich Wind und Wellen anpasst.
Zu den wenigen Unannehmlichkeiten an den Stränden Dalmatiens gehören Seeigel, deren spitze Stacheln unangenehme Wunden verursachen können. Gelegentlich können Quallen den Badespaß trüben. Der sicherste Schutz sind Badeschuhe, die man vor Ort überall erhält.

Wasserqualität

Das Wasser in der Adria ist fast durchgängig sehr sauber, sogar an den größeren Städten: Alljährlich erhalten in ganz Kroatien etwa 120 Strände und 20 Marinas das internationale Öko-Label »**Blaue Flagge**«. Dieses garantiert nicht nur eine gute Wasserqualität, sondern auch die Einhaltung hoher Umweltauflagen. Die offiziellen Informationen über die Wasserqualität sind auch auf Englisch abrufbar: http://baltazar.izor.hr/plazepub/kakvoca.

FKK

Wer im Urlaub die Hüllen fallen lassen möchte, muss in Dalmatien nicht lange suchen: An den zahlreichen Nudistenstränden darf ausschließlich nackt gebadet werden; an anderen Stränden gibt es FKK-Abschnitte. Auch an nicht ausgewiesenen, aber entlegenen Stränden ist FKK gängig. Überdies gibt es viele Naturistencampingplätze und -ferienanlagen.

Tauchen Die Adria lockt mit kristallklarem Wasser mit Fischschwärmen, Unterwasserhöhlen und Korallen. Beliebt bei Tauchern ist vor allem die noch recht ursprüngliche Insel **Dugi Otok**, wo sich gleich mehrere Tauchschulen niedergelassen haben. Doch warten inzwischen die meisten Ferienorte mit Tauschschulen und -basen auf. Hier kann auch der erforderliche Taucherausweis für etwa 100 Kuna erworben werden. Wer individuell tauchen möchte, benötigt eine Genehmigung vom örtlichen Hafenamt (▶ S. 78).

Segeln Kroatien mit seinen unzähligen Inseln und Buchten ist ein ideales Segelrevier: Mehr als 50 Marinas bieten einfache bis sehr gute Ausstattung, 22 davon werden vom Adriatic Croatia International Club (ACI) betrieben. Aufgrund der vielen vorgelagerten Inseln ist Dalmatien kein allzu stürmisches Segelrevier und eignet sich auch für kleinere Jachten und Anfänger. Einige Agenturen bieten Törns nur für Frauen oder Familien mit Kindern an.

Wind- und Kitesurfen Der Kanal zwischen Korčula und der Halbinsel Pelješac gilt als angesagter Treffpunkt für Surfer, hier stimmt der Wind vor allem am Nachmittag. Am Goldenen Horn (Zlatni rat) in Bol auf Brač (▶ Abb. S. 270) haben sich gleich mehrere Surfschulen niedergelassen. Kiteboarder können die Sportart beispielsweise am Ždrijac-Strand in Nin bei Zadar oder in Bol auf Brač ausüben. Der Top-Spot von Speed- und Freestylern ist hingegen Viganj auf der Halbinsel Pelješac.

Noch mehr Wassersport

Stehpaddeln Das Paddeln auf dem langen Surfboard, Stand Up Paddle (SUP), steckt in Dalmatien noch in den Kinderschuhen, ist aber möglich: Der Verleiher »Rent a SUP« hat sich auf mehrere Orte zwischen Zadar und Dubrovnik spezialisiert, auch One-way-Verleih ist möglich (ab 50 Euro/Tag). Am Ždrijac-Strand bei Nin werden ebenfalls SUP-Bretter vermietet. Eine Weste ist Pflicht!

Wasserski Wenn das Meer am Abend ruhiger wird, ist die beste Zeit zum Wasserski fahren: Auf der Insel Rab (Buchten: Barbat, Sv. Euphemia), an der Makarska Riviera (Tučepi, Brela) und wenigen anderen Orten wird der Spaß angeboten. Beim rasanten Ritt übers Wasser ist ein Mindestabstand von 150 m zum Strand einzuhalten. Am Party-Strand Zrće auf der Insel Pag gibt es einen Skilift zum Wakeboarden. Einen Adrenalinkick verspricht die Kombination von Motorboot und Gleitschirm: Paragliding ist an der Makarska Riviera oder in Primošten angesagt.

Kanu, Kajak, Raften Die Flüsse im dalmatinischen Hinterland ziehen Wildwassersportler an: Beliebtester Treffpunkt für Kanu- und Kajak-Fahrten ist der Fluss

Nur in Natur- und Nationalparks und auf viel besuchten Inseln sind Wanderwege gut ausgebaut und markiert.

Cetina, auch Anfänger können in der Nähe von Omiš zu einer rasanten Rafting-Tour starten. Auf der Zrmanja organisieren örtliche Anbieter Touren in der Nähe von Obrovac oder Novigrad. Für einen Tagesausflug sollte man 200–300 Kuna einplanen. Bester Monat ist der Mai, wenn die Flüsse reichlich Wasser führen. Das Mindestalter liegt, je nach Anbieter, bei 7–10 Jahren.

Aktivitäten an Land

Radfahren, Mountainbiken

Die Küstenmagistrale bietet zwar einen schönen Ausblick, ist aufgrund des hohen Verkehrsaufkommens aber nicht geeignet für größere Strecken mit dem Zweirad und Nebenstrecken gibt es kaum. Eine Alternative sind Radtouren auf den Inseln (n S. 38), etwa auf Pag, Murter, Korčula und Vis. Die Touristinformationen haben verschiedene Routen für Anfänger und Fortgeschrittene ausgearbeitet, die Karten sind zum Teil online abrufbar. Im Hinterland von Vodice treffen sich Mountainbiker auf dem Okit-Aussichtshügel, ebenso im Biokovo-Gebirge, im Hinterland der Makarska Riviera oder rund um die Cetina-Schlucht bei Omiš. Um den See Vransko jezero führt ein Radweg, der mittlere Kondition erfordert. In Skradin bieten mehrere Verleiher Räder an, von dort aus führen markierte Routen zum Skradinski buk-Wasserfall in den Nationalpark Krka.

Leihräder können in den meisten Tourismusorten oder größeren Hotels stunden- oder tageweise gemietet werden. Je nach Region sollte man 100–150 Kuna pro Tag einkalkulieren, E-Bikes kosten mehr. Oftmals muss eine Kaution hinterlegt werden.

Wandern

Die schönsten Wanderrouten führen durch das **Velebit-Gebirge,** das sich von Senj bis zum Fluss Zrmanja auf einer Länge von 150 km erstreckt: Mittelschwere bis anspruchsvolle Wege kennzeichnen die Nationalparks Paklenica und Nördlicher Velebit sowie den Naturpark Südlicher Velebit. Für leichtere Wanderungen empfehlen sich die Nationalparks Krka und Plitwitzer Seen, die im Hochsommer allerdings sehr gut besucht sind. Im Naturpark Biokovo kommt man auf dem Weg zum 1762 m hohen Gipfel Sveti Juraj an einem kleinen Botanischen Garten vorbei. Auf Brač lockt die höchste Erhebung auf einer kroatischen Insel: Die Vidova gora (778 m ü. d. M.) gibt den Blick auf die berühmte Kiesel-Sandzunge »Goldenes Horn« frei. Auf Hvar ist besonders die Lavendelblüte ab Ende Juni empfehlenswert. Vom Veli Vrh (779 m) des Kozjak-Gebirges bei Split eröffnet sich ein toller Ausblick aufs Meer und die sieben Kaštel-Gemeinden. Ebenfalls von Split aus führt ein Wanderweg 25 km durch das Mosor-Gebirge bis zum Fluss Cetina, eine andere Route über die Starigrad-Festung (303 m) durch schöne Landschaft bis zum Berg Imber (832 m) hinauf.

Klettern, Freeclimbing

Eine steile Felswand vor Augen, die tiefe Schlucht im Rücken: Freeclimber lieben den Nervenkitzel, der in Dalmatien vielerorts mit einem imposanten Ausblick aufs Meer belohnt wird. Für den **Nationalpark Paklenica** hat die Parkverwaltung mehr als 70 Kletterrouten ausgearbeitet. In der Cetina-Schlucht bei Omiš gibt es etwa 140 Kletterrouten. Im Nordosten der Insel Hvar treffen sich Freeclimber an der Vela Stiniva, die für Fortgeschrittene und Anfänger gleichermaßen geeignet ist. Die Felsen ragen bis zu 70 m hoch aus dem Meer, vor allem an der Westseite gibt es im Sommer genügend Schatten. Diesen gewährt auch der Fichtenwald von Kožino, nördlich von Zadar, mit dem Hochseilgarten Adventure Park.

SPORTANGEBOTE

MARINAS

ADRIATIC CROATIA INTERNATIONAL CLUB (ACI)
51410 Opatija
Tel. 051 27 12 88
www.aci.hr

TAUCHEN

KROATISCHER TAUCHERVERBAND
10000 Zagreb
Tel. 01 4 84 87 65
www.diving-hrs.hr

TAUCHSCHULE BOŽAVA
23286 Božava, Dugi Otok
Tel. 023 31 88 91
www.bozava.de

ONLINE- INFO
www.diving.hr

WIND- UND KITESURFING

BIG BLUE DIVING
Hotel Borak
21420 Bol, Insel Brač
Tel. mobil 098 24 54 96
www.big-blue-diving.hr

ŽUTI MAČAK
21420 Bol, Insel Brač
Tel. 01 4 88 06 10
www.zutimacak.hr/kite

SURFMANIA
23232 Nin
Tel. mobil 098 9 12 98 18
www.surfmania.hr

WASSERSKI, WAKEBOARDEN (LIFT)

VODENI SPORT
23250 Zrće, Insel Pag
Tel. 053 66 32 81
www.cable-pag.com

RAFTING, KAJAK

STELLA LUCIS
21310 Omiš
Tel. mobil 091 5 72 25 88
www.croatiarafting.com

RIVA RAFTING CENTAR
23450 Obrovac
Tel. 023 68 99 20
www.riva-rafting-centar.hr

RAFTINGVERBAND OMIŠ
Tel. 021 86 31 61
www.raft.hr

MOUNTAINBIKING

ADRIA-CYCLING
Hoppegarten
Tel. 030 48 63 76 22 (D)
www.adria-cycling.com

LUKA RENT
21450 Hvar-Stadt, Insel Hvar
Tel. mobil 091 5 91 71 11
www.lukarent.com

ONLINE- INFO
www.croatiabike.com
www.mojbicikl.hr

WANDERN

STELLA LUCIS
21310 Omiš
Tel. mobil 091 5 72 25 88

KLETTERN

NATIONALPARK PAKLENICA
Tel. 023 36 91 55
www.paklenica.hr

TOURISTINFORMATION OMIŠ
Tel. 021 86 13 50 | www.tz-omis.hr

ONLINE- INFO
www.hvarclimbing.com

REITEN

REISEBÜRO AVENTUR
21220 Trogir
Tel. 021 88 23 88
www.aventur-agency.com

TOURISTINFORMATION SINJ
Tel. 021 82 63 52
www.visitsinj.hr

TENNIS

TENIS CENTAR POTOČINE
21420 Bol, Insel Brač
Tel. 021 63 52 12

Reiten In der Gegend um Sinj hat der Pferdesport eine sehr lange Tradition: Hier werden seit 1715 traditionellerweise die Ritterspiele Sinjska Alka durchgeführt (1. Wochenende im August, S. 282). In Radovčići bei Dubrovnik bietet Kojan Koral geführte Ausritte in die umliegenden Dörfer an, im Zaton Holiday Resort bei Nin gibt es ebenfalls eine Reitschule.

Tennis Spätestens seit den Erfolgen der kroatischen Tennislegende Goran Ivanišević (▶ S. 264) hat die Sportart deutlich an Popularität gewonnen: Die meisten Tennisanlagen findet man in Hotels und auf Campingplätzen. Überregional bekannt ist das erstklassig ausgestattete Tenniszentrum Potočine in Bol auf Brač: 26 Plätze mit Granulatböden und ein Stadion mit über 2000 Sitzplätzen gibt es hier. Die Tennis Academy in Biograd na moru hat sich ebenfalls auf Tennistourismus spezialisiert.

ESSEN UND TRINKEN

Südliche Lebenslust kommt beim Blick in Dalmatiens Kochtöpfe auf: Frische Zutaten aus Meer und Garten prägen die mediterrane Küche, die sich zwar bodenständig, aber keineswegs einfallslos präsentiert. Slow Food ist hier kein Trend, sondern schon lange gelebte Tradition.

Mediterrane Kochkünste Die Küche Dalmatiens ist mediterran geprägt: Hochwertiges Olivenöl, aus Eigenanbau oder vom regionalen Erzeuger, gehört zu den wichtigsten Zutaten – sei es für den beliebten zarten Mangold, fangfrischen Fisch und Meeresfrüchte oder Weißbrot. Die Zubereitung der Gerichte ist meist ganz einfach, **das Geheimnis sind Frische und Qualität oder alte Familienrezepte.** Rosmarin, Lavendel und Lorbeer verleihen vielen Gerichten den letzten Schliff. Als »lebendige kulturelle Ausdrucksform« wurde die so genannte Mittelmeer-Diät, die unter anderem in Kroatien verwurzelt ist, 2013 zum immateriellen UNESCO-Weltkulturerbe erklärt!

Je später, desto üppiger Frühstücken wie ein Kaiser? Dem berühmten deutschen Sprichwort schenkt man im dalmatinischen Tagesablauf eher selten Beachtung. Vielen Einheimischen genügt am Morgen meist ein Gebäckstück oder ein Joghurt. Keinesfalls verzichtet wird auf eine Kava, die in Espressotassen getrunken wird. Dabei geht es nicht nur um den Kaffee: In einer Caffebar (Kavana, Kafić) trifft man sich den ganzen Tag über, bevorzugt im Freien, um das Geschehen besser beobachten zu können. Wichtig für das **dalmatinische Lebensgefühl ist:**

Nur keine Hektik beim Kaffee trinken! Am späten Vormittag werden entweder eine deftige Marenda, eine Art Arbeiterfrühstück mit Paštašuta (gekochtes Rindfleisch mit Makkaroni), Saubohnen (bob) oder gegrillte Sardinen (srdele na gradelama) gegessen. Alternativ dazu kommt ein spätes Mittagessen auf den Tisch, an heißen Sommertagen oftmals nur in Form einer Suppe (juha). Dazu trinkt man gerne Bevanda, mit Leitungswasser verdünnten Wein. Hunger sollte man sich für den Abend aufheben, wenn Fisch- oder Fleischgerichte üppig aufgetischt werden.

Frisch aus dem Meer

Das Meer befindet sich direkt vor der Haustür: Was liegt hier näher, als frischen Fisch (riba) und Meeresfrüchte (morski plodovi) aufzutischen? Fisch hat seinen Auftritt meist bodenständig **gegrillt,** seltener in einer üppigen Salzkruste. In besseren Restaurants wird der Fisch vorher zur Auswahl an den Tisch gebracht. Berechnet wird die Portion dann nach dem tatsächlichen Gewicht des Fisches. Daher sind in der Speisekarte gewöhnlich nur Kilopreise angegeben, die bei 300–500 Kuna liegen – je nach Fischsorte und Urlaubsort. Ston auf der Halbinsel Pelješac gilt als das Mekka für Liebhaber frischer Muscheln und Austern, die dort gezüchtet werden. Gute Langusten bekommt man von der Insel Lastovo, und in der Gegend um Metković sind Aal und Frösche sowie Flusskrebse eine Spezialität.

Traditionelle Zubereitung

Traditionell ist die Zubereitung von Fisch und Meeresfrüchten nach Brodetto-Art (brodet): In das suppenartige Ragout gehören bis zu sechs Arten Meeresfisch, die auf leichter Flamme in einem großen Topf köcheln. Dazu wird Polena (palenta) serviert. Nach Buzara-Art (buzara) werden Muscheln, Scampi und im Neretva-Delta auch Flusskrebse gerne zubereitet und dabei mitsamt Schale in einer würzigen Tomaten-Weißwein-Sauce mit viel Knoblauch sautiert. **Als Königsdisziplin gilt die Zubereitung nach Peka-Art** (pod pekom): Dabei schmoren Lamm (janjetina) oder Tintenfisch (hobotnica) mit Kartoffeln, Karotten und Zwiebeln zwei Stunden unter einer gusseisernen Metallglocke in der Holzkohleglut. Viele Restaurants haben den Soparnik wiederentdeckt: Mit Mangold gefülltes Fladenbrot auf Peka-Art. Bei allen Peka-Gerichten gilt: Vorbestellung muss sein!

Fleisch & Co.

Fleischliebhaber kommen in Dalmatien gleichsam ab dem ersten Bissen auf ihre Kosten: Pršut, ein luftgetrockneter Schinken, ist im Duett mit Pager Käse (Paški sir) eine geschätzte Vorspeise. Pašticada-Schmorbraten gehört zu den bekanntesten dalmatinischen Fleischgerichten: Dazu wird das Rindfleisch mit Zitronensaft und Rosmarin mariniert, mit Speck gespickt und in Rotwein gegart. Lammgerichte, etwa von der Insel Pag, werden gerne nach Peka-Art

BAEDEKER WISSEN

KLASSIKER DER DALMATINISCHEN KÜCHE

Jenseits von Ćevapčići, Ajvar & Co. offenbart sich eine ausgesprochen vielfältige, gleichwohl bodenständige dalmatinische Küche, die gerne auf frische Zutaten vor allem aus Garten und Meer setzt.

Dalmatinischer Rinderschmorbraten (Dalmatinska pašticada): Das Rindfleisch wird mindestens einen Tag lang in Essig, Zitronensaft und Rosmarin mariniert. Vor allem in den folgenden beiden Varianten wird es weiterverarbeitet: geschmort mit Rotwein, Karotten (und/oder anderem Gemüse), luftgetrocknetem Schinken und Oliven oder mit Zwiebeln, Sellerie und etwas Muskat, Rotwein und Tomatenmark.

Scampi in Tomaten-Weißwein-Sauce: Auf Buzara-Art werden die Scampi mitsamt Schale in einer würzigen Sauce serviert. Dazu werden Zwiebeln glasig gedünstet, dann kommen Tomatenstücke, Knoblauch, Salz und Pfeffer dazu und die Scampi dazu, aufgegossen wird mit Fischfond und/oder Weißwein. Zum Abschluss kommt frische Petersilie drauf. Dazu gibt es viel Brot und kühlen Weißwein.

Viška pogača (Sardellen-Teigtasche): Zunächst wird ein Teig mit Mehl, Essig, Salz, Olivenöl, Wasser und Kräutern wie Rosmarin zubereitet. Als Füllung werden Zwiebeln, Tomaten, Salzsardellen, Kapern, Oliven, Pfeffer und Olivenöl vermengt. Die Viške pogače werden im Ofen gebacken und dann in Stücke geschnitten, dazu wird gerne dunkelroter Plavac von der Insel Vis serviert.

Fischragout mit Polenta: Für ein Brodet-Fischragout werden verschiedene Sorten Meeresfisch (z. B. Drachenkopf, Meeraal) mit Zwiebeln, Knoblauch, Tomaten, Petersilie, Lorbeerblättern und Weißwein in einem großen Topf geröstet, dann mit Olivenöl, Wein und Wasser aufgegossen. Das Ganze muss so lange köcheln, bis der Fisch gar ist, was nicht allzu lange dauert. Dazu wird gerne goldgelbe Polenta (Palenta) serviert. Die gekochten Fischstücke werden zunächst darauf angerichtet, ehe der suppenartige Fischtopf darüber gegossen wird. Eine Alternative ist Brot. Als Getränk bietet sich der auch beim Kochen verwendete Weißwein an.

Rožata auf dalmatinische Art: Eier, Milch und Zucker gehören in eine der bekanntesten dalmatinischen Süßspeisen, die Rožata, eine Variante der französischen Crème caramel. Zunächst wird der Zucker in der Pfanne karamellisiert und in feuerfeste Förmchen gegossen. Anschließend wird eine weitere Menge Zucker mit Milch erhitzt, mit schaumig gerührten Eiern vermengt – je nach Geschmack gibt man Vanillezucker oder einige Tropfen Rosenwasser hinzu –, auf die Förmchen verteilt und in einem Wasserbad im heißen Ofen gegart. Nach dem Erkalten wird die süße Köstlichkeit auf Dessertteller gestürzt.

zubereitet. Gasthäuser im Hinterland, etwa auf dem Weg zu den Plitwitzer Seen, grillen gelegentlich Spanferkel (odojak) am Spieß an der Straße. Balkan-Klassiker wie Ćevapčići-Hackfleischröllchen oder Ražnjići-Grillspieße haben der politischen Wende getrotzt und finden sich in Tourismuszentren nach wie vor auf vielen Speisekarten.

Olivenöl: beste Qualität

Dunkelgrün und von durchsichtiger Farbe muss das perfekte Olivenöl in Kroatien sein. Vor allem die Sorten von den sonnenverwöhnten Inseln Korčula, Brač oder Hvar genießen seit etlichen Generationen einen guten Ruf. Zunehmend werden die Sorten nicht mehr miteinander gemischt, sondern jede für sich gepresst. Der Preis richtet sich nach der Menge auf dem Markt: Von der äußerst harmonischen, fruchtigen Sorte Buharica, die nur im Osten der Insel Brač vorkommt, gibt es gerade mal 100 Liter pro Jahr, entsprechend sind Feinschmecker bereit, bis zu 1000 Kuna hinzulegen – für einen einzigen Liter Öl! Damit gehört diese Sorte zu den teuersten weltweit.

Fremde Einflüsse

Die einstigen fremden Herrscher haben ihre kulinarischen Spuren hinterlassen: Unübersehbar ist der italienische Einfluss bei Risotto (rižot), Gnocchi (njoki), Pasta (tjestenina) und Pizza (pizza). Palatschinken (palačinke) werden in bester österreich-ungarischer Tradition aufgetischt. Türkischer Mokka (turska kava) mit Kaffeesatz wird in dalmatinischen Restaurants nur noch selten serviert, dafür umso mehr zu Hause getrunken – probieren Sie ihn bei einem Ausflug nach Mostar! Der preiswerte Burek aus Strudelteig, bei uns eher als Börek bekannt, ist mit Fleisch gefüllt in vielen Bäckereien erhältlich. Vegetarische Varianten sind mit Käse (pita sa sirom) oder Spinat (zeljanica) gefüllt.

Restaurantkultur

Gut besucht sind die günstigen Cafés, auch einfache Gaststätten wie Gostiona/Gostionica oder Bife (dt. Büfett bzw. Buffet) schonen den Geldbeutel. Hausgemachte Küche kommt auch in einer Konoba, einer rustikalen Taverne, in der gerne über dem offenen Feuer gekocht wird, auf den Tisch. Ein Restoran/Restauracija (Restaurant) oder Riblji restoran (Fischrestaurant) richtet sich eher an gehobenere Ansprüche – was sich auch preislich niederschlägt. **Gesplittete Rechnungen sind übrigens verpönt:** Mal zahlt einer der anwesenden Männer, das nächste Mal ein anderer oder jeder legt großzügig einen Geldschein auf den Tisch. Ein Trinkgeld von etwa 10 Prozent des Rechnungsbetrags gilt als angemessen – sofern man mit dem Service zufrieden war. Die meisten Restaurants öffnen gegen Mittag und schließen gegen 23 Uhr, im Sommer auch später. Außerhalb von Städten, vor allem auf den Inseln, bleiben viele Lokale von Herbst bis Frühjahr geschlossen.

OBEN: Ein lauschiger Ort für den Sonnenuntergang: die Taverna beim Hotel Excelsior in Dubrovnik.

UNTEN: Luftgetrocknetes vom Schwein ist eine wunderbare Vorspeise – am besten zusammen mit würzigem Pager Käse.

FEIERN

Das dalmatinische Lebensgefühl erlebt man am besten bei Volksfesten und Patronatstagen, die oft der Höhepunkt des Jahres sind: Dann kommt meist das ganze Dorf zusammen und feiert ausgiebig mit Prozessionen, Musik, Gesang, Folklore, Grillfisch und gutem Wein.

Patronatstage Zu den bekanntesten Patronatstagen gehört die Ehrung des Hl. Blasius (Sveti Vlaho), des Stadtpatrons von Dubrovnik alljährlich am 3. Februar (▶ S. 12ff). Prozessionen nehmen einen wichtigen Stellenwert im überwiegend katholischen Kroatien ein. So ziehen beim Pilgerzug Za križen (Dialekt, frei übersetzt etwa »Folge dem Kreuz«) am Gründonnerstag auf der Insel Hvar Punkt 22 Uhr in sechs Ortschaften gleichzeitig Gläubige los bis zum frühen Morgen. Der Kreuzträger, der vorangeht, muss die Strecke barfuß oder in Socken zurücklegen.

Zu Ehren Marias Am 15. August, Mariä Himmelfahrt – in Deutschland nur im Saarland und in Teilen von Bayern ein Feiertag –, pilgern viele gläubige Kroaten in die dalmatinischen Wallfahrtsorte Sinj, Veprić oder zu der herzegowinischen Marienerscheinungstätte Međugorje. Da mehr als 1100 Gotteshäuser und Wallfahrtsorte in Kroatien der Gottesmutter Maria geweiht sind, kann man sich vorstellen, wie viele Pilger an diesem Tag auf den Beinen sind. Die Feste vor den Kirchen erinnern an Kirchweih mit reichlich Essen, Touristen sind ebenso willkommen.

Fischerfeste Im Sommer werden vielerorts gerne Fischerfeste (Ribarske večeri) veranstaltet mit Grill- und Weinständen und Tanz im Freien.

Musikveranstaltungen Beliebt sind auch Musik- und Bühnenveranstaltungen unter freiem Himmel: So gibt es vielerorts einen Kultursommer (Kulturno ljeto) mit Gesang, Theater, Folklore und Tanz. Als bekannteste Veranstaltung gelten die seit 1950 alljährlich stattfindenden Dubrovniker Sommerfestspiele (Dubrovačke ljetne igre) vor der wohl schönsten Kulisse – der historischen Altstadt. Ebenso traditionsreich ist der Kultursommer von Split (Splitsko ljeto). Die berühmten Klapa-Chöre treten alljährlich in Omiš auf (Festival dalmatinskih klapa). Klassische Musikabende in der Sv. Donat-Kirche in Zadar (Glazbene večeri u Sv. Donatu) sind ein absolut beeindruckendes Erlebnis. (▶ S. 262).

Karneval – nicht nur im Winter Der Winter wird gerne mit Karnevalsveranstaltungen vertrieben. Masken gehören in Dubrovnik und anderswo zum Straßenbild. Ein Highlight auf der Insel Lastovo ist der Lastovski Poklad, bei dem eine

VERANSTALTUNGSKALENDER

GESETZLICHE FEIERTAGE

1. Januar:
Neujahr (Nova godina)
6. Januar:
Dreikönigstag (Sveta tri kralja)
März/April:
Ostermontag (Uskrsni ponedeljak)
1. Mai:
Tag der Arbeit (Praznik rada)
Mai/Juni:
Fronleichnam (Tjelovo)
22. Juni:
Tag des Antifaschistischen Kampfs (Dan antifašističke borbe)
25. Juni:
Staatsfeiertag (Dan državnosti)
5. August:
Tag des Sieges und der nationalen Dankbarkeit/Rückeroberung der Krajina 1995 (Dan pobjede i domovinske zahvalnosti)
15. August:
Mariä Himmelfahrt (Velika Gospa)
8. Oktober:
Unabhängigkeitstag (Dan neovisnosti)
1. November:
Allerheiligen (Svi sveti)
25./26. Dezember:
Weihnachten (Božićni blagdani)

EVENTS IM MÄRZ/APRIL

Vielerorts Osterprozessionen

MAI

Folkloreschau
Metković.
Fest des hl. Domnius (Sveti Duje)
Prozession und Blumenkorso, Split.

JUNI/JULI

Internationales Kinderfestival
Musik, Theater, Akrobatik und Spiele in Šibenik.
Festival der Klapa-Chöre (Festival dalmatinskih klapa)
Omiš.
Traditionelle Wahl des Inselkönigs von Iž
Veli Iž (Insel Iž).
»Zadar der Träume« (Zadar snova)
Zadar.
Internationales Festival des neuen Theaters, Abende der Klapa-Musik (Večeri dalmatinske glazbe), traditionelle dalmatinische Musik
Kaštela.
Marco-Polo-Fest
Schiffsspektakel, das an die große Seeschlacht um Korčula erinnert, Korčula.

JULI/AUGUST

Sommerspiele Dubrovnik (Dubrovačke ljetne igre)
Die traditionsreichsten Spiele im Land verwandeln die Altstadt in eine große Bühne
Spliter Sommer
Oper, Theater, Ballett, Konzerte werden auch im Peristyl aufgeführt.
Kultursommer
Musikalische Veranstaltungen in Trogir und Omiš.
Musikabende in der Kirche Sveti Donat in Zadar.
Bootsprozession
Am 5. August zu Ehren der Hl. Maria im Schnee in Kukljica (Insel Ugljan).
Reiterwettstreit – Sinjska alka
Reiter in historischen Kostümen müssen ihre Geschicklichkeit im Umgang mit Pferd und Lanze beweisen (1. Wochenende im August), Sinj.
Sardinenfest: Srdelada
Zlarin (Insel Zlarin)
Schwerttanz – Moreška
Jeden Do., im Juli/Aug. auch Mo., wird in der Altstadt von Korčula gekämpft.

SEPTEMBER

Mittelalter-Markt (Srednjovjekovni sajam)
Historische Gaukler bevölkern die Gassen von Šibenik.

Puppe, die den einstigen türkischen Besatzer symbolisieren soll, verbrannt wird. Weit verbreitet ist auch der Sommerkarneval, der in der Hauptsaison mit Tanzmariechen und bunten Umzügen vielerorts gefeiert wird, etwa auf den Inseln Pag und Brač, aber auch in Split oder Makarska.

SHOPPEN

Mitbringsel wie kulinarische Köstlichkeiten, aber auch Handwerkskunst und Produkte von lokalen Erzeugern helfen, den Urlaub zu Hause noch ein wenig zu verlängern.

Bauernmärkte

Auf den kroatischen Bauernmärkten türmen sich Berge blutroter Kirschen, gleich nebenan leuchtet hellgrünes Olivenöl in Flaschen und gegenüber wird dem Besucher ein Stück geräucherter Schafskäse entgegengestreckt: Das Angebot an lokalen Produkten ist riesig. Einiges eignet sich durchaus auch zum Mitnehmen. Wie wäre es beispielsweise mit frischen Granatäpfeln oder einer Kette aufgefädelter getrockneten Feigen? Fast überall darf vor dem Kauf gekostet werden!

Pager Spezialitäten

Ein preiswertes Mitbringsel ist das **Meersalz** aus den Salinen der Insel Pag, in grober oder feiner Variante (Paška sol). Das Salz reichert übrigens die Luft auf der Insel an und macht die dort wachsenden Kräuter besonders aromatisch. Diese wiederum sind die Hauptnahrung der kleinwüchsigen Schafe, die die Milch für den kräftigen **Pager Schafskäse** liefern. Der Käselaib muss mindestens vier bis sechs Monate reifen. Für 10 kg Schafskäse werden etwa 65 Liter Milch benötigt. Aus den getrockneten Blättern des Olivenbaumes wird Tee gewonnen, der in den Olivengärten von Lun auf Pag erhältlich ist (Vrtovi Lunjskih maslina, Mo.–Fr. 8–15 Uhr). In Novalja werden **spitze Nudeln** (»Makaruni na iglu«) angeboten, die an langen Nadeln getrocknet sind (z. B. Bäckerei Mahulja, Gundulićeva 4, Novalja, Insel Pag, nur am Vormittag geöffnet).

Schnäpse und Liköre

Hausgemachte Schnäpse (rakija) und Liköre (liker) werden bevorzugt auf Bauernmärkten oder an Souvenirständen angeboten. Wer es eher süß mag, nimmt einen feinen Likör aus Waldfrüchten (šumsko voće), Feigen (smokva) oder Mandarinen (mandarina). Beliebt ist auch der süße Maraschino-Likör aus der Maraska-Sauerkirsche (► S. 214). Liebhaber klarer Schnäpse sind hingegen mit einer Lozovača/Loza aus Traubentrester oder dem klassischen Zwetschgenbrand Šljivovica gut bedient. Sehr verbreitet sind

BAEDEKER ÜBERRASCHENDES

6X TYPISCH

Dafür fährt man an die kroatische Adriaküste.

1. WASSERBALL SPIELEN

Picigin – so heißt die in Split erfundene Variante des Wasserballspiels, ohne feste Regeln. Bis zu fünf Spieler, meist junge Männer, werfen sich den Ball im knietiefen Wasser zu. Das Publikum fiebert mit. Das gibt es nur am Stadtstrand Bačvice!
(▶ **S. 180**)

2. WOMEN ONLY!

Männer bleiben außen vor, wenn maximal sechs Frauen in **Zadar** ablegen und eine Woche lang alles lernen, was das Seglerleben einfacher macht. Anbieter: Herling Meer-Erlebnis-Reisen, www.meer-erlebnis-reisen.de.

3. HALSBINDE

Die kroatische Kavallerie trug stilvolle Schalbinden, die auf besondere Art gebunden waren: »à la croate.« Bis heute gilt daher Kroatien als **Heimatland der Krawatte.** Die Seidenbinden gibt es in den »Croata«-Boutiquen in allen größeren Städten.

4. FENSTER ALS SONNENUHR

Die Fenster des winzigen Gotteshauses Sveti Križ in Nin sind so ausgerichtet, dass das Licht auf bestimmte Stellen am Boden trifft – und die Kirche lange Zeit als Sonnenuhr und Kalender diente.
(▶ **S. 223**)

5. GONDOLIEREN-SPASS

Die roten Barkajol-Ruderboote verbinden die Altstadt von **Zadar** mit dem Festland: Die Überfahrt dauert gerade mal 1,5 Minuten. Gerudert wird die 71 m lange Strecke im Stehen – die mittelalterliche Tradition ist ein Erlebnis!

6. FRISCHER FISCH IN MITTELALTERLICHER LOGGIA

Die Altstadt von **Trogir** erinnert an ein großes Freilichtmuseum. Sogar der Fischmarkt ist stilvoll untergebracht: In der Stadtloggia, deren Dach auf 9 Säulen ruht.
(▶ **S. 202**)

FILIGRANE KOSTBARKEITEN

Die Pager Spitzen sind für ihre schönen Motive berühmt. Sie werden aufwändig mit der Nadel genäht, was viel Geduld und Zeit erfordert. Das spiegelt sich natürlich auch im Preis dieser Meisterwerke wider, die Tradition und Ästhetik vereinen.

Im Sommer erinnert die Altstadt von Pag ein wenig an einen Kunsthandwerkermarkt unter freiem Himmel. In den engen Gassen sitzen meist »Nane«, Großmütterchen, vor ihren Häusern und haben Klapptische aufgestellt, auf denen sie die berühmten

Seit einiger Zeit erlebt die Pager Spitzenkunst ein Comeback, sogar Urlauber können sich bei einem Kurs in die Geheimnisse dieses Handwerks einweihen lassen.

Pager Spitzen (Paška čipka) feilbieten. Die filigranen Deckchen stellen die Frauen selbst von Hand her, die meisten konnten diese Technik noch von ihren Müttern oder Großmüttern erlernen.

Geduld, Geduld, Geduld

Dass die Pager Spitzen zu den teuersten Mitbringseln aus Kroatien gehören, verwundert kaum, denn neben viel Geschick und Geduld müssen die Näherinnen vor allem eins mitbringen – reichlich Zeit. Bei größeren Meisterwerken können schon mal **500 Arbeitsstunden** und eine halbe Million Stiche anfallen. Das hat natürlich seinen Preis. Aufwändigere Kunstwerke, etwa Brautkleider oder Altartücher, kosten daher schon mal mehrere Tausend Euro. Vom Auftraggeber wird meist eine Anzahlung oder Vorauskasse gefordert.

Verkauft wird vor der Haustür

Ganz so tief muss man in der Altstadt von Pag nicht in die Tasche greifen. Allerdings sollte man für ein Deckchen mit etwa 15 Zentimeter Durchmesser durchaus 100 Euro einkalkulieren. In guten Souvenirgeschäften, sei es in Pag oder anderen Städtchen, kosten die filigranen Kostbarkeiten mehr. Dafür gibt es die feinen Deckchen auch mal hinter Glas eingerahmt, in einer dekorativen Holzschachtel und mit einem Zertifikat der Näherin (z. B. www.made-in-croatia.com.hr, Preis auf Anfrage). Das Benediktinerinnen-Kloster **Sv. Margarita** (Hl. Margarita) in Pag führt auch eine Auswahl, ebenso die **Galerie der Pager Spitzen** (Galerija paške čipke), die zugleich ein kleines Museum ist.

Spitzengeschichte

Die Pager Spitzen sind Nähspitzen, was bedeutet, dass ihre Herstellung aufwändiger als die von Klöppelspitzen ist. Die etwa 20 wiederkehrenden Motive (▶ Baedeker Wissen S. 138) stammen vermutlich von der venezianischen Reticella-Spitze ab. Diese wurde ab dem 15. Jh. von den Benediktinerinnen auf Pag gepflegt und weiterentwickelt. Die Pager Spitzen zeichnen sich durch eine Besonderheit aus: Es gab dafür weder Schablonen noch Zeichnungen. Jedes Muster wurde nur mündlich überliefert und praktisch gezeigt. So ging das Wissen von einer auf die nächste Generation über.

Und heute ...

Zu sozialistischen Zeiten ein wenig in Vergessenheit geraten, erlebt die Spitzenkunst seit Jahren ein Comeback. Das hat sie nicht zuletzt der Aufnahme in die **UNESCO-Liste des immateriellen Weltkulturerbes** zu verdanken. Seit 2009 ist das filigrane Kunsthandwerk von Pag dort gemeinsam mit den – man lese und staune – aus Agavenfäden gezauberten Spitzen aus Hvar und der Spitzenkunst von Lepoglava in Nordkroatien gelistet. Damit ja nichts in Vergessenheit gerät, wird die Technik heute an einer Spitzenschule in Pag vermittelt. Vor allem jüngere Frauen haben sich darauf besonnen, dass sie damit nicht nur ein besonderes Kunsthandwerk unterstützen, sondern eine alte Inseltradition am Leben erhalten. Das Erlernen der Spitzenkunst wird übrigens auch für Urlauber angeboten, im Rahmen eines einwöchigen Workshops (z. B. Reiseagentur Perla, Pag, www.perla-pag.hr).

darüber hinaus Travarica (Kräuterschnaps), Orahovac (ein Likör aus grünen Walnussschalen), Honigschnaps (Medica), Rosenlikör (liker od ruže) oder der aus der Frucht des Johannisbrotbaums gewonnene Rogač. Ein Pelinkovac-Wermut hilft vorzüglich z. B. bei Magenproblemen.

Wein

Für viele Kroaten kommt der **beste dalmatinische Wein von der Halbinsel Pelješac,** wo vor allem kräftige Rotweine gedeihen (▶ S. 150). Jede Region, auch jede Insel, hat ihre Besonderheiten: Pag ist berühmt für seinen weißen Gegić, Korčula für fruchtig-leichten Maraština und Vis für seinen weißen Vugava, der nur hier in größeren Mengen angebaut wird. In den vergangenen Jahren haben sich viele junge Winzer etabliert, die hervorragende Weine anbieten.
In Kroatien wachsen jedoch nicht nur autochtone Weinsorten: Das ehemals sozialistische Weinkombinat im Städtchen Benkovac, im Hinterland der Küste, hat sich auf französische Reben wie Merlot, Syrah und Cabernet Sauvignon spezialisiert und zählt heute zu den Spitzenerzeugern mit der Marke Korlat. Zunehmend zählen auch Bio-Weine zum Angebot.

Lavendelprodukte

Im alten Rom kostete ein Pfund dieser Blüten gar einen Monatslohn: Die hellvioletten Lavendelfelder auf Hvar verbreiten während ihrer Blütezeit Ende Juni einen betörenden Geruch. Ein kleines Lavendelsäckchen als wunderbarer Mottenschutz für den Wäscheschrank, ein destilliertes Öl oder eine handgefertigte Seife bringen diesen Duft nach Hause. Als Spezialität gilt Lavendelhonig. Bei den Händlern an der Uferpromenade von Hvar-Stadt wird man fündig.
Wer nicht auf Hvar Urlaub macht: Bio-Lavendelprodukte der Familie Čorić, wie etwa Lavandeto-Kekse, Cremes oder Aromakissen gibt es in einigen Reformhäusern, zum Beispiel in Šibenik (Mediteraneo, Trg palih šibenskih boraca bb), Trogir (Delicium Nostrum, Obrov 2) oder Dubrovnik (Dubrovački kantun, Ulica Boškovićeva 5). Die komplette Liste findet man unter www.lavander.hr.

Schmuck und Handwerk

Auf der Suche nach ausgefallener Handwerkskunst oder Schmuck wird man gelegentlich in den Souvenirläden von Museen fündig. Im Museum für antikes Glas in Zadar werden mundgeblasene Vasen, Flaschen und Trinkgläser angeboten, aber auch Schmuck der örtlichen Designerin Antonija Gospić. Oder man deckt sich auf Veli Iž mit **irdenen Töpfen** ein, die noch nach alter Väter Sitte im Feuer gebrannt wurden und teilweise antiken Mustern nachempfunden sind. Šibenik ist für seine botun (Šibenski botun) bekannt, die einst Teil der Volkstracht waren. Heute werden die **filigranen Knöpfe aus Silber,** die innen hohl sind, als Ohrringe oder Kettenanhänger getragen. Eine gute Auswahl führt Juwelier Čivljak in Šibenik (Ul. Kralja Tomislava 1).

ÜBERNACHTEN

Vom schlichten Privatzimmer mit Gemeinschaftsbad bis zum luxuriösen Wellnesshotel – das Angebot an Unterkünften in Dalmatien lässt kaum Wünsche offen. Hier findet jeder seinen Lieblingsplatz zum Schlafen.

Von Ostern bis Oktober

Sommer, Sonne und Strand sind für die meisten Reisenden sicherlich die Hauptgründe für eine Reise nach Kroatien und Dalmatien. Die warme Jahreszeit dauert hier zwar länger als anderswo, dennoch ist die Saison recht kurz. Sie beginnt ab Ostern, meist aber erst im Mai und endet oft schon wieder im September, spätestens im Oktober.

Saisonzeiten

Die Rechnung ist einfach: Nicht selten werden die Preise im Juli und August kurzerhand verdreifacht, egal ob für ein Privatzimmer oder eine Bleibe im Luxushotel. Hinzu kommt die Lage: International angesagte Jet-Set-Ziele wie Dubrovnik oder Hvar kosten zu jeder Reisezeit mehr als Unterkünfte in ruhigeren Orten. Viele Hoteliers vermieten in der Spitzensaison zudem nur wochenweise. In der übrigen Zeit wird für Aufenthalte unter drei Tagen oftmals ein Aufschlag fällig. An- und Abreisetag ist in der Saison meist der Samstag, dann wird es auf den Fähren und entlang der Autobahnen ziemlich eng.
Turbulent wie in einem Taubenschlag geht es Anfang bis Mitte August an der Küste zu: Dann haben nämlich nicht nur die Kroaten zwei Feiertage, am 5. und 15. August, sondern es drängen sich auch viele italienische Urlauber um Ferragosto (15. August) ebenfalls an Kroatiens Stränden. Wer nicht an die Ferienzeiten im Hochsommer gebunden ist, sollte möglichst auf Juni oder September ausweichen.

»cimer fraj«

Wer **Land und Leute näher kennenlernen möchte,** sollte eine Privatunterkunft buchen. Das Angebot an Privatzimmern (sobe) und Appartements (apartmani) ist sehr groß. In privaten Unterkünften kann es schon einmal vorkommen, dass der Hausherr seine Gäste mit dem Fischerboot aufs Meer hinausnimmt oder seine Grillkünste unter Beweis stellt.
Eine Reservierung ist in der Hauptsaison empfehlenswert, auch wenn private Vermieter an Busbahnhöfen und Fähranlegestellen auf potenzielle Gäste warten. Ferienhäuser aus Naturstein gebaut sind oft liebevoll restauriert. Private Unterkünfte finden sich auf den Webseiten der Touristeninformationen, auf Anzeigenseiten (www.njuskalo.hr) oder bei den Online-Buchungsportalen (z. B. booking.com).

Das Übernachtungsangebot ist breit gefächert, Hauptsache Wasser fehlt nicht!

Hotels aller Art Fünf-Sterne-Hotels mit Wellness-Bereich und gehobenem Restaurant haben sich vor allem in Dubrovnik und Hvar angesiedelt, einfachere Häuser finden sich fast überall. Auf manchen Inseln, etwa auf Mljet, gibt es nur ein einziges Hotel. Trotz Modernisierung weht in manchen Hotels noch der Geist der »goldenen« Jahre des Sozialismus. Kleine Familienhotels und Pensionen mit individuellem Service entstehen nach und nach.

Camping Seine zahlreichen Campingplätze verdankt Kroatien vor allem dem massiven Ausbau zu sozialistischen Zeiten. Heute gibt es moderne, komfortable Campinganlagen mit Spaßbädern, Mobilheimen und Appartements. Auf Mini-Campingplätzen geht es etwas ruhiger zu (Kroatischer Campingverband: Tel. 052 45 13 24, www.camping.hr).

Hostels In den vergangenen Jahren sind vor allem in viel besuchten Orten wie Split, Dubrovnik und Hvar einige private Hostels entstanden. Die meisten liegen sehr zentral und sind mit Gemeinschaftsraum, Küche

und Waschmaschine ausgestattet. Einige bieten auch Einzel- und Doppelzimmer an, die sich preislich allerdings kaum von Hotelübernachtungen unterscheiden. In manchen Häusern liegt die Altersbeschränkung bei etwa 40 Jahren.

Ferien auf dem Bauernhof

Immer beliebter wird nachhaltiger Agrotourismus (Agroturizam). In Dalmatien gibt es bislang nur vereinzelt solche Höfe, in denen die Familie Obst und Gemüse aus eigenem Bio-Anbau verarbeitet und den Gast zur Weinlese, Mandarinen- oder Olivenernte mitnimmt.

PREISKATEGORIEN FÜR EIN DOPPELZIMMER

€€€€	über 200 EUR
€€€	120 bis 200 EUR
€€	80 bis 120 EUR
€	bis 80 EUR

MAL ANDERS ÜBERNACHTEN

Egal ob es sich um einen Leuchtturm hoch über dem Riff, eine karge Fischerhütte oder ein an den Roman von Daniel Defoe erinnerndes Domizil handelt: In Dalmatien gibt es durchaus ungewöhnliche Übernachtungsmöglichkeiten.

Moderner Robinson

Dieses Paradies ist nur mit dem Boot erreichbar. Wenige Meter von der einsamen Mole entfernt steht ein schlichtes, winziges Steinhaus im Schatten knorriger Oliven- und Feigenbäume. Hinter der stillen Bucht ragt nackter Fels empor, an dem sonnenversengtes Gras welkt. Eine Oase der Einsamkeit, fernab jeglicher Zivilisation. Diese haben die Reisenden auf der Ferieninsel Pašman hinter sich gelassen, um in eine wildromantische Ferienidylle einzutauchen. So hat es das Reisebüro zumindest versprochen. Bevor die Erholung beginnt, ist

Unterkunft mit Weitblick: Über rund 200 Stufen kann man den Leuchtturm Veli rat auf Dugi Otok hinaufsteigen.

noch etwas zu tun: Ein schattiger Olivenbaum für die Hängematte will ausgewählt und die Fische fürs Abendessen müssen geangelt werden …
Ein solcher Robinson-Urlaub wird für manchen zivilisationsverwöhnten Urlauber allerdings rasch zur Belastungsprobe. Beispielsweise muss man statt einer Duschkabine mit Warmwasserregulierung mit einem draußen aufgehängten Solarsack vorlieb nehmen. Dafür sind Robinson-Behausungen sehr umweltbewusst, weil energetisch vollkommen unabhängig: Die Sonne liefert den Strom, Regen füllt die Zisterne und Kühlschrank oder Herd werden mit Gas aus der Flasche betrieben.

Fischerhütten

Fischerhütten sind mit Robinson-Behausungen durchaus vergleichbar: Auch bei ihnen handelt es sich um sehr einfache Häuser in der Abgeschiedenheit. Es gibt kroatische Inseln, auf denen nur ein einziges Haus steht. Wie zum Beispiel auf Veliki Vinik, nur 15 Bootsminuten von Murter entfernt. Zum nächsten Restaurant sind es zwar keine fünf Minuten – allerdings mit dem Boot, denn es liegt auf einer Nachbarinsel im Kornati-Inselarchipel. Der Unterschied zur Robinson-Behausung: Fischerhütten sind zwar nicht immer, aber doch meist auch mit dem Auto erreichbar.

Leuchtturmwärter

Ein wenig mehr Komfort bieten Leuchttürme. Manche sind sogar mit einer Heizung ausgestattet und werden auch in der kühleren Jahreszeit vermietet. Struga beispielsweise thront über einer steilen Felsküste auf der Insel **Lastovo,** auf halbem Weg nach Italien. Seit 1839 weist er Schiffen den Weg und wird in dritter Generation von Familie Kvinta bestellt: Während Leuchtturmwärter Jure Kvinta Fische fängt und seine Gäste gerne mit aufs Meer hinaus nimmt, bereitet seine Frau die Ausbeute der Ausflüge nach traditioneller dalmatinischer Art zu – auch für Gäste. Es gibt hier übrigens auch kleine Apartments für zwei Personen!
Noch weiter entfernt vom Festland liegt **Palagruža,** ein winziges Inselchen, gerade mal 300 m breit und 1300 m lang. Der Leuchtturm steht hoch oben in der Mitte des Eilands. Dafür ist Palagruža einzigartig, sein subtropisches Mikroklima unterscheidet sich vom sonst mediterranen Klima an der Adria.
Doch nicht alle Leuchttürme liegen so abgeschieden: Sveti Petar erhebt sich nur 15 Minuten Fußweg von der Küstenstadt **Makarska** entfernt auf einer Landzunge, gleich neben einem malerischen Kiesstrand, der viele Sonnenanbeter anlockt. Veli rat auf **Dugi Otok** ist lediglich 3 km vom Ort entfernt.

ROBINSON-BEHAUSUNGEN
Adriatic.hr
Tel. 0800 724 45 65 (D)
0800 80 25 44 (A)
0800 86 96 30 (CH)
www.adriatic.hr

FISCHERHÜTTEN
Agentur Lori
Tel. 022 43 55 40
www.touristagency-lori.hr

LEUCHTTÜRME
Plovput
Tel. 021 39 06 09
www.lighthouses-croatia.com

P

PRAKTISCHE INFOS

Wichtig, hilfreich präzise

Unsere Praktischen Infos helfen in fast allen Situationen in Kroatien und Dalmatien weiter.

KURZ & BÜNDIG

ELEKTRIZITÄT
220 Volt Wechselspannung; Adapter sind nicht notwendig.

NOTRUFE

ALLGEMEINER NOTRUF
Tel. 112

POLIZEI (Policija)
Tel. 192

FEUERWEHR (Vatrogasci)
Tel. 193

NOTARZT (Hitna pomoč)
Tel. 194

PANNENHILFE HAK
(Hrvatski Auto Klub)
Tel. 1987
Mobil 00 385 1 19 87

ADAC-NOTRUFZENTRALE
Tel. 00 49 89 22 22 22

ÖAMTC
Tel. 00 43 12 51 20 00

ACS
Tel. 00 41 446 28 88 99

LÄNDERVORWAHLEN

AUS KROATIEN
nach Deutschland: 00 49
nach Österreich: 00 43
in die Schweiz: 00 41

AUS DEUTSCHLAND, ÖSTERREICH UND DER SCHWEIZ
nach Kroatien: 00 385

WAS KOSTET WIE VIEL?
3-Gänge-Menü: ab 200 Kuna
Einfache Mahlzeit: ab 50 Kuna
Espresso: ab 7 Kuna
Softgetränk: ab 12 Kuna
Einfaches Doppelzimmer: ab 200 Kuna
Benzin: 1 l Super ca. 10 Kuna

ZEIT

MITTELEUROPÄISCHE ZEIT

SOMMERZEIT
Ende März–Ende Oktober

ANREISE · REISEPLANUNG

Mit dem Auto

Aus Deutschland, Österreich und der Schweiz

Die **schnellste, allerdings auch stauanfälligste Route** von Süddeutschland nach Norddalmatien führt über die E 55 von München, die Tauernautobahn und durch den Karawankentunnel nach Ljubljana. In Slowenien verläuft ein Teilstück über die Landstraße bis zum kroatischen Grenzübergang Rupa in Istrien, von dort geht es nach Norddalmatien. Aus dem Osten Österreichs bietet sich die Route über Wien und Graz

an, die über den Grenzübergang Spielfeld weiter nach Maribor, Zagreb, Karlovac bis nach Norddalmatien führt.
Aus der Schweiz fährt man am besten die Strecke über den St. Gotthard- oder Bernadino-Tunnel: Via Chiasso geht es über Triest, durch das slowenische Istrien und auf der E 63 über Rijeka nach Norddalmatien.
Die moderne **kroatische Autobahn A 1** ist aktuell nur bis zum Großraum Ploče ausgebaut. Wer nach Dubrovnik möchte, muss auf die Adria-Küstenmagistrale (Jadranska Magistrala) ausweichen. Entlang dieser Strecke passiert man bei Neum kurz das Staatsgebiet von Bosnien und Herzegowina (Reisedokumente bereithalten!).

Straßengebühren

In der Schweiz, in Österreich und in Slowenien benötigt man für Autobahnen und autobahnähnliche Straßen eine **Vignette.** Hinzu kommen **mautpflichtige Tunnels**, z. B. in Österreich der Tauern-/Katschbergtunnel und der Karawankentunnel (Grenze zu Slowenien). In Italien wird die Autobahngebühr (Pedaggio) entfernungsabhängigberechnet. Die **kroatische Autobahnmaut** (Cestarina) ist ebenfalls nach Entfernung und Fahrzeuggröße gestaffelt. In Dalmatien ist auch der moderne Tunnel Sv. Ilija durch das Biokovo-Gebirge mautpflichtig. Bezahlt wird in Kuna, Euro oder mit gängigen Kreditkarten. Auf der Website des Autobahnbetreibers Hrvatske Autoceste (HAC) sind die aktuellen Autobahngebühren abrufbar (www.hac.hr).

Mit Bahn und Bus

Günstige Preise

Der EuroCity (EC) München–Zagreb verkehrt zweimal, der ÖBB-Nightjet einmal täglich als **Nachtverbindung.** Mit dem Sparpreis Europa-Spezial kostet die einfache Strecke derzeit ab 39 Euro (2. Klasse), hinzu kommen Aufschläge für Liege-/Schlafwagen. Von Zagreb aus geht es weiter bis nach Split, eine Nebenstrecke verläuft von Knin nach Zadar.
Busse des Unternehmens **Eurolines/Touring** fahren preisgünstig das ganze Jahr über von Deutschland nach Zadar, Šibenik, Trogir, Split, Makarska, Dubrovnik und andere Orte an der dalmatinischen Küste. Wer z. B. von Stuttgart nach Split reist, sollte etwa 20 Stunden Fahrtdauer einplanen (www.eurolines.de).

Mit dem Schiff

Ab Istrien oder Italien

Für die Anreise nach Mittel- und Süddalmatien empfiehlt sich die Küsteneilfähre von Jadrolinija (www.jadrolinija.hr), die Rijeka zweimal pro Woche an Split, Stari Grad (Hvar), Korčula und Dubrovnik anbindet. Man sollte **rechtzeitig reservieren.** Wer ab Italien anreist, kann die direkte Fährverbindung von Ancona nach Zadar und Split oder von Bari nach Dubrovnik wählen.

Mit dem Flugzeug

Viele Möglichkeiten

Die nationale Fluggesellschaft **Croatia Airlines** verbindet den deutschsprachigen Raum mit den Flughäfen Dubrovnik, Split und Zadar.
Das Streckennetz der **Low-Cost-Airlines** (Air Berlin, Easyjet, Eurowings oder Ryanair) umfasst die kroatische Küste in der Regel nur im Sommer. Plattformen wie www.opodo.de, www.expedia.de oder www.swoodoo.com bieten einen Überblick.

Reisedokumente

Personalpapiere

Kroatien ist seit 2013 zwar ein Mitgliedsstaat der Europäischen Union, gehört allerdings noch nicht zum grenzfreien Schengen-Raum. Das bedeutet, dass EU-Bürger bei einem Aufenthalt von maximal 90 Tagen bei der Einreise einen gültigen **Personalausweis oder Reisepass** vorzeigen müssen. Dies gilt auch für Kinder sowie für den Grenzübertritt nach Bosnien und Herzegowina.

Krankenversicherung

Die **Europäische Krankenversicherungskarte** (EHIC) der gesetzlichen deutschen Krankenkassen ist auch in Kroatien gültig, meist muss die Arztrechnung aber vor Ort bezahlt werden. Die gesetzlichen Krankenkassen erstatten den Betrag (zumindest anteilig) in der Regel problemlos zurück – dafür muss eine detaillierte Rechnung vorgelegt werden. Der Abschluss einer **privaten Krankenversicherung,** die den Rücktransport aus Kroatien sichert, wird empfohlen.

Impfungen

Besondere Impfungen sind nicht vorgeschrieben. Das Auswärtige Amt empfiehlt dennoch einen Impfschutz gegen Tetanus, Diphtherie und Hepatitis A. Wer länger im Land bleibt, sollte sich gegen Hepatitis B, evtl. auch gegen Tollwut und Frühsommer-Meningoenzephalitis (FSME) impfen lassen. Auch unter www.fit-for-travel.de findet man aktuelle Hinweise zu möglichen Gesundheitsrisiken.

Fahrzeugpapiere

Wer mit eigenem Auto oder Motorrad nach Kroatien reist, muss den nationalen **Führerschein** und den **Kfz-Schein** mit sich führen. An der Grenze zu Bosnien und Herzegowina kann die Grüne Versicherungskarte verlangt werden.

Haustiere

Mitreisende Haustiere (Hunde, Katzen) benötigen zur Einreise nach Kroatien einen **EU-Heimtierausweis,** eine **Mikrochip-Kennzeichnung** oder ein tierärztliches Zeugnis, zudem müssen sie gegen Tollwut geimpft sein. An öffentlichen Stränden sind Hunde nicht erlaubt, Hundestrände sind als solche gekennzeichnet.

Zollbestimmungen

Seit dem Beitritt Kroatiens 2013 zur Europäischen Union gilt der **freie Warenverkehr** innerhalb der Staatengemeinschaft. Zollkontrollen für Urlauber entfallen. Wer jedoch mehr als 10 000 Euro pro Person ein- oder ausführt, muss den Betrag bei der Einreise deklarieren. Einreise nach Kroatien

Lebens- und Genussmittel für den persönlichen Bedarf dürfen abgabenfrei in die EU-Länder mitgebracht werden. Allerdings gelten bestimmte **Höchstgrenzen**: 10 l Spirituosen, 60 l Schaumwein, 110 l Bier und 800 Zigaretten sind frei. Eine Höchstgrenze für die Einfuhr von Wein für privaten Zweck aus einem EU-Land besteht nicht. Bis Ende 2017 gilt für die Einfuhr von Zigaretten aus Kroatien nach Deutschland noch eine Höchstgrenze von 300 Stück. Aktuelle Informationen: www.zoll.de. Wiedereinreise in die EU

Für die Schweiz gelten folgende Freimengengrenzen für Personen ab 17 Jahren: 2 l Getränke bis 15 Prozent Vol. und 1 l über 15 Prozent Vol. sowie 250 Zigaretten. Andere Waren des Reiseverkehrs sind bis zu 300 Schweizer Franken (SFr, CHF) pro Person abgabenfrei. Nähere Auskünfte erteilt die schweizerische Zollverwaltung: www.ezv.admin.ch Wiedereinreise in die Schweiz

AUSKUNFT

AUSKUNFT ZUHAUSE

KROATISCHE ZENTRALE FÜR TOURISMUS
Stephanstr. 132
60311 Frankfurt/Main
Tel. 0049 69 2 38 53 50
www.croatia.hr

Liechtensteinstraße 22 a, 1/1/7
1090 Wien
Tel. 0043 (1) 585 38 84
www.croatia.hr

AUSKUNFT VOR ORT

TURISTIČKA ZAJEDNICA (TZ)
Office in den meisten Ferienorten
http://business.croatia.hr

ETIKETTE

Ein Trinkgeld von etwa 10 Prozent des Rechnungsbetrags gilt als angemessen – sofern man mit dem Service zufrieden war. Natürlich freuen sich auch Hotelangestellte, Fremdenführer und Taxifahrer über ein Trinkgeld. Trinkgeld

Rauchverbot

In Kroatien herrscht gesetzliches Rauchverbot in öffentlichen Einrichtungen. Dies gilt auch für Restaurants und Hotels. Wer dennoch raucht, muss mit empfindlichen Geldstrafen rechnen.

Problematische Themen

Bestimmte politische Themen sollte man in Gesprächen besser gar nicht oder nur mit sehr viel Sensibilität und Verständnis diskutieren. In Dalmatien und seinem Hinterland, das vom jüngsten Krieg (1991 – 1995) stark betroffen war, ist der Zerfall Jugoslawiens bei vielen längst noch nicht verarbeitet.
Viele Kroaten, vor allem in ländlichen Gegenden, reagieren eher ablehnend auf Homosexualität.

GELD

Kroatische Währung

Die kroatische Währung ist die **Kuna** (übersetzt »Marder«). Der internationale Währungscode lautet HRK, in Geschäften wird oft die Abkürzung Kn verwendet. 1 Kuna entspricht 100 Lipa (»Linde«). Banknoten sind zu 5, 10, 20, 50, 100, 200, 500 und 1000 Kuna erhältlich. Münzen sind zu 1, 2 und 5 Kuna sowie zu 1, 2, 5, 10, 20 und 50 Lipa in Umlauf. Selten werden Sondermünzen zu 25 Kuna aufgelegt.

Geldwechsel

Bargeld kann werktags (Mo.–Fr.) in **Banken** (banka) gewechselt werden. **Wechselstuben** (mjenjačnica) haben in vielen touristischen Orten bis spätabends geöffnet. Hotels bieten oft schlechtere Umtauschkurse. Beim Umtausch wird möglicherweise eine Kommission fällig! Aktuelle Wechselkurse findet man unter: www.oanda.com.

Kreditkarten

Die gängigen Kreditkarten (kreditna kartica) werden in den meisten Hotels, Restaurants, Geschäften, an Tankstellen, von Mietwagenverleihern und Autobahnmautstellen akzeptiert. Mit einer ausländischen **EC-Maestro-Card** oder **Kreditkarte** kann man landesweit Bargeld am Geldautomaten (bankomat) abheben. Über eventuell anfallende Gebühren erkundige man sich im Voraus. Für einen Aufenthalt auf dünn besiedelten Inseln sollte man sich besser mit Bargeld eindecken.
Bei Verlust von Kredit- oder Bankkarten kann man die Karten telefonisch sperren lassen: **Sperrnotruf** Tel. 00 49 116 116. Er gilt auch für Handys und weitere sperrbare Medien (die entsprechenden Kartennummern bereithalten, diese getrennt von den Karten aufbewahren).

GESUNDHEIT

Medizinische Versorgung

Die medizinische Versorgung in den touristisch erschlossenen Gebieten Kroatiens ist gut. Viele Ärzte sprechen Deutsch oder Englisch. Während es in den Städten **Gesundheitszentren** (dom zdravlja) gibt, findet sich auf den Inseln oder in kleineren Ortschaften meist nur eine Ambulanz (ambulanta). Viele Polikliniken (poliklinika) sind in privater Hand, staatliche Krankenhäuser (bolnica) gibt es in größeren Städten.

Apotheken

In touristischen Küstenorten sind Apotheken Mo. – Fr. 8 – 20 Uhr, samstags nur am Vormittag geöffnet. Die Apotheke (ljekarna) erkennt man an einem grünen Kreuz.

LITERATURTIPPS

Zeitgeschichte

Norbert Mappes-Niediek: Kroatien. Ein Länderporträt. Ch. Links Verlag 2012. Der Südosteuropa-Korrespondent gibt sehr detailliert, zuweilen auch recht kritisch, Einblicke in die Geschichte, Kultur, Politik und Mentalität des jungen Staates – abseits von Sonne, Sommer und Urlaub.

Belletristik

Alida Bremer, Silvija Hinzmann, Dagmar Schruf (Hrsg.): Südliche Luft. 20 Liebeserklärungen an Kroatien. List Taschenbuch 2008. 20 deutschsprachige Autoren, teils mit kroatischen Wurzeln, formen mit ihren Kurzgeschichten ein buntes Mosaik persönlicher Erinnerungen.

Miljenko Jergović: Das Walnusshaus. Heyne Verlag 2009. Auf über 600 Seiten verpackt der begnadete Erzähler die Lebensgeschichte der »verrückten Manda« aus Dubrovnik, eingebettet in die politischen Wirren eines ganzen Jahrhunderts – und rollt die Geschichte dabei von hinten auf.

Olja Savičević Ivančević: Lebt wohl, Cowboys. Voland & Quist 2011. Die im Jahr 1974 in Split geborene Autorin beschreibt in ihrem Debütroman, wie eine junge Frau den Selbstmord ihres Bruders fragmenthaft aufarbeitet. Die stille Anklage der Protagonistin wird mit überraschend eindrücklicher poetischer Wortkunst eindringlich geschildert.

Alida Bremer: Olivas Garten. Eichborn Verlag 2013. Die langjährige Übersetzerin kroatischer Literatur, die in Deutschland lebt, beschreibt in ihrem ersten Roman ihre eigene Familiengeschichte sehr bildhaft. Fast riecht und schmeckt man den Olivenhain in Vodice, den sie von ihrer Großmutter geerbt hat – was natürlich nicht ganz reibungslos verläuft.

Jagoda Marinić: Gebrauchsanweisung für Kroatien. Piper Taschenbuch 2013. Unterhaltsam schildert die deutsch-kroatische Autorin die Gepflogenheiten in Kroatien und Dalmatien.

Reiseführer

DuMont Bildatlas: Kroatische Adriaküste. DuMont Reiseverlag, 2016. Ein schönes Porträt der kroatischen Küste in Wort und Bild.

Hörbuch

Europa erhören – Dalmatien. Wieser Verlag 2010. Das handliche Büchlein »Europa erlesen – Dalmatien« wurde vertont: Florentin Groll und Mercedes Echerer entführen den Zuhörer in das alte und neue Dalmatien mit seiner langen Geschichte, authentischen Acapella-Gesängen und einer ursprünglichen rauen Landschaft.

PREISE · VERGÜNSTIGUNGEN

Kombikarten

Mit der **SplitCard** (10 Euro, erhältlich in der Touristeninformation, Obala hrvatskog narodnog preporoda 12/Riva oder online via PayPal einen Voucher bestellen und vor Ort in der Touristinformation einlösen: www.splitcitycard.com) haben Besucher 72 Stunden lang kostenlosen Eintritt in einige Museen. Zudem gewähren Geschäfte, Autovermieter und andere Rabatte. Der öffentliche Bustransport ist inbegriffen.

Die **DubrovnikCard** gibt es wahlweise für 1 (170 Kuna), 3 (250 Kuna) oder 7 (350 Kuna) Tage. Sie gewährt freien Zutritt zu acht Sehenswürdigkeiten, zudem gibt es Freifahrten im Bus sowie Ermäßigungen beim Shoppen und in Restaurants. Beim Onlinekauf werden 10 Prozent Rabatt auf den Kartenpreis gewährt (www.dubrovnikcard.com).

Studenten können in einigen Museen, Geschäften, und Transportmitteln mit Vergünstigungen rechnen. Dazu muss die International Student Identity Card (ISIC-Card) vorgelegt werden (www.isic.de). Jüngere Kinder erhalten in den meisten Museen kostenlosen Eintritt.

REISEZEIT

Von Frühjahr bis Herbst

Mediterranes Klima prägt die Küstenregion: In den Hauptreisemonaten **Juli und August** klettern die Temperaturen tagsüber auf durchschnittlich 25 – 30 °C, im Süden und im Hinterland kann es noch wärmer werden. Spitzenreiter bei der Sonnenscheindauer ist die Insel Hvar mit über 2726 Sonnenscheinstunden pro Jahr – das sind mehr als in Nizza.

Für Abkühlung sorgen im Spätsommer und Herbst gelegentlich die **Küstenwinde** Bora und Jugo, die von Regen begleitet sein können. Der Maestral bringt in der Regel klaren Himmel und schönes Wetter und macht die hochsommerliche Hitze erträglich.

Die **Badesaison** dauert von Anfang Juni bis Mitte September. Im Hochsommer hat die Adria angenehme 20 – 25 °C. In Süddalmatien ist das Meer oft noch im Spätherbst 20 °C warm, allerdings können einem – wie auch im Frühjahr – Stürme und Regentage einen Strich durch die Rechnung machen.

Zum **Wandern, Radfahren** oder für Besichtigungen sind Mai und Juni sowie September und Oktober ideal. Im Frühjahr steht die artenreiche Mittelmeerflora in voller Blüte, die Tagestemperaturen liegen bei angenehmen 22 – 25 °C. Milde Temperaturen um 22 °C verspricht auch der Spätherbst.

SICHERHEIT

Kriminalität

Kroatien gehört zu den sichersten Reiseländern im Mittelmeerraum: Die **Kriminalitätsrate** ist relativ niedrig, Gewaltverbrechen passieren eher selten. Dennoch sollte man keine Wertsachen im Auto oder am Strand liegen lassen.

Landminen

Landminen aus dem jüngsten Krieg (1991 – 1995) kommen immer noch vor, etwa östlich von Zadar, im Velebitgebirge und im Hinterland von Šibenik. **Hinweisschilder** sollten unbedingt beachtet werden! Bis 2019 will Kroatien frei von Landminen sein. Das Kroatische Minenräumzentrum (Hrvatski centar za razminiranje) informiert mit detaillierten Landkarten über den aktuellen Zustand (www.hcr.hr, auch Engl.).

Giftschlangen

In Dalmatien sind fünf Arten von Giftschlangen bekannt. Für den Menschen gefährlich sein können die **Horn- und Kreuzotter.** Diese greifen jedoch nur an, wenn sie sich bedroht fühlen. Festes Auftreten hilft, Schlangen zu vertreiben. Im Meer können Seeigel oder Quallen vorkommen!

SPRACHE

Verständigung

Die Verständigung in Dalmatien macht nur selten Probleme, in allen Ferienorten wird **Deutsch** oder auch **Englisch** gesprochen. Hinweisschilder zu freien Zimmern, Speisekarten, aber auch Informationen über Sehenswürdigkeiten sind nahezu überall verständlich gestaltet.

Besonderheiten

Ungewöhnlich sind die Akzente auf bestimmten Buchstaben, sogenannte **diakritische Zeichen,** und die Konsonantenhäufungen der kroatischen Sprache. Einige Buchstaben des kroatischen Alphabets gibt es im deutschen Alphabet nicht. Sie werden wie folgt ausgesprochen: **c** wird grundsätzlich »z« gesprochen (wie Zentrum), **č** wird »tsch« (wie Tscheche), **ć** wird »tch« (wie Hütchen), **đ** wird »dj«, **dž** wird »dsch« (wie Ingenieur), **h** wird »ch« (wie machen), **š** wird »sch« gesprochen (wie Schule), **z** wird als stimmhaftes »s« (wie Rose) und **ž** als stimmhaftes »sch« gesprochen (wie Journal).

SPRACHFÜHRER KROATISCH

ZAHLEN

nula	**0**	osamnaest	**18**
jedan	**1**	devetnaest	**19**
dva	**2**	dvadeset	**20**
tri	**3**	trideset	**30**
četiri	**4**	četrdeset	**40**
pet	**5**	pedeset	**50**
šest	**6**	šezdeset	**60**
sedam	**7**	sedamdeset	**70**
osam	**8**	osamdeset	**80**
devet	**9**	devedeset	**90**
deset	**10**	sto	**100**
jedanaest	**11**	dvije stotine/dvjesto	**200**
dvanaest	**12**	jedna tisuća/tisuću	**1000**
trinaest	**13**	deset tisuća	**10 000**
četrnaest	**14**	petnaest	**15**
šesnaest	**16**	polovina	**½**
sedamnaest	**17**	četvrtina	**¼**

WOCHENTAGE

ponedjeljak	**Montag**
utorak	**Dienstag**
srijeda	**Mittwoch**

četvrtak	**Donnerstag**
petak	**Freitag**
subota	**Samstag**
nedjelja	**Sonntag**
praznik/blagdan	**Feiertag**
radni dan	**Werktag**

MONATSNAMEN

siječan	**Januar**
veljača	**Februar**
ožujak	**März**
travanj	**April**
svibanj	**Mai**
lipanj	**Juni**
srpanj	**Juli**
kolovoz	**August**
rujan	**September**
listopad	**Oktober**
studeni	**November**
prosinac	**Dezember**

AUF EINEN BLICK

da / ne	**ja / nein**
molim / hvala	**bitte / danke**
Oprostite	**Entschuldigung!**
Ne razumijem Vas / te	**Ich verstehe Sie / dich nicht**
Dobro jutro	**Guten Morgen**
Dobar dan	**Guten Tag**
Dobra večer	**Guten Abend**
Do viđenja	**Auf Wiedersehen**
Kako ste/si?	**Wie geht es Ihnen / dir?**
Zovem se	**Ich heiße...**
Imate li ...?	**Haben Sie ...?**
danas / sutra	**heute / morgen**
od ... do	**von ... bis**

UNTERWEGS

desno / lijevo / ravno	**rechts / links / geradeaus**
blizu/daleko	**nah / weit**
Molim Vas, gdje je ...?	**Bitte, wo ist ...?**
kola	**Wagen**
motocikl / skuter	**Motorrad / Motorroller**
bicikl	**Fahrrad**
aerodrom / zraćna luka	**Flughafen**
kolodvor	**Bahnhof**
vlak	**Zug**
dolazak / odlazak	**Ankunft / Abfahrt**
autobusni kolodvor	**Busbahnhof**

autobusna postaja	**Bushaltestelle**
luka	**Hafen**
trajekt	**Autofähre**
lađa / brod	**Schiff**
grad	**Stadt**
ulica / cesta	**Straße**
trg	**Platz**
centar (grada)	**(Stadt-)Zentrum**
jezero	**See**
dolina	**Tal**
otok	**Insel**
zaljev / uvala / draga	**Bucht**
plaža	**Strand**
crkva	**Kirche**
samostan	**Kloster**
muzej	**Museum**

RUND UMS AUTO

benzinska stanica/postaja	**Tankstelle**
obični benzin	**Normalbenzin**
super / dizel	**Super / Diesel**
bez olova / s olovom	**bleifrei / verbleit**
Napunite, molim	**Volltanken, bitte!**
ulje	**Öl**
popravak	**Reparatur**
automehaničar	**Werkstatt**
kola imaju kvar	**Ich habe eine Panne.**
nezgoda	**Unfall**
policija	**Polizei**

EINKAUFEN

Koliko košta ...?	**Was kostet ...?**
Gdje mogu naći ...?	**Wo finde ich ...?**
trgovina prehranom	**Lebensmittelgeschäft**
pekara / pekarnica	**Bäckerei**
drogerija	**Drogerie**
tržnica	**Markt(-platz)**
banka	**Bank**
pošta	**Post**

ARZT UND APOTHEKE

liječnik	**Arzt**
apoteka / ljekarna	**Apotheke**
bolnica	**Krankenhaus**
bolnička kola	**Krankenwagen**
prehlada	**Erkältung**
opekotina od sunca	**Sonnenbrand**

proljev	**Durchfall**
povraćanje	**Erbrechen**
zubar	**Zahnarzt**

ÜBERNACHTEN

hotel	**Hotel**
pansion	**Pension**
soba	**Zimmer**
doručak	**Frühstück**
polupansion	**Halbpension**
jednu noć	**eine Nacht**
jedan tjedan	**eine Woche**
Imate li slobodnih soba?	**Haben Sie noch Zimmer frei?**
jednokrevetna soba	**Einzelzimmer**
dvokrevetna soba	**Doppelzimmer**
račun	**Rechnung**

TELEKOMMUNIKATION · POST

Mobiltelefone

Mobiltelefone wählen sich automatisch über **Roaming** in das entsprechende Partnernetz ein.
Öffentliche Fernsprecher funktionieren mit einer Telefonkarte (telefonska kartica), die in Postämtern, Tankstellen und an Zeitungskiosks erhältlich ist (15, 30, 50, 100 Kuna).

Internet

Viele Hotels, Restaurants, Cafés und Einkaufszentren bieten ihren Gästen einen (oftmals kostenlosen) **WLAN-Zugang** an. In einigen Marinas oder Innenstädten (z. B. Dubrovnik) kann ebenfalls gesurft werden.
In allen Tourismuszentren gibt es **Internetcafés,** viele Hotels bieten ein Computerterminal an.

Post

Postämter erkennt man in Kroatien an den gelben Schildern mit der Aufschrift »Hrvatska pošta« (HP) und dem schwarzen Posthorn. Sie sind in der Regel Mo. – Fr. 7 – 19 Uhr, Sa. nur vormittags geöffnet. In größeren Städten und Touristenzentren kann man seine Post gelegentlich auch bis 22 Uhr, in kleineren Gemeinden hingegen oft nur am Vormittag aufgeben.
Eine Postkarte ins europäische Ausland kostet in Kroatien derzeit 4,60 Kuna, ein Brief 7,60 Kuna. Briefmarken (poštanske markice) gibt es in Postämtern, an Kiosken und Souvenirständen.

VERKEHR

Fähren Festland und Inselwelt verbinden ganzjährig viele Fähren, hauptsächlich von der staatlichen Reederei Jadrolinija. Unterschieden wird zwischen dem **Trajekt** (Autofähre) und dem schnelleren **Katamaran** (Personenfähre). Tickets werden direkt an der Anlegestelle verkauft oder online (www.jadrolinija.hr). Im Juli und August ist mit längeren Wartezeiten zu rechnen. Die lokalen Fährlinien sind in diesem Reiseführer bei der Beschreibung der jeweiligen Inseln aufgeführt.

Bus und Bahn Das kroatische **Busnetz** ist landesweit sehr gut ausgebaut. Auf längeren Strecken fahren Expressbusse.
Für die Fortbewegung vor Ort in Dalmatien ist die Bahn keine Option, denn die Bahnstrecke zwischen Rijeka und Split verläuft im Hinterland. Von Knin aus kann man die nord- und mitteldalmatinischen Städte Zadar, Šibenik und Split erreichen.

Flugverbindungen Flüge innerhalb Kroatiens bietet Croatia Airlines an. Von Zagreb aus erreicht man Zadar, Split, Bol (Brač) und Dubrovnik. AirTrade verbindet Dubrovnik und Split miteinander.

Straßenverkehr

Höchstgeschwindigkeiten In Kroatien gelten folgende Höchstgeschwindigkeiten: Auf Autobahnen 130 km/h, auf Schnellstraßen 110 km/h, auf Landstraßen 90 km/h, innerhalb geschlossener Ortschaften 50 km/h.

Verkehrsregeln In Kroatien gelten **0,5 Promille** im Straßenverkehr. In den Wintermonaten (Ende Oktober bis Ende März) muss das Abblendlicht auch am Tag eingeschaltet werden. Verbandskasten, Warndreieck und Warnwesten (für alle Insassen!) müssen unbedingt mitgeführt werden. Ebenso ist ein **Ersatzlampen-Set** erforderlich, davon ausgenommen sind nur Xenon- und LED-Leuchten. Linienbusse haben Vorrang, Schulbusse dürfen beim Ein- und Aussteigen von Passagieren nicht überholt werden. Während der Autofahrt darf nur mit **Freisprechanlage** telefoniert werden.

Parkgebühren In der Sommersaison (Juni – September) ist in touristischen Orten mit Parkgebühren zu rechnen. Für vorhandene **Parkautomaten** sollte man Kleingeld bereithalten. In größeren Städten (Split, Zadar) kann auch mit dem Handy bezahlt werden: Einfach eine SMS mit dem eigenen Kennzeichen (ohne Leerstellen) an die angegebene Nummer schicken und Bestätigungs-SMS aufheben. Der Vorteil: Die Parkzeit kann auch von unterwegs verlängert werden. Falschparker müssen damit rechnen, abgeschleppt zu werden oder eine Wegfahrsperre am Reifen vorzufinden. **Parkverstöße** werden oft von einer deutschen Anwaltskanzlei verfolgt. Behindertenparkplätze meist überall vorhanden.

Unfall

Jeder Unfall ist der Polizei zu melden, da Fahrzeuge mit auffälligem Karosserieschaden Kroatien nur mit schriftlichem Schadensbericht wieder verlassen dürfen. Hat ein Fahrzeug bereits vor der Einreise nach Kroatien einen Blechschaden, sollte dies an der Grenze gemeldet werden. Beim Abschleppen von Fahrzeugen sollte an der Vorderseite des Schleppfahrzeugs und am Heck des abgeschleppten Wagens ein Warndreieck angebracht werden.

Benzin, Tankstellen

Kroatische Kraftstoffpreise liegen unter denen im deutschsprachigen Raum. Tankstellen in Dalmatien haben meist zwischen 7 und 19.30 Uhr geöffnet, in größeren Ortschaften länger, an der Autobahn sogar rund um die Uhr. Das Tankstellennetz auf den Inseln ist mitunter recht dünn.

Straßenzustand

Die wichtigsten Straßen im Land sind meist in gutem, die mautpflichtigen Autobahnen sogar in sehr gutem Zustand. Fernab der Touristenrouten oder auf den Inseln stößt man mitunter auf Schotterpisten. Die kurvige Küstenmagistrale verlockt nicht nur Motorradfahrer zu schnittiger Fahrweise. Bei Regen ist größte Vorsicht geboten, da das Wasser und der kalkhaltige Staub eine immens rutschige Schmierschicht bilden können. Wenn der Fallwind Bora weht, der Geschwindigkeiten von bis zu 200 km/h erreichen kann, werden ganze Autobahnabschnitte und Brücken für Omnibusse und Gespannfahrer gesperrt.

Mietwagen

Internationale Autovermieter haben sich auch in Kroatien niedergelassen. In größeren Städten und touristischen Zentren gibt es zudem lokale Anbieter. Zum Mieten genügen der nationale Führerschein sowie ein bis zwei Jahre Fahrpraxis (je nach Verleiher). Das vorgeschriebene Mindestalter für Fahrer liegt in der Regel bei 21 Jahren. Den günstigsten Mietwagen für Kroatien ermitteln Preisvergleichsportale, z. B. www.billiger-mietwagen.de.

REGISTER

H

I

J

K

L

M

BILDNACHWEIS

Michael Amme/laif: S. 92
AWL / Alan Copson: S. 74
Isolde Bacher: S. 278 l.
Andreas Braun: S. 237
Marijan Buzov: S. 18 u.
Franco Cogoli/SIME/Schapowalow: S. 99, 155, 217
Dalmati d.o.o. Archive: S. 23 o.
Dumont Bildarchiv/Hans Madej: S. 2 (2x), 5, 7, 26/27, 29, 40 o.,44, 56/57, 62 o., 70, 80, 89, 95, 112, 119, 149 o., 152, 158/159, 166, 173, 181, 188 (2x), 190, 200, 202, 223, 226, 231, 233, 238, 262, 269, 273, 281 u.
DuMont Bildarchiv/Kammerhof: S. 176, 220, 292, 295
DuMont Bilderarchiv/Freyer: S. 40 u., 251
fotolia/and one: S. 134
fotolia/lhboucault: S. 130
fotolia/Luftbildfotograf: S. 285
fotolia/muh23: S. 96
Fotolia/Nightman1965: S. 11
fotolia/zatletic: S. 121
Ralf Freyer: S. 252
Getty Images/ELVIS BARUKCIC/Freier Fotograf: S. 8/9
Getty Images/HRVOJE POLAN/Staff: S. 178
Getty Images/LatitudeStock/Frank Fell: S. 52
Getty Images/Vedrana Sucic/EyeEm: S. 168
Paolo Giocoso/SIME/HUBER IMAGES: S. 49
Glow Images/ImageBROKER RM: S. 16/17
Glow Images/Imagebroker/ Marc De Ganck: S. 54
Hackenberg: S. 115
Hemis / Lookphotos: S. 183
Frank Heuer/laif: S. 137, 141
Huber Images/F. Damir: S. 286
Huber Images/Johanna Huber: S. 281 o., 290/291
Huber Images/Simeone: S. 106/107
Huber Images/Stiipe Surac: S. 209
Odin Hug: S. 255
istockphoto/Eduard Shelesnjak/ konrad100: S. 278 u.
Christian Kerber/laif: S. 43 Konrad Wothe/Lookphotos: S. 123
Kreuels/laif: S. 47
laif/Art SEITZ/GAMMA-RAPHO/laif: S. 265 o.
LOOK/Konrad Wothe: S. 270/271
LookatSciences/laif: S. 18 o.
Martin/Le Figaro Magazine/laif: S. 2 u., 195
Mauritius/image broker/Konrad Wothe: S. 144
Mauritius/images/rene mattes: S. 163
Mauritius/Sanader: S. 127
Picture alliance/CHROMORANGE/ Strigl – CHROMORANGE: S. 258/259
Picture alliance/PIXSELL: S. 12/13, 14 (2x), 20/21, 23 u., 206
Picture alliance/Rainer Hackenberg: S. 24/25
Picture alliance: S. 227, 244
Sammlung Götz Grabert: S. 265 u.
Schapowalow/Justin Foulkes/4Corners: S. 151
Günther Stand/laif: S. 84
Stockfood/Alison Miksch: S. 279 u.
Stockfood/Bernhard Winkelmann: S. 279 o.
Stockfood/Davorin Marjanovic: S. 278 o.
Transit/Hirth: S. 73
Transit/Nowak: S. 39, 62 u.
Tuul & Buno Morandi/laif: S. 100
Clemens Zahn/laif: S. 149 u.

Titelbild: Brent Winebrenner/ Getty Images

VERZEICHNIS DER KARTEN UND GRAFIKEN

ATMOSFAIR

nachdenken • klimabewusst reisen
atmosfair

Reisen verbindet Menschen und Kulturen. Doch wer reist, erzeugt auch CO2. Der Flugverkehr trägt mit bis zu 10% zur globalen Erwärmung bei. Wer das Klima schützen will, sollte sich nach Möglichkeit für die schonendere Reiseform entscheiden (wie z.B. die Bahn). Gibt es keine Alternative zum Fliegen, kann man mit atmosfair klimafördernde Projekte unterstützen.
atmosfair ist eine gemeinnützige Klimaschutzorganisation unter der Schirmherrschaft von Klaus Töpfer. Flugpassagiere spenden einen kilometerabhängigen Betrag und finanzieren damit Projekte in Entwicklungsländern, die den Ausstoß von Klimagasen verringern helfen. Dazu berechnet man mit dem Emissionsrechner auf **www.atmosfair.de** wieviel CO2 der Flug produziert und was es kostet, eine vergleichbare Menge Klimagase einzusparen (z.B. Berlin – London – Berlin 13 €). atmosfair garantiert die sorgfältige Verwendung Ihres Beitrags. Alle Informationen dazu auf www.atmosfair.de. Auch der Karl Baedeker Verlag fliegt mit atmosfair.

IMPRESSUM

Ausstattung:
109 Abbildungen, 25 Karten und Grafiken, eine große Reisekarte

Text:
Veronika Wengert

Bearbeitung:
Baedeker-Redaktion
(Dorothee Kern)

Kartografie:
Christoph Gallus, Hohberg
Klaus-Peter Lawall, Unterensingen
MAIRDUMONT Ostfildern
(Reisekarte)

3D-Illustrationen:
jangled nerves, Stuttgart

Infografiken:
Golden Section Graphics GmbH, Berlin

Gestalterisches Konzept:
RUPA GbR, München

Chefredaktion:
Rainer Eisenschmid,
Baedeker Ostfildern

7. Auflage 2018
Völlig überarbeitet und neu gestaltet

Trotz aller Sorgfalt von Redaktion und Autoren zeigt die Erfahrung, dass Fehler und Änderungen nach Drucklegung nicht ausgeschlossen werden können. Dafür kann der Verlag leider keine Haftung übernehmen.
Kritik, Berichtigungen und Verbesserungsvorschläge sind jederzeit willkommen. Schreiben Sie uns, mailen Sie oder rufen Sie an:

Verlag Karl Baedeker / Redaktion
Postfach 3162
D-73751 Ostfildern
Tel. 0711 4502-262
info@baedeker.com
www.baedeker.com

Printed in China

FSC www.fsc.org
MIX
Papier aus verantwortungsvollen Quellen
FSC® C124385

BAEDEKER VERLAGSPROGRAMM

Viele Baedeker-Titel sind als E-Book erhältlich:
shop.baedeker.com

A
Algarve
Allgäu
Amsterdam
Andalusien
Australien
Australien · Osten

B
Bali
Barcelona
Bayerischer Wald
Belgien
Berlin · Potsdam
Bodensee
Brasilien
Bretagne
Brüssel
Budapest
Burgund

C
China

D
Dänemark
Deutsche Nordseeküste
Deutschland
Deutschland · Osten
Dresden
Dubai · VAE

E
Elba
Elsass · Vogesen

F
Finnland
Florenz
Florida
Franken
Frankfurt am Main
Frankreich
Frankreich · Norden
Fuerteventura

G
Gardasee
Golf von Neapel
Gomera
Gran Canaria
Griechenland
Großbritannien

H
Hamburg
Harz
Hongkong · Macao

I
Indien
Irland
Island
Israel
Istanbul
Istrien · Kvarner Bucht
Italien
Italien · Norden
Italienische Adria
Italienische Riviera

J
Japan
Jordanien

K
Kalifornien
Kanada · Osten
Kanada · Westen
Kanalinseln
Kapstadt · Garden Route
Kenia

Köln
Kopenhagen
Korfu · Ionische Inseln
Korsika
Kos
Kreta
Kroatische Adriaküste · Dalmatien
Kuba

L
La Palma
Lanzarote
Leipzig · Halle
Lissabon
London

M
Madeira
Madrid
Maldavien
Mallorca
Malta · Gozo · Comino
Morrokko
Mecklenburg-Vorpommern
Menorca
Mexiko
Moskau
München

N
Namibia
Neuseeland
New York
Niederlande
Norwegen

O
Oberbayern
Oberitalienische Seen · Lombardei · Mailand
Österreich

P
Paris
Polen
Polnische Ostseeküste · Danzing · Masuren
Portugal
Prag
Provence · Côte d'Azur

R
Rhodos
Rom
Rügen · Hiddensee
Rumänien

S
Sachsen
Salzburger Land
Sankt Petersburg
Sardinien
Schottland
Schwarzwald

Schweden
Schweiz
Sizilien
Skandinavien
Slowenien
Spanien
Spanien · Norden · Jakobsweg
Sri Lanka
Stuttgart
Südafrika
Südengland
Südschweden · Stockholm
Südtirol
Sylt

T
Teneriffa
Tessin
Thailand
Thüringen
Toskana
Tschechien
Türkische Mittelmeerküste

U
USA
USA · Nordosten
USA · Nordwesten
USA · Südwesten
Usedom

V
Venedig
Vietnam

W
Weimar
Wien

Z
Zürich
Zypern

Meine persönlichen Notizen

Meine persönlichen Notizen

Meine persönlichen Notizen

Meine persönlichen Notizen

Ljubljana
Gorizia
SLOVENIJA
ITALIA
Postojna
Trieste
Koper
Novo Mesto
Kočevje
Zagreb
Delnice
Karlovac
Kupa
Sisak
Glina
Istra
Opatija
Rijeka
Pazin
Ogulin
Hravatska Kostajnica
Rovinj
Krk
Senj
Slunj
Novi Grad
Nesactium
Kvarner
Baška
Pula
Nehaj
Plitvička Jezera
Bosanska Krupa
Cres
Rab
M. Rajinac 1698
Bihać
Una
Stara Novalja
Gospić
Karlobag
Udbina
Bosanski Petrovac
Pag
Starigrad-Paklenica
Gračac
Nin
Zadar
Krka
Dugi otok
Pašman
Knin
Biograd na Moru
Drniš
Kornat
Šibenik
HRVATSK
Ancona
Esino
Jadransko More
Primošten
Klis
Trogir
Split
Civitanova Marche
Šolta
ITALIA
Tenna
S. Benedetto d. T.
Hvar
Áscoli Piceno
Vis
Biševo
Giulianova
Pineto
2912
Corno Grande
Pescara
L'Áquila
Ortona
Palagruža
50 km
Chieti
© BAEDEKER
Celano
M. Amaro 2793
Sulmona
Vasto